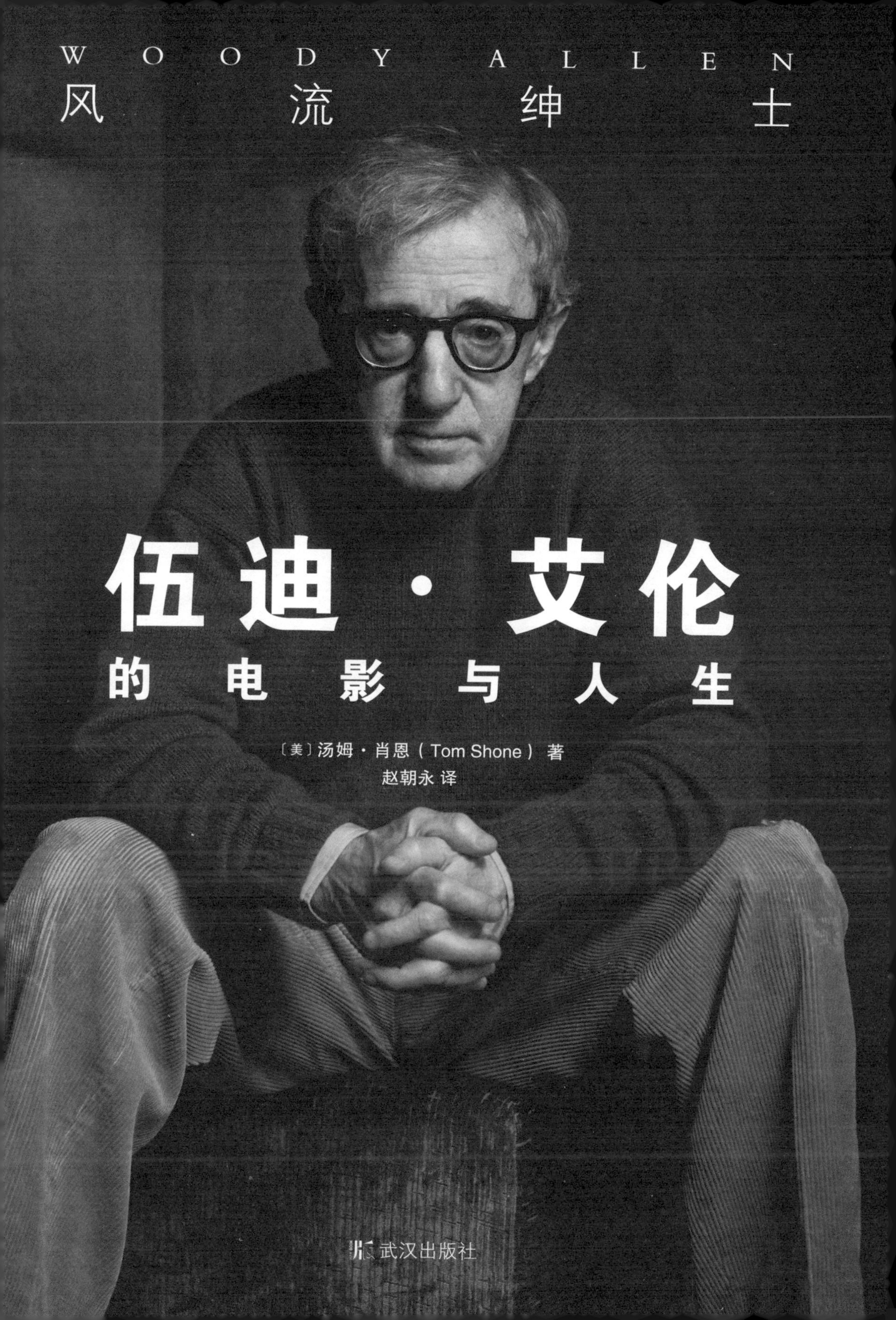

WOODY ALLEN

风流绅士

伍迪·艾伦的电影与人生

〔美〕汤姆·肖恩（Tom Shone）著
赵朝永 译

武汉出版社

“我不想通过影视作品得到永生，因为我是真的不想死去。”

——伍迪·艾伦

伍迪·艾伦是个特立独行而又极富创意的演员、编剧和导演，一生拍摄和演出的电影近60部之多，其中既有低俗闹剧，也有浪漫喜剧，既有人物反思，也有犯罪惊悚。他的经典之作，比如《安妮·霍尔》《曼哈顿》《星尘往事》《丹尼玫瑰》和《汉娜姐妹》，至今依然深入人心。近年来问世的几部作品，如《午夜巴黎》和《蓝色茉莉》等，均取得举世瞩目的成功。

伍迪·艾伦，原名“艾伦·斯图尔特·康尼斯伯格”，1935年12月1日生于纽约市，后来也长在纽约市。艾伦十几岁便开始为电视节目撰写脚本，也是从那时起，他注定了将与演艺事业结下不解之缘。他先是以单口喜剧演员的身份初露头角，凭借三张在夜店演出的专辑，获得业界认可。20世纪60年代中期，艾伦首次尝试为电影《风流绅士》撰写剧本。由于不满这部电影的最终拍摄效果，他决定此后撰写的剧本必须自己拍摄。于是，就有了1966年的电影《出了什么事，老虎百合？》。从处女作的问世，到最近一部电影的拍摄完成，这期间艾伦电影的高产性可谓令人惊叹。自20世纪70年代起，他基本上是一年拍摄一部。众所周知，艾伦对奖项向来漠不关心，也从不亲自登台领取奥斯卡奖。艾伦具有卓越的导演和编剧才华，为影视业的发展居功至伟。正因如此，他一生获奖无数，其中包括4个奥斯卡奖、9个英国电影学院奖、2个金球奖，并于2014年获得享有广泛声望的塞西尔·B·德米尔奖。

此页肖像：尼古拉斯·摩尔，2003年拍摄。

软封皮上引文来源：

封面勒口引文出自《论搞笑：伍迪·艾伦与喜剧》（On Being Funny: Woody Allen and Comedy），艾瑞克·拉克斯著，纽约：查尔特豪斯出版社，1975年版。

封底引文出自《伍迪·艾伦论伍迪·艾伦》（Woody Allen on Woody Allen），斯蒂格·伯克曼著，纽约：格鲁夫出版社，1993年版。

目 录
Contents

VANITY FAIR

引 言

伍迪·艾伦不仅爱整洁，生活也极其规律。他每天 6 点 30 分准时起床，先把孩子们送到学校，回来在跑步机上运动一会儿后，便坐在他的古董打字机前开始创作。买这台打字机时，他才 16 岁，如今打字机依然好用。艾伦一般不坐在打字机前写作，他最喜欢随性地趴在创作室里那张有四根帷柱的床上打字。不过，倘若需要与其他剧作家合作，他就会从床上撤退，把阵地转移到客厅里。道格拉斯·麦克格拉斯[1]（Douglas McGrath）就是他的合作者之一，两人曾共同创作《子弹飞越百老汇》（*Bullets over Broadway*）。麦克格拉斯对此回忆道：“我通常会去他家工作，一写就是几个小时。一般到了下午四点钟，我们两个就会开始体力不支，从正襟危坐变成懒散地佝偻在椅子上写。傍晚时分，落日的余晖渐起，曼哈顿西区的轮廓在艾伦的镜片上反射出来，我看不到他的双目时，就是下班时间。所以，他的眼镜就是我的报时器。”

艾伦写一个剧本所花费的时间很难一概而论。他说：“对我而言，一般喜剧的创意来得很自然，更容易写，但真的没有确切的时间规律。我花过一个月写电影脚本，也花过两个月写舞台剧本，却也花过三个月写喜剧。但总体回顾起来，

1　美国知名剧作家、演员、导演，曾因《子弹飞越百老汇》获“奥斯卡金像奖”（Academy Awards）及“英国电影与电视艺术奖”（British Academy of Film and Television Arts）提名，并于 1995 年与 1997 年分别因《子弹飞越百老汇》和《艾玛》，获“美国编剧工会奖”（Writers Guild of America Award）提名。

我写喜剧会更顺利些。”他大约两个月就能完成一部制片，选角的效率同样也高得惊人。通常情况下，选角指导朱丽叶·泰勒会为他提供一长串备选演员名单，但演员们往往还没踏进面试房间的大门，就被他否定了。泰勒每次只好赶紧打圆场：“千万别介意，他不管对谁都是如此，试镜会非常简短。”经过几次驻足、几次热情地点头，一分钟左右的时间，艾伦就会搞定一个人的面试。

“不过，艾伦选中我时，我确实经历了经典的三分钟对话。”瑞秋·麦克亚当斯[2]（Rachel McAdams）说。麦克亚当斯曾出演《婚礼终结者》（*Wedding Crashers*），并因此受到艾伦青睐，入选其2011年执导的电影《午夜巴黎》（*Midnight in Paris*）。“艾伦在面试结束前对我说：‘不过，你不想演也没事，以后有机会我们再合作。’我真的分辨不出他究竟是答应让我演，还是担心我不想演，给我台阶出局。我当然想演了，也很荣幸能够成为他经典作品的一部分。有一件事情，你们肯定也会觉得搞笑。大家都知道他讨厌蓝色，‘千万别在他面前穿蓝色衣服’的说法在我们演员之间流传。然而有一次，服装设计师帮我穿上一件地地道道的蓝色衬衫时，我急忙说：‘你这是做什么，艾伦不是讨厌蓝色吗？我必须换件其他颜色的衣服穿。’而她却说：‘可这件衣服是灰蓝色呀。’关于这件衣服究竟是什么蓝，我们争论得不可开交。但后来我才发现，那天艾伦根本就没注意到我的存在。”

伍迪·艾伦的拍摄场地通常看起来混乱无序，却又十分的安静，有时候能安静得根本不像是在拍摄一部喜剧片。他自己从不大喊“开始”或“停止”，而是让助理导演替他喊。在拍摄间隙，艾伦有时会跟技师们下下棋，但他总是与演员们保持一定的距离。他会观察他们，评判他们，琢磨他们，也偶尔给他们提提建议。这些建议无非是鼓励他们尽量脱离剧本。20世纪中期，我第一次采访艾伦时他告诉我：“你看啊，剧本里的对话，都是我坐在床头辛辛苦苦写出来的，但我对演员的第一条忠告就是‘忘了你的剧本’。”“他很少对演员们指手画脚。相反，他会给予他们充分的自由度，”麦克亚当斯说，“有时候，我会感觉自己像是在剧院里。他布置好场景，用漂亮的灯光照亮房间，你可以随处移动，随心所欲挑选道具，甚至可以点支烟抽抽。艾伦说：‘如果你认为你所扮演的角色会这么做，那就不妨试试。’”

拍摄期间，艾伦很少喊停，他更倾向于通过连续拍摄来构造影片，有时还会选择手持式摄像机。在拍摄《汉娜姐妹》（*Hannah and Her Sisters*）时，迈克尔·凯恩[3]劝

2　加拿大知名女演员，代表作有《贱女孩》《恋恋笔记本》《婚礼终结者》《大侦探福尔摩斯》《午夜巴黎》《时空恋旅人》等。2015年，她出演电影《聚焦》，凭其中的表演获奥斯卡最佳女配角提名以及美国演员工会奖最佳女配角、最佳群戏提名。

3　英国著名演员、制片人，一生获奖无数，1993年因在英国影坛的杰出表现而被授予爵位。1997年，凯恩被《帝国》杂志选入“历史上最有影响的百位男影星”之列，位居第55位。晚年的迈克尔·凯恩成功地经营着伦敦一间餐馆，并受到年轻一代影人的尊敬，人们把他视作魅力永恒的英国影坛偶像。

诫女演员吉娜·罗兰兹："别把你最出彩的表演省着只留给特写镜头，艾伦从不拍摄特写镜头。"如果拍摄效果不理想，艾伦偶尔也会换掉演员，迈克尔·基顿就是在拍摄《开罗紫玫瑰》（*The Purple Rose of Cairo*）期间被换掉了。不过，他在从演员身上挑毛病之前，都会先从自己的剧本上找问题。艾伦有时候会不惜重金去重排某个镜头，甚至临时加入全新的元素。拍摄《汉娜姐妹》期间，他突然心血来潮，意识到需要再来一场晚宴以平衡影片情节，于是就有了第二场感恩节晚宴。电影制作给予了他掌控一切的权力，这一点在写作上也是如此。他常常一遍又一遍地推翻原稿，直到写出最满意的作品为止。他最不缺乏的就是推翻初衷、重新思量的勇气。他坦言："对我来说，拍电影就是在胶片上写作，这就好比是用打字机打字，只是面对的材料有所不同而已。有人愿意为我投资，那是因为他们能够根据我的声望，判断预期的收益和风险。资金到位后，不出几个月，我肯定能拿出一部电影来交差。我的投资人从来看不到剧本，也不会插手任何拍片计划。当然，出于礼貌，我也会随时告知他们选角阵容和拍摄地点，仅此而已。"

如今影视界的风景线早已变得不同以往，艾伦和其他独立制片人一样，从米拉麦克斯（Miramax）到梦工厂（Dreamworks）再到福克斯（Fox），不得不在电影公司之间奔忙。于是艾伦的两位经理人杰克·罗林斯和查尔斯·约菲在多年前就已与联美公司[4]（United Artists）敲定的合作协议，似乎也面临挑战。但不管风云如何变幻，艾伦所恪守的基本原则至今未曾变过。即使从相对而言还算是能够掌控自己命运的艺术家查理·卓别林算起，任何一位喜剧艺术家都未曾像艾伦一样如此牢牢地掌握着自己的命运。假设卓别林有幸活到有声电影的时代，能够从喜剧演员转型为剧作家，并在自己的电影中成功取代自身，从而在其电影制作领域大加拓展，拍摄出以多层次艺术效果为特色的影片，把职业生涯由原本的二十多年延伸至五十年之久，那么，他所取得的成就方能与艾伦相提并论。《名利场》杂志（Vanity Fair）最近提出一个问题："一位伟大导演的声望，需要几部电影支撑起来？"泰伦斯·马力克用两部电影——《不毛之地》（*Badlands*）和《天堂之日》（*Days of Heaven*）塑造了声望；马丁·斯科塞斯是三部，《穷街陋巷》（*Mean Streets*）、《出租车司机》（*Taxi Driver*）和《愤怒的公牛》（*Raging Bull*）；弗朗西斯·福特·科波拉则是《教父》（*The Godfather*）、《教父2》（*The Godfather Part II*）和《现代启示录》（*Apocalypse Now*）；罗伯特·奥尔

4　电影制片和发行公司，1919年由四位著名导演、演员卓别林、范朋克、毕克馥、格里菲斯出资创建，逐步发展成为控制美国电影生产和发行的八大公司之一，1981年并入米高梅公司，改称为米高梅－联美娱乐公司，以出品007系列电影知名。

特曼同样是三部：《陆军野战医院》（*MASH*）、《麦凯比与米勒夫人》（*McCabe & Mrs. Miller*）和《纳什维尔》（*Nashville*）。然而，艾伦至少有十部电影可与上述经典之作一较高下，如《安妮·霍尔》(*Annie Hall*)《曼哈顿》(*Manhattan*)《变色龙》(*Zelig*)《开罗紫玫瑰》（*Te Purple Rose of Cairo*）《汉娜姐妹》（*Hannah and Her Sisters*）《那个时代》（*Radio Days*）《丈夫与妻子》（*Husbands and Wives*）《曼哈顿谋杀疑案》（*Manhattan Murder Mystery*）《子弹飞越百老汇》(*Bullets over Broadway*)和《蓝色茉莉》（*Blue Jasmine*）；除此之外，还有一批几乎同样炫目的次经典作品，如《傻瓜大闹科学城》(*Sleeper*)《爱与死》（*Love and Death*）《星尘往事》（*Stardust Memories*）《丹尼玫瑰》（*Broadway Danny Rose*）《爱与罪》（*Crimes and Misdemeanors*）《甜蜜与卑微》（*Sweet and Lowdown*）《赛末点》（*Match Point*）以及《午夜巴塞罗那》（*Vicky Cristina Barcelona*）等等。

这一高度评价可能令部分读者倍感惊诧，毕竟媒体关于艾伦私生活的种种猜想揣测极易混淆视听，使人们对艾伦艺术成就的评价受到这些阴云的遮蔽。另一方面，艾伦也频频成为“复出”的受益者，次数之多，以至于显得有悖常理。他几乎无处不在，也正因如此，却又让人觉得看不见摸不着，艾伦的声望就蕴藏在最不起眼之处。这就是伍迪，他就在那里，宛如一座地标建筑，抑或是一个旅游景点。半个世纪以来，艾伦几乎以每年一部的速度，不断延续着电影高产制作的神话。然而，艾伦完全缺席了彼得·比斯金所盛赞的美国电影黄金时代。这段时间美国出现了不少优秀的电影作品，比如《逍遥骑士》《愤怒的公牛》等。那个时代，奥尔特曼、斯科塞斯、科波拉，这些特立独行的导演们热衷于等分角色和导演主创理论[5]，借此在好莱坞大行其道，狂野、

---

5 1954年著名电影杂志《电影手册》撰稿人弗郎索瓦·特吕弗首次用这个词来谈论电影。后来这一理论被定义为“因为电影导演的个人影响力和对电影艺术足够巧妙的控制，大家普遍认为导演是电影的主创，他工作的主要部分就是借助电影表达分享共同的主题或技巧及其个人风格或愿景”。

新奇之作一部接一部，层出不穷。这类电影充斥着手持式摄影技巧、跳跃式剪辑、自发叙事和原创、即兴表演，且勇于质疑好莱坞电影盲目追求大团圆结局的传统。

暂且不谈《安妮·霍尔》完美的剧本了吧，对这部电影的痴迷早已蒙蔽了我们的双眼。片子完全没有落入浪漫喜剧的俗套，而是一反常态，将一段苦乐参半的短暂爱情故事毫无保留地呈现在银幕上：多画面共现、空镜头、黑色镜头、字幕对白、突如其来的活泼画风，如此等等。这宛如两位主角一般，疯狂、疾速，力图从激荡的爵士乐曲中寻求一段和弦，两个和谐的音符一旦相遇，就能短暂鸣唱。然而，艾伦出现之前，喜剧电影的面貌并非如此，而是像让·吕克·戈达尔[6]的电影那样。正如艾伦所言："一般而言，外表好看的东西，通常都没有笑点。"喜剧电影的画面，以及电影摄影术的地位，并不会引发太多人的关注，比如没有谁会谈论喜剧团体"马克斯兄弟"舞台背景的布置问题。学影视表演的学生，大概也不会对卓别林的作曲能力感兴趣。在艾伦刚开始拍电影时，好莱坞喜剧片的拍摄和照明跟汽车销售门市部极其相似：灯火通明，四四方方，中景镜头，一切尽收眼底。"我始终不明白，喜剧电影为什么不能拍摄得唯美一点。"艾伦说。于是，艾伦聘请保加利亚电影摄影技师吉兰·克洛盖[7]来拍《爱与死》，这位著名的摄影师同雅克·德米、罗伯特·布列松等大腕导演都有过合作。此外，艾伦还邀请《教父》的摄影师戈登·威利斯拍摄《安妮·霍尔》，由此开启了现代主义电影制作的大胆尝试，这一尝试在拍摄《曼哈顿》时登峰造极，取景视角逐渐成为典范。艾伦坚持认为："电影摄制术才是最重要的介质。"

6　法国和瑞士籍导演，法国新浪潮电影的奠基人之一。戈达尔的电影通常被视为挑战和抗衡好莱坞电影的拍摄手法和叙事风格。他也把自己的政治思想和对电影发展史的丰富知识注入他的电影。在他的作品里可以经常发现存在主义和马克思主义哲学的影子。1960 年，戈达尔拍摄了他的第一套长片《断了气》，获柏林影展最佳导演，2010 年获得奥斯卡金像奖终身成就奖。

7　著名摄影师，因拍摄《苔丝》获第五十三届奥斯卡（1981）最佳摄影奖，主要代表作有《四个朋友》（1981）《苔丝》（1979）《爱与死》（1975）《驴头公主》（1970）等。

提及70年代的好莱坞电影，形形色色、特异独行的小流氓和小混混形象便会浮现在人们脑海中，比如狂欢派对上的路人甲眼镜卡在眉间纹丝不动的样子，似乎正为已经逝去的美国电影黄金时代哀恸不已，其行为举止的古怪程度同那个时代的音乐家科尔·波特及喜剧表演家马克斯兄弟的作品如出一辙。如果自己的影片中有这种角色，艾伦会毫不犹豫地去掉，以避免落入70年代的俗套。因此，他最终以实际行动证实，他就是那个时代成功导演的典范——奋力追求生存的权力的同时，还要保持独立性。艾伦那点守旧的思想，正像是生育前做的健身运动，将其从俗套中解放出来。艾伦电影的经典主题，首先通过他洛可可式的寓言故事便可窥测一二，其次又以他高度惊险刺激的闹剧情节而显得有血有肉，然而最终都得益于纯粹的想象力。美国任何一位剧作家都未曾通过想象力如此真实地呈现这个世界，它的欢愉、它的诱惑以及狂欢退却后的痛苦。如果说早期的作品充分展示了艾伦白日梦般的想象力，那么他后期成熟的作品，从《安妮·霍尔》起就逐渐开始从现实生活的碰壁和合作中汲取悲喜剧的灵感。由此创造的剧作中，对幻觉的渴求和对觉悟的冲动，实现了完美的平衡。

艾伦是个沮丧的梦想家，他的逃避主义思想也沾染着淡淡的忧郁，然而，感到这种忧郁的人具有必须醒悟的自觉。这便是艾伦的“笔触”，其与众不同，可与“刘别谦[8]笔触”比肩。这种笔触是《呆头鹅》里艾伦自演的主人公艾伦·菲立克斯华灯初上时脸上露出的忧伤；是《开罗紫玫瑰》中，米亚·法罗退场时向她致意的那一抹夜空幽蓝；是《安妮·霍尔》结尾处，安妮从画面中消失时那条等候阿尔维的空空如也的街道。艾伦说：“过度丰富的想象力就像是创可贴一样，的确会有一定的慰藉效果，但最终胜出的，还是现实。我在电影里想要极力证实的是，所谓现实，其实就是一次极其丑陋和恐怖的经历。因此，任何能给人喘息和暂时逃离的机会，无疑将大受欢迎。置身于任何一个虚构的世界之中，特别是我创作的电影，对我来说是再合适不过的事情。可不幸的是，我们唯一能做的，无非是暂时的逃离，逃离到几页小说中，或者再生动一点，逃离到电影这种奇妙的虚拟现实中（这当然是幻想）。几十年来，伴随我的成长，好莱坞一直巧妙而精心地为观众提供着这种可供逃离的‘现实’。我承认我很多产，但我的电影虽能达到基顿最佳作品的深度，却没有哪一部能具备卓别林最佳作品的深度。在过去的50多年间，我那些精彩的幻想，加上一点点天赋，也有幸吸引到不少精明的生意人为我投资，还吸引到数量可观的观众来捧场，使我不至于沦落到去餐馆做服务生的境地。”

8　恩斯特·刘别谦，德国演员、导演、编剧。1919年执导讽刺喜剧《牡蛎公主》，初步展现后来被称为“刘别谦笔触”的风格特色，获第3届奥斯卡金像奖最佳导演提名、第16届奥斯卡金像奖最佳导演提名等。“刘别谦笔触”是对其电影风格的一种高度概括，大致有如下几个特点：1. 典型默片的叙事手法，如打断剧情的更迭，将注意力集中到某对象或小的细节上，以慧黠、风趣的方式评论主干内容或突然揭示其与主干内容的关系；2. 高雅流畅的风格，并有着一种无法言喻、独一无二的神奇力量；3. 在影片最快乐的时刻，融入辛辣的悲伤。

迈克尔·奥尼尔
摄于 1994 年。

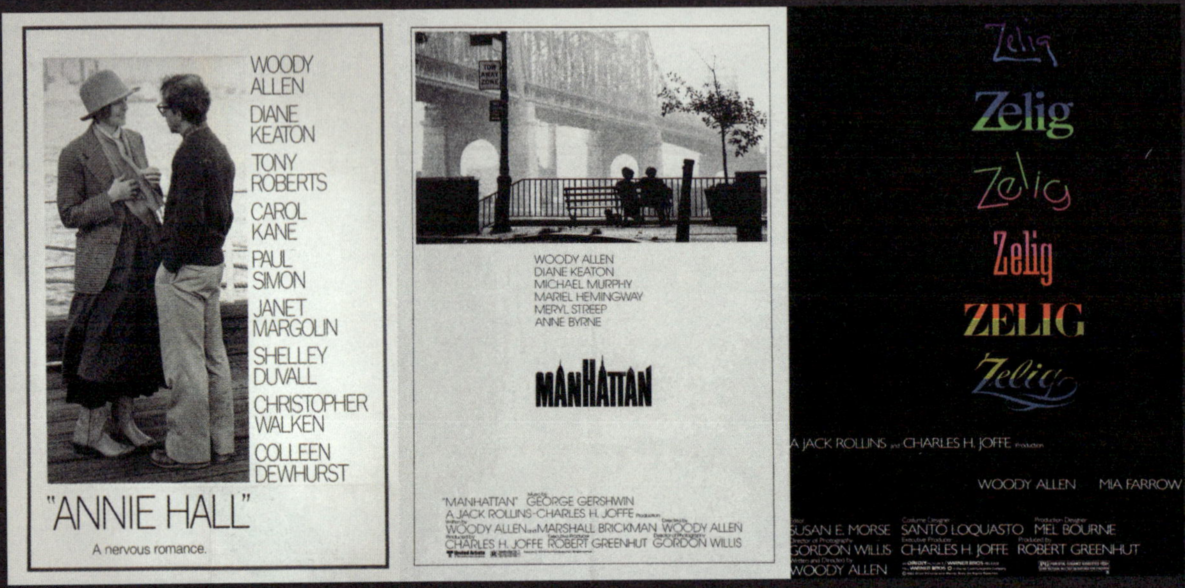

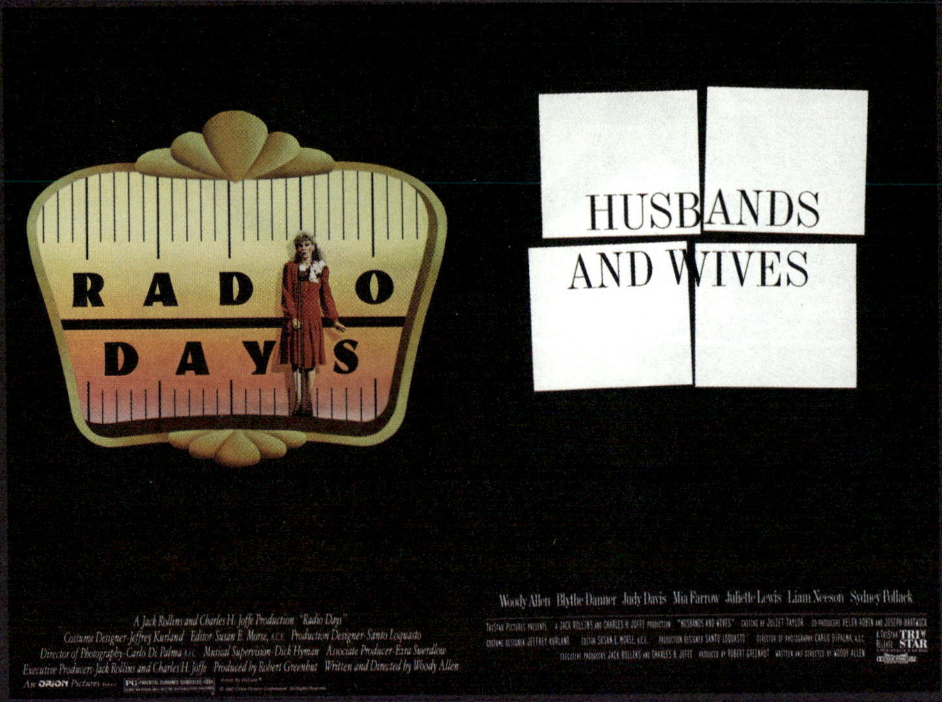

艾伦的十部经典影片，从 1997 年的《安妮·霍尔》到 2013 年的《蓝色茉莉》，30 多年来长“盛”不衰。

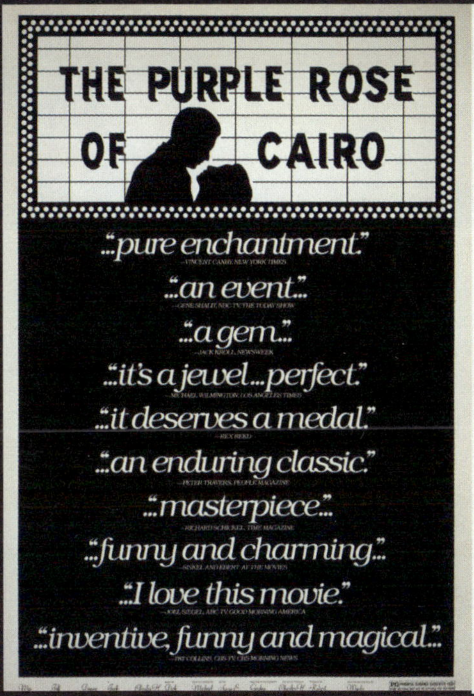
THE PURPLE ROSE OF CAIRO
"...pure enchantment."
"...an event..."
"...a gem..."
"...it's a jewel...perfect."
"...it deserves a medal."
"...an enduring classic."
"...masterpiece..."
"...funny and charming..."
"...I love this movie."
"...inventive, funny and magical..."

HANNAH AND HER SISTERS
WOODY ALLEN MICHAEL CAINE
MIA FARROW CARRIE FISHER
BARBARA HERSHEY LLOYD NOLAN
MAUREEN O'SULLIVAN DANIEL STERN
MAX VON SYDOW DIANNE WIEST
JACK ROLLINS CHARLES H. JOFFE SUSAN E. MORSE CARLO DI PALMA
JACK ROLLINS CHARLES H. JOFFE ROBERT GREENHUT WOODY ALLEN
ORION

ALAN ALDA
WOODY ALLEN
ANJELICA HUSTON
DIANE KEATON
MANHATTAN
MURDER
MYSTERY

WOODY ALLEN'S NEW COMEDY IS THE TOAST OF THE TOWN
"A BRIGHT, ENERGETIC, SIDE-SPLITTING COMEDY!
The kind of sharp-edged farce Woody Allen has always done best."
Bullets over Broadway
JIM BROADBENT JOHN CUSACK HARVEY FIERSTEIN
CHAZZ PALMINTERI MARY-LOUISE PARKER ROB REINER JENNIFER TILLY
TRACEY ULLMAN JOE VITERELLI JACK WARDEN DIANNE WIEST
MIRAMAX

Alec Baldwin
Cate Blanchett
Louis C.K.
Bobby Cannavale
Andrew Dice Clay
Sally Hawkins
Peter Sarsgaard
Michael Stuhlbarg
Blue Jasmine
Written and Directed by
Woody Allen
SONY PICTURES CLASSICS

早年岁月

伍迪·艾伦青年照。

早在16岁时，艾伦就已成为一名喜剧作家，能够赚钱养活自己。

1952年是伍迪·艾伦在米德伍德高中生活的最后一年。他的一天通常是这么度过的：下午1点钟下课后径直奔向地铁站，赶上从布鲁克林区开来的列车，随后穿过曼哈顿大桥、第六十街、第五大道，途中不停地用铅笔写笑话。地铁上时常拥挤不堪，艾伦即便抓着车内的吊环，也不忘匆匆写上几笔，抵达曼哈顿时，纸上至少有25个笑话了。出地铁后，他向东步行几个街区，途经科帕卡巴纳的夜店，就到达了麦迪逊大道654号，这里是艾伦的目的地——演艺界公关大卫·艾尔伯的办公室。办公室经常给人摇摇欲坠的感觉，内部装饰也略显破败。四个房间里，共有六七个人在埋头写笑话。这些笑话最终会以某位名人的名义刊发于街头小报。抵达这里之后的3个小时内，艾伦都将坐在那里继续写笑话，直到写满10页纸为止，1页纸上5个笑话，一共50个。为此，他一周能拿到20美元的报酬。“这不算什么啦。”艾伦说。那一年，他只有16岁。

艾伦颇具写笑话的天赋，就像有些人擅长油漆，有些人擅长投球，他擅长的是娴熟的笔头功夫。“如果一个人喜欢讲笑话，那简直是不吐不快，”他1967年在接受哥伦比亚广播公司《The Way It Is》节目采访时这样说，言语间充满了年轻人的自大、潇洒、不羁，“每当看到有人画马，我都为之惊叹。我始终想不明白，他们如何能做到这一点。他们竟然能借助铅笔，将马儿再现于纸张之上，太精彩了。可我画不了马，也画不了其他的。不过，我能写笑话，可谓不写不快。漫步在大街上，构思笑话几乎就是我的一种交谈方式，灵感来得就这么轻松自然。”

写笑话逐渐变成了艾伦的正式职业，这么做是源于母亲的督促，这是康尼斯伯格[1]家做事的一贯风格。艾伦在学校的表现一向很差。在他看来，学校里没有欢乐，规矩太过死板，老师们也都很无趣，缺乏幽默感。他曾向传记作家埃里克·拉克斯坦言：“我对学校恨之入骨。我对什么都上心，就对老师提不起劲。”当时，英文写作是他唯一表现不错的科目。他写的某些话题文章，比如“生病时想得到什么样的礼物”，总能因别出心裁的创意逗得全班同学捧腹大笑。当他告诉妈妈他想成为一名写笑话的作家时，妈妈带他去买了一台奥林匹亚SM-3型打字机。这台打字机当时售价40美元，外形像是一辆小型坦克。售货员告诉艾伦：“这台打字机的寿命，会比你的还长。”此

1　伍迪·艾伦（Woody Allen）本名艾伦·斯图尔特·康尼斯伯格（Allen Stewart Konigsberg），康尼斯伯格是其家族姓氏，后来艾伦将其改为“伍迪”（Woody）。

后，在一位亲戚的建议下，艾伦向几个知名报纸的八卦专栏作家投去了样稿，其中包括《每日镜报》的沃尔特·温切尔、《纽约邮报》的厄尔·威尔逊等。每次投稿，艾伦都会附上一个小纸条，“内含笑话数则，诚望贵报斟酌，别无他投”。令艾伦惊喜的是，有一天，他打开《每日镜报》，翻到尼克·肯尼主持的八卦专栏，居然发现他们录用了一则自己写的俏皮话：“我认为，最幸福的男人会同时拥有一支打火机和一位妻子——两者还必须都好使。”

很快，继肯尼专栏之后，读者群更大的厄尔·威尔逊专栏也开始刊登他写的句子（“所谓的伪君子是这样一种人：写一本关于无神论的书，然后祈祷这本书畅销。——伍迪·艾伦”）。艾伦几乎一夜成名，这一点，就当时所处的生存境况而言，艾伦是无论如何也没有想到的。“当时，我就是高中学校里的一个小混混，没想到突然间就家喻户晓了。”然而，家喻户晓的并非他的真名“艾伦·康尼斯伯格”，而是笔名“伍迪·艾伦”，因为他不希望在第二天的数学课上遭遇尴尬。不久后，艾伦得益于其卓越才华，在创作的道路上大步前行，他羞涩的内心再也阻挡不住前进的步伐了。一天晚上，佩吉·李[2]的演唱会在曼哈顿著名的“玫瑰人生”咖啡厅举行。会场上，大卫·艾尔伯的私人经理人上前询问威尔逊的助理，请他帮忙推荐一位优秀的笑话作家。这位助理向他提起了这位当时还在布鲁克林念高中生的孩子。艾伦的名字被人频频引述，以至于大家都很想知道这位伍迪·艾伦究竟是谁。第一次见这位16岁的神奇少年时，阿尔伯专栏的作家们（大多30岁到40岁的年纪）都惊呆了。“他满嘴感叹词，”迈克·梅里克说，“张口闭口‘哇’‘天哪’，太招人喜欢了。一表人才，嘴巴甜，好奇心强，丝毫不摆自以为是的架子。他是十足的谦谦君子，连进门都不会发出任何噪声。大笔一挥，就写了好几个搞笑段子。比如，以明星萨米·凯耶的名义写的那些，我们读起来时，不得不说‘这和萨米·凯耶的聪明劲儿简直如出一辙’。”

结束一天的工作后，艾伦会乘坐半个小时的地铁返回布鲁克林。他一般在第十六大街的高架站台下车，徒步回家。艾伦的家位于纽约市布鲁克林区中心，在福莱特布什镇南侧的米德伍德小镇上。家不大，木质结构建筑，两户人家合住一栋楼，楼前的

---

2 佩吉·李（Peggy Lee）（1920–2002），美国著名演员，歌手，创作人。

“我痛下决心，把家族姓氏改了。原因是，一旦有机会成名，家族姓氏（康尼斯伯格 Konigsberg）会被印到报纸上，天哪，那太尴尬了吧。于是，我把姓改成了‘伍迪’。”

台阶一直延伸到米德伍德小镇的第十五大街上。他和父母（父亲叫马丁，母亲叫内蒂）住在一起，家里还有妹妹莱蒂和祖父母。他家附近住了很多亲朋，其中有他的两位叔叔塞西尔和亚伯、姨妈莎蒂和姨夫乔，还有七大姑八大姨，婚前遭难的，离婚悲伤的，时常过来投靠。艾伦呢，只能被迫睡在一条军用吊床上。家，是个喧闹的地方，同《那个时代》（*Radio Days*）里的场景如出一辙：狭小的空间里，人满为患，呼叫责骂此起彼伏，意第绪语[3]、德语、英语混杂其中。“人们各自忙碌着，争吵着、叫嚷着，总是那么生机勃勃，”艾伦回忆说，“这简直就是一家疯人院。”不过，也可以说，这些场景为艾伦后来的艺术创作奠定了坚实的基础。

艾伦的父母和他们永无宁日的婚姻生活，始终是街坊邻里最引人注目的焦点。艾伦说：“除了真刀真枪，他们什么都干过，两人的婚姻一直处于崩溃的边缘。说实话，婚后前三十年，至少前二十年，没有哪天晚上不吵架。太令人震惊了！”不管什么事，都能引发艾伦父母的争吵。不过，主要的导火索是父亲马丁花钱不加节制，事业也一波三折。在母亲内蒂看来，作为丈夫，养家糊口是其基本职责。尽管马丁逢人便说自己是黄油和鸡蛋的推销员，但他却从未有过一份稳定的工作——既干过珠宝邮购，也在台球房打过工，还替骗子们在纽约州萨拉托加赛马场跑腿押过赌注。除此之外，他还开过出租，做过酒保，学过雕刻，也在餐厅里当过服务生。不管多忙，回家前，他总能抽出时间，不惜重金买上一套新衣服，或是给艾伦买个新玩具，内蒂自然要为此大发雷霆。每当此时，艾伦都睁大双眼，把一切默默记在心里。后来，这些都成了他喜剧创作中的可资借鉴的范本：坏蛋、笨蛋、小偷、小骗子、大骗子，比如《傻瓜入狱记》（*Take the Money and Run*）里的银行抢劫犯维吉尔·斯达克威尔，约翰·特托罗执导的电影《色衰应召男》（*Fading Gigolo*）里的皮条客默里。在艾伦的喜剧世界里，

3 中东欧犹太人及其在各国的后裔说的一种从德语派生的语言。

少年时代的艾伦，无拘无束地游荡在布鲁克林的街头。
唱片店、电影院是他最常出没的场所。

这种熙攘喧闹、推搡催促的元素是其作品的第一助力。

“家里矛盾冲突时有发生，所有人都没耐性。尤其是我爸，什么事都爱发火，一副咄咄逼人的样子，”艾伦说，“爸爸对待一切的市井习性，多疑、强势，都被我如数继承了。他每次开车出门，必定会跟别的司机干上一架。他就是这么个刺儿头，常常因为一两块钱，跟人发生争执，推推搡搡。如此耳濡目染之下，我根本不知道，人与人之间还可以和谐相处。我以为，这就应当是我们的生存之道。”有一次，艾伦在地上捡到一枚五美分的假硬币，然后企图拿这枚假币来糊弄爷爷。他知道，爷爷老眼昏花的，根本分不出真假。没想到，正好被妈妈逮个正着。对于管束孩子，妈妈眼里容不得一点沙子，加上脾气暴躁，手劲儿又大，于是，“艾伦时不时就会被妈妈狠狠地揍上一顿，”艾伦幼时的玩伴杰克·弗里德说，“只要抓住艾伦的把柄，她就会暴跳如雷，大喊大叫，随后就是劈头盖脸的一顿猛打。艾伦控制情绪的能力惊人，而他妈妈却截然相反，对自己的情绪丝毫没有控制力。”

艾伦曾告诉芭芭拉·库珀纪录片《狂人蓝调》（*Wild Man Blues*）的制作人：“老妈几乎每天

都扇我耳光。”艾伦的作品塑造了诸多女性形象，其中不乏刚烈的悍妇、骂街的泼妇以及唠唠叨叨的怨妇。即使不用心理分析学家帮助，也不难找出塑造这些形象的灵感来源。可以说，当时艾伦唯一熟知并且实践过的原创策略，就是“逃跑”。艾伦身上透露出来的气质，似乎感染于美国著名短篇小说家达蒙·鲁尼恩的作品。他曾经有过很多梦想，比如做赌徒，比如打牌作弊，比如靠坑蒙拐骗谋生，比如跟狐朋狗友坐在游廊下谋划着怎么用做了手脚的骰子和纸牌欺骗室友。米德伍德高中校报《阿格斯》的主编曾告诫大家“千万别跟康尼斯伯格[4]同学玩牌”。每个周六早上，艾伦和朋友们通常要开启他们的朝圣之旅，要么杀到曼哈顿52街西头的魔术店逛一圈，要么奔赴国王公路上的唱片店淘唱片，拿出积攒的零花钱，买上几张爵士乐大师杰利·罗尔·莫顿的作品，然后把唱片拿到朋友艾略特·米尔斯家去听。他们用朋友家的留声机播放唱片，一听就是几个小时。艾伦说：“我们一直听啊听，一个音符一个音符地欣赏，那种如痴如醉的程度，简直难以形容。”艾伦外出从来不需要征询父母的同意，这让他的朋友们赞叹不已。他就像个野孩子。

艾伦的电影里充斥着他一生挚爱的东西：曼哈顿、音乐、女人、幻觉、小罪行、逃亡……他将这些元素悉数融合在影片之中。1939年，艾伦3岁，妈妈带他看了第一部电影《白雪公主》（*Snow White*），他冲上台去，触摸银幕，吓得妈妈赶紧把他拉开。艾伦6岁时，爸爸第一次带他进城，他们从布鲁克林乘坐地铁，到时代广场下车。艾伦回忆说：“那种震撼程度，你无论如何也想象不出来。目光所及之处，尽是电影院。我是在布鲁克林长大的，那里有不少电影院，我以为已经算是很多了。没想到的是，这里不到几十米就有一家。百老汇附近的电影院更是星罗棋布，令人眼花缭乱。电影院那些形形色色的标志，如今都已成为了经典。大街上士兵和水手成群结队，身着制服，备显精神；女人们模仿当红女星贝蒂·格拉布尔、丽塔·海华丝、维罗妮卡·莱克的着装、发型和妆容打扮好自己，挽着水手漫步在大街上；大楼墙根下站着几个人，兜售各种跳舞娃娃，沿途到处是售卖木瓜的小贩和射击摊位……此情此景宛如《蓬车队》（*The Band Wagon*）片头弗雷德·阿斯泰尔[5]走过的那条街。这么说一点都不夸张，眼前的景致太过震撼人心。自从看到这些，我就一心只想住在曼哈顿，在曼哈顿工作，无论如何都看不够。”

---

4 艾伦当时尚未改姓，康尼斯伯格是其原来的家族姓氏。

5 弗雷德·阿斯泰尔（1899–1987），美国电影演员、舞蹈家、舞台剧演员、编舞、歌手。他在舞台与大银幕上的演出生涯长达76年，代表作有《鬼故事》《狗王擒贼王》等。1950年，获颁奥斯卡终身成就奖。

“很小的时候，我就酷爱喜剧，喜欢喜剧演员鲍勃·霍普和格劳乔·马克斯，他们一直陪伴我成长。到了十几岁时，我尝试模仿霍普，小笑话、幽默段子脱口而出，毫不费力。”

鲍勃·霍普和格劳乔·马克斯，艾伦童年时代的两位喜剧英雄。

众所周知，关于“如何在曼哈顿幸福快乐地生活”，伊萨克·戴维斯专门列过一个单子，他列举的那些事，在艾伦眼里微不足道。艾伦说：“对我而言，我觉得不可或缺的应是喜剧演员格劳乔·马克斯，还有棒球明星威利·梅斯，还有莫扎特《朱庇特交响曲》的第二乐章、爵士乐家路易斯·阿姆斯特朗的唱片《土豆头蓝调》。此外，还有瑞典电影，福楼拜的《情感教育》以及演员马龙·白兰度、弗兰克·辛纳屈等。”说起这些，艾伦并非一味地沉浸在对上一个时代的怀旧情节中不能自拔，他只是在追忆童年罢了。毕竟，1935年12月艾伦出生时，喜剧演员马克斯兄弟还活跃在剧场里，《土豆头蓝调》还在唱片机上飘扬。当威利·梅斯加盟纽约巨人队，马龙·白兰度出演《欲望号街车》（*A Streetcar Named Desire*）时，艾伦不过15岁。弗兰克·辛纳屈签约Capitol Records乐队时，艾伦也才19岁。《丹尼玫瑰》（*Broadway Danny Rose*）和《那个时代》（*Radio Days*）显然都是艾伦的自传式电影，即使抛开这两部不算，他的其他电影在极大程度上也都与其童年生活有着千丝万缕的联系，影片中所折射出的社会文化，都是艾伦要极力逃脱的。1997年，艾伦曾告诉评论家约翰·拉尔，“我从不认为‘真实即美好’，绝对不会。我喜欢瑞典导演英格玛·伯格曼创造的世界，或是刘易斯·阿姆斯特朗音乐里的世界，或是纽约尼克斯队的世界，但绝不是我电影里的那个世界。我今生今世都在拼尽全力，逃脱那个世界。”

艾伦通向好莱坞的道路看似不切实际，但他能够审时度势，把握住了20世纪50年代讽刺作品热潮横扫美国的绝佳时机。当时，美国各大城市的咖啡厅、爵士乐俱乐部，如雨后春笋般涌现出来，其中以纽约的格林威治村[6]为最，这里的费加罗和雷焦，便是各路名流经常造访之地，音乐家皮特·西格、代表“垮掉一代”的作家杰克·凯鲁亚克和艾伦·金斯伯格，他们经常聚集在此玩说唱音乐。那个时代的年轻观众们正渴望有人帮他们摆脱麦卡锡时代[7]的荒诞。在芝加哥，“指南针剧场”首度邀约迈克·尼科尔斯与伊莲·梅同台表演；在加利弗尼亚，梅尔·布鲁克斯和卡尔·瑞纳表演了一部滑稽短剧，他们借一位2000岁的老人之口，讲述了其漫长生命中遇到的诸位名人雅士（其中关于耶稣是这么说的，“我跟他很熟，他身材纤瘦、留着络腮胡。他来到我店里，我给他喝了点水。”），这部剧后来录成一张黑胶唱片，卖了一百多万张。1954年，艾伦在“蓝色天使”夜店首次看到莫特·萨尔表演独角戏。他看到的莫特·萨尔没穿燕尾服，而是下身宽松长裤，上身毛线衣，胳膊下夹着一份《纽约时报》。他一改当时调侃家庭主妇和女性内衣的传统风格，改为即兴调侃“大都市男人作茧自缚的种种窘境”，借乔纳森·米勒的话说，“莫特·萨尔的表演十分引人入胜”。

“莫特·萨尔简直就像是查理·帕克附体一般，完全是对爵士乐的自主革命。他的表演可谓开创一代先河，之前谁也未曾见过。他又如此天赋异禀，足以令其他喜剧演员们嫉妒不已。过去人们会问：‘观众究竟喜欢他什么呢？他就是在讲话而已，根本不是在表演。’然而，他的笑话是意识流的，有点爵士乐的调调。而且他有时会故意岔开话题然后再拉回来，比如他可能开始谈论艾森豪威尔总统，然后话锋一转说联邦调查局，接着讲述发生在自己身上的事以及电子监控，之后又扯到高保真设备和女人上去，最后绕回到最初的主题。这种表演程式太令人惊叹了。”概而言之，莫特·萨尔的表演是“以表达取胜”的典型代表。他听起来根本不像是在演出，他表现出的思维敏捷、头脑清晰、坦承直率、放荡不羁，令观众觉得他完全是在追逐着自己的思维自言自语。这种表达方式与艾伦不谋而合，艾伦的表达虽不如莫特·萨尔那么焦急暴躁，却以同样的休闲节奏而显得更为活泼。丹尼·西蒙是这个时期另一位风云人物，他与剧作家尼尔是兄弟，时

6　格林威治村是美国纽约市西区的一个地名，住在这里的多半是作家、艺术家等。格林威治村代表着另外一种生活方式，是美国的反文化。格林威治村是在1910年前后在美国形成的，那里聚集着各种各样的艺术工作者、理想主义者甚至工联分子，他们大都行为乖张、与世俗格格不入。

7　麦卡锡时代是指美国1950年至1954年这段时间，此间美国参议员麦卡锡的美国国内反共、反民主的典型代表，它恶意诽谤、肆意迫害共产党和民主进步人士甚至有不同意见的人，有“美国文革”之称。从1950年初麦卡锡主义开始泛滥，到1954年底彻底破产的前后五年里，它的影响波及美国政治、外交和社会生活的方方面面。麦卡锡主义也成为政治迫害的同义词，这段时间也因此被称为麦卡锡时代。

任美国全国广播公司“高露洁欢乐时光”节目首席编剧。得益于该公司一个新编剧培养计划，艾伦曾作为新手在这里得到一个职位。然而，几乎艾伦一到岗，这个节目就被取消了，但西蒙却从此成为艾伦难能可贵的导师和陪伴一生的挚友。艾伦曾告诉传记作家艾瑞克·拉克斯：“我关于喜剧的一切知识，都是从丹尼·西蒙那里学来的。”西蒙教会艾伦喜剧创作中“单线发展”的重要性，所谓“单线”就是借助单口的方式，让情节自由发展。另外，他还向艾伦解释单口相声和喜剧小品的区别，前者依赖一张嘴和一个情节，后者则设置多种情境，并据此利用不同的人物角色来推进情节发展。

幽默大师莫特·萨尔也是一位对艾伦产生重要影响的人物。上图是 1957 年，萨尔在芝加哥一家俱乐部演出的情景。

西蒙总是追问艾伦“接下来怎么办呢？”，以此教会他将每个想法发挥到极致。除此以外，西蒙还帮艾伦谋取到一个好机会——推荐他到一家名为塔米蒙特的度假村现场演出。这家度假村位于宾夕法尼亚州的斯特劳斯堡附近，是一处滨湖消暑胜地，青年犹太男女常在这里聚集观赏舞台演出，而登台表演的多是初出茅庐的青年才俊，包括席德·西泽、卡尔·瑞纳、梅尔·布鲁克斯、丹尼·凯耶以及尼尔·西蒙在内，他们正式步入百老汇之前都是在这个舞台上起步的。

艾伦的打字机发出电动小圆锯的声音，不断地从他的小屋中传出来。演员们每周一早上都会拿到最新的剧本材料，通常在周三反复进行集体排练，然后趁周四在剧场里进行完整彩排，周六周日的晚上就正式登台演出了。艾伦说：“你不可能静静坐在房间里，等待冥想来逗你发笑，你必须把素材写下来。”艾伦在塔米蒙特的剧目中包括一部名为“罪犯颁奖典礼”的节目。在节目中的“颁奖典礼”上，暴徒们颁发了年度最佳谋杀犯、最佳抢劫犯以及持致命武器的最佳人身伤害犯；此外，还有一场关于心理战术的滑稽短剧，剧中敌我双方在战场上相遇、一前一后匍匐前行时，演员嘴里默默念叨：“你个头这么矮，三寸丁，没人爱。”这个节目一经表演，便即刻火爆起来，艾伦也由此赢得了另一份工作，一个电视版的单口节目《舍维与席德·西泽同台秀》。在此期间，艾伦根据《玩具屋 90》这部电视剧为西泽量身打造了一个名为《温室 9D》的节目，以及一个名为《美国音乐台》的试水节目（以阿尔特·卡尼为常驻表演者并时不时邀请当时正走红的新兴摇滚乐团，如“卡拉马佐夫姐妹”等作为表演嘉宾）。艾伦发现自己并不太喜欢给西泽做编剧，后来便借口谢绝了他。这时候，其他编剧们开始对艾伦的作品吹毛求疵，同时也相互排挤彼此。梅尔·布鲁克斯曾将艾伦称作“一只小红毛老鼠”，而同行拉里·吉尔巴特则说，“伍迪·艾伦看起来就像个六岁的小毛孩。他之前的所谓创作才华，不过是在学 ABC 罢了。他太柔弱了，像是一只带着大眼镜的小蝌蚪。”

在阿尔特·卡尼的一场演出里，艾伦针对瑞典导演英格玛·伯格曼的电影《野草莓》（*Wild Strawberries*）写了一段极具幽默和嘲讽意味的台词，并取名为《爱情万岁》（*Hooray for Love*）。其中有一段，阿尔特·卡尼满口的假瑞典语，下面配着荒谬搞笑的字幕，一位评论家曾如此说道：“竟然对喜剧大师田纳西·威廉斯和著名导演英格玛·伯格曼进行如此拙劣搞怪的模仿，老天啊，这有点太狂野了。”艾伦的创作才华可谓与日俱进。

1956 年 3 月，艾伦娶了哈琳·罗珊为妻。哈琳·罗珊的父亲是一家鞋店的老板，艾伦通过一次犹太人社交俱乐部活动认识了这位岳父大人。1957 年秋，妻子哈琳进入亨特学院研修哲学，艾伦也不甘落后，在哥伦比亚大学找了一位导师，指导他研修哲学经典著作导读课，其中包含柏拉图、亚里士多德、但丁和乔伊斯等大家之作。夫妻二人常常一边阅读一边探讨。艾伦是快二十岁时才开始正式读书的，他曾把读书当作是一项“杂务”，但他自学起来，竟能如此孜孜不倦、有条不紊，这也是他做事的一

“我认为，一个所谓的喜剧天才和真正的天才之间的差距，就跟一个小村长和美国总统之间的差距一样。”

梅尔·布鲁克斯、伍迪·艾伦和梅尔·托尔金正和席德·西泽头脑风暴，19 世纪 50 年代中期，艾伦在给西泽做编剧。

贯风格。每天下午 4 点钟，他步行 4 个街区，从公寓走到大都会艺术博物馆，在那里待半个小时，每天钻研一个不同的展览，直到把整个博物馆的展品都看了一遍。可以说，艾伦对高等教育的追求，在很大程度上带有浪漫主义爱情的色彩。他这么做，主要是想和妻子保持同步。于是，当第一次婚姻于 1962 年宣告结束后，艾伦决意寻找一位不同类型的女性。他说：“无论是从知识还是文化层面说，我属于下层社会，丝毫不会引发她们的兴趣。我必须努力开拓一项她们拥有的兴趣爱好；我唯一能想到的就是棒球。

不能再像过去那样，我约她们出去，她们会说‘我今晚想去听安德烈斯·塞戈维亚[8]’，我的反应往往是：‘啥？’或者，她们会说‘你读过福克纳的这本小说吗？’我的回答则是：‘我只读漫画书。’”

到了20世纪50年代，成就艾伦喜剧天才的大多数元素都已就位：一是灵巧的手法，神不知鬼不觉，就能安插一个笑话来表现莫特·萨尔那种看似漫不经心实则精雕细刻的表演风格；二是喜感，嬉笑怒骂间就能把大都市咖啡馆文化里弥漫的人性揭示得淋漓尽致；三是对待女性的态度，这种态度丢掉了青春期那些来自于二手经验的稚嫩（“我的第一任妻子交通违章了，根据我对她的了解，肯定不是因为超速”），改为对男性不安全感的率真坦白；四是与日俱增的敏锐洞察力，使之能够在长期磨练中不断积累自信心，这一点要得益于其在塔米蒙特喜剧营地的集训和丹尼·西蒙指导下在网络电视上的历练。那时，唯一还缺失的元素是：一种表演风格，一种表演天赋，一种艾伦某一天会直面自我的直觉。

1958年，影片制作人杰克·罗林斯和搭档查尔斯·约菲在他们位于第57西街堆满报纸的办公室里见到了艾伦。关于这次会面，杰克·罗林斯回忆道：“我们当时就预感到，这个腼腆、瘦小的家伙会是个了不起的演员。”艾伦认真通读了罗林斯写的一整套草稿。“艾伦读稿子时，表情严肃得要死，但我们都觉得很好玩。他一脸懵逼的样子，完全不知道我们在笑什么。他非常与众不同，很安静，很腼腆。” 那时，罗林斯和约菲负责管理劳斯莱斯的娱乐业，把兰尼·布鲁斯引入纽约的就是他们俩。此外，与他们合作过的笑星还有哈利·贝拉方特、尼古拉斯和梅。艾伦时常耸耸肩，满口的“对不起，不好意思”，一举一动随时都给人可以入戏的感觉，这种谦逊低调的个性，让他们简直一见倾心。他们两个即刻意识到，眼前这个人极有可能是一位像奥逊·威尔斯[9]一样的“三面手”，既能编剧，也能导演，还能自编自导自演。于是，他们决定与艾伦签约。

签约的事，艾伦推诿过一段时间。不过，在此期间，他和当时长盛不衰的“加里穆尔秀”合作并不顺利，最终不欢而散。生计的威胁在很大程度上促成了他与罗林斯和约菲的合作。1960年10月，罗林斯和约菲为艾伦预定了首场单口相声表演，演出地点是“蓝色天使”夜店，时间则定在周六晚喜剧演员雪莱·贝尔曼的演出之后。在“蓝色天使”夜店演出难度之大，早已声名远扬。一条红毯铺成的步道，把观众引入一道长廊，长廊尽头是一个烟雾缭绕的幽暗小房间，天花板挨着头顶，舞台只有口袋般大小，周围是一排排圆桌，围坐的不是波希米亚人就是电视观众。艾伦的这次首演，拉里·吉尔巴特正好在场。他说，艾伦当晚的样子，就像是“女扮男装的伊莲·梅”。艾伦的开场白有点闪烁其词、不知所云，他紧张兮兮的样子像是考试中作弊的孩子。他右手紧紧攥住麦克风，攥得指关节发白，左手死死握住讲台，像是被胶水粘死在上面。艾伦浑身赤裸一般，孤立无援，宛如一只被剥了皮的兔子。

8　当代最杰出的西班牙吉他演奏家。

9　奥逊·威尔斯（1915-1985），美国著名演员、导演、编剧和制片人。代表作有《公民凯恩》《第三人》《历劫佳人》等。

回忆起艾伦这场令人胆颤的首演时，罗林斯说："我真想跑到台上，用手捂住他脖子上暴突的青筋，他看起来时刻都有窒息而死的可能。哎呀，感觉整个人都要神经抽搐了。紧张啊，紧张啊。都成了一道风景了。可惜你们没看到。"约菲说："艾伦演得糟糕透了。"根据艾伦的回忆，接下的日子"是我这辈子最黑暗的一段时间"。每天早上，他都是带着恐惧醒来，这种恐惧只有逃离了舞台才能得以摆脱，要双手捂住耳朵才能把脑海里观众的骂声屏蔽出去。约菲和罗林斯通常亲自一起开车送他去演出，以防他临场逃脱。罗林斯对艾伦刚到演出地的样子非常难忘，"他就像笼中困兽一样，焦躁不安，在地毯上来回踱步"。有几次演出前，他竟然吐了。他们真的是生拉硬推把他弄上舞台的。简·沃尔曼是这家夜店的老板，负责介绍演员出场。她回忆说："有好多次，我和艾伦站在后台，他颤抖得就像一片风中的树叶。他一颤抖，我就上去扶住他，他需要靠在我身上才能走到台前。我常常拍拍他的背说："'加油！你将是一位了不起的演员。'"

"我们当时就预感到，这个腼腆、瘦小的家伙会是个了不起的演员。"杰克·罗林斯（中）和搭档查尔斯·约菲（左）抓住机会指导艾伦。这张照片拍摄于 20 世纪 70 年代。

KODAK TRI X PAN FILM
KODAK SAFETY FILM

20世纪60年代，摄影师罗兰·谢尔曼捕捉到艾伦的一整套台上表演，动作丰富，极为传神。

20 世纪 60 年代，艾伦和莫妮克·范·盖德林合作拍摄的一个司木露伏特加酒广告。

演出结束后，他们往往会找一家酒吧或饭店坐坐。这时，罗林斯和约菲便开始“解剖”整个演出，挑出需要改进的台词和应当削减的表演。艾伦则不断恳请他们让自己离开这个舞台：“我不搞笑，我不滑稽，我做不到，我憎恨这种演出，我不喜欢演出的时间安排，我太腼腆，我不喜欢站在一大群观众面前……”艾伦说个不停，罗林斯总是安慰他：“慢慢就会适应了。”这时大约是凌晨 3 点钟，艾伦会回家睡觉，一觉醒来后又重复这个循环。有五六次，他差点就真的辞掉了。不过，事情终于有了转机。艾伦不再像逃亡一样在台词中“钻来钻去”拼命寻找出口，他开始意识到：观众们是花钱来看我演出的。那种囫囵吞枣式的表达，紧张兮兮的台风，终于迎来一个 90 度大转弯，“艾伦风格”的轮廓开始逐渐呈现出来。这种风格，引用菲尔·伯杰的话说就是，“一个瘦弱的男子，一脸的惊诧，像是做了什么坏事被抓到现行一般。”

艾伦浑身上下都透露着表演性的元素，这也是他演出的最大特色。那种难以言表的压抑感、表演焦虑感、显露无疑的搜肠刮肚，等等。正是由于这些元素，观众们在台上看到了一个别具一格的艾伦：一个被自身恐惧笼罩的演员，像抓救命稻草一般死死攥紧麦克风，聚光灯下的他，宛如蜷缩在道路中央的一个路人，被汽车的前大灯照射得一览无余。艾伦把对表演的恐惧成功演绎成了自己的表演风格。后来，在做客美国综艺节目《周六夜现场》时，他对洛恩·麦考斯说过一句话，这句话麦考斯至今记忆犹新，“艾伦说，他演的就是自己。”

艾伦说：“刚开始登台时，我的感觉恰恰相反。我只想走上台，讲笑话，因为我以为观众的笑点都在笑话上。然而，杰克·罗林斯反复告诫我，‘你应当反其道而行。’由于我原本是编剧的，对表演一无所知。我原以为，像佩雷尔曼这样的幽默大师，只要走上台去，随便说句俏皮话，台下观众就会哄堂大笑。然而，事情并非如此简单。事实上，笑话只是演员张扬个性或者表达态度的一种途径。比如喜剧演员鲍勃·霍普，令观众忍俊不禁的不是他的笑话，而是他表现出的自命不凡、胆小怯懦而又虚张声势的个性特征。观众的笑点自始至终都来自于演员的人格魅力。”

到了1961年末，艾伦已声名大噪。他的演出风靡开来，周五和周六要连续演四场才能满足粉丝们的要求。整个周末场场爆满，不能入场的观众超过四百人。《纽约时报》曾专门报道了当时排队购票的盛况。1962年11月，亚瑟·盖尔布写道：“艾伦所折射出的，以及他那些被称作新颖、明快和个性的演艺风格，其实是一种‘一厢情愿的徒劳’。他看起来就像个又呆又笨的流浪儿，一副受尽世事折磨和凌辱的模样，又或者浸染了卓别林式的幽默，透露着佩雷尔曼的古怪，以及莫特·萨尔的演技。唯一的不同只有一点，他从来闭口不谈时事问题。”艺术总监杰克·奥布莱恩曾在《纽约杂志》上对艾伦大加赞赏，“艾伦的智慧简直神乎其神，极具现代型，这一点与莫特·萨尔有所不同。艾伦的演技，直接瞄准自己，他通过他自己细微的笨拙举止、严肃而睿智的脸庞，始终保持着一种通过不雅动作或不当言行大肆制造笑料的超能力。”这段评论有效地解答了，为何观众对艾伦的痴迷能够如此持久。相比之下，由于兰尼·布鲁斯、比尔·科斯比、理查德·普雷尔及比尔·希克斯等喜剧演员对其演艺风格的模仿，莫特·萨尔的声望则显得江河日下。“观看艾伦的电影时，我们所有的情感都会被他牵着走。恐惧和脆弱则是其电影始终反复呈现的元素。”演员宝琳·凯尔曾如此评价艾伦的电影。

其实，但凡伟大的喜剧演员莫不如此。只不过，艾伦充分吸取了自身元素后，还致力于同甚嚣尘上的民族唯我主义保持高度一致，水门事件[10]和当时盛行的心理治疗是对这种时代唯我主义的最佳诠释。资深媒体人汤姆·沃尔夫曾在《纽约》杂志上发

10 水门事件或者水门丑闻，是美国历史上最不光彩的政治丑闻事件之一，其对美国本国历史以及整个国际新闻界都有着长远的影响。事件大致始末如下：1972年总统大选中，为了取得民主党内部竞选策略的情报，以美国共和党尼克松竞选班子的首席安全问题顾问詹姆斯·麦科德为首的5人闯入位于华盛顿水门大厦的民主党全国委员会办公室，在安装窃听器并偷拍有关文件时，当场被捕。由于此事，尼克松于1974年8月8日宣布将于次日辞职，从而成为美国历史上首位辞职的总统。

艾伦思维敏捷，形形色色的电视脱口秀邀约接踵而至，其中他出镜最多的是强尼·卡尔森主持的《今夜秀》。

表过一篇文章，文章报道了当时日渐风靡的“弗洛伊德精神分析法”、旨在培养自我意识与社会敏感度的“舒茨疗程”、“团队心理疗法”及“原始尖叫疗法”等，美国人通过上述心理疗法，期待能籍此祛除心理防御和社会对立面，直面现实并发现自身潜能。因为长期以来挥之不去的“极度恐惧感”，艾伦1958年开始尝试诸如此类的精神分析。他开始这种理疗的时间，与其首次在网络电视上露面的时间不谋而合。那时的艾伦，正在成为那个唯我主义时代的“迷你型”宫廷小丑、弗洛伊德时代的卓别林，也可称其为“正在崛起的新秀”。在艾伦那精致矮小的躯体上，观众们逐渐发现了一种对传统大男子主义心态的有力鞭挞，这种大男子主义心态正在饱受时代舆论的诟病，人们的批评的范围从约翰·韦恩的电影，到越南战争，简直无所不包。卡尔发现：“艾伦一旦发挥起聪明才智，立刻会变身大英雄形象。‘性机能不全’是他喜剧形象中最大的卖点。这一点居然受到追捧，没有变成一种糟糕的形象。这是因为，艾伦认为女人希望媒体树立一种理想的大男子形象，而事实上，观众席中的看客们则和他一样，更暗自相信女人的这种想法才是真正的‘性机能不全’。伍迪·艾伦的能量是深藏不露的，他对此早已了然于胸，只是羞于告诉世人。青少年时期前后的经历足以证明这一点。艾伦并非‘小男人’，他是一位英雄。”

1962 年到 1963 年间，艾伦的声望持续升温，形形色色的电视节目邀约接踵而至。强尼·卡尔森主持的美国著名脱口秀节目“今夜秀”邀请过的嘉宾难以计数，艾伦有幸成为这个火爆节目的首位嘉宾主持（客座主持）。这时候，好莱坞开始关注艾伦了。1964 年的某个晚上，雪莉·麦克雷恩和电影制作人查尔斯·费尔德曼在“蓝色天使”夜店观看艾伦演出，亲眼见证了艾伦引发全场观众爆笑的震撼场景。第二天一早，费尔德曼就找到罗林斯和约菲，开价 35000 美元聘请艾伦改编一个剧本。那是一部空洞浮夸的卧房闹剧，讲述了一个唐璜式花花公子的轶事。故事初名为《罗德的妻子》[11]，后来改编成电影《风流绅士》。艾伦后来说：“《风流绅士》是典型的好莱坞制作，简直是好莱坞的自嘲。影片上映后，我简直不忍直视。那次经历太尴尬，太丢人了。从此，我暗自发誓，除非是能自己做导演，否则以后再不写电影脚本。这就是我转入电影行业的原因。”

11　罗德是《圣经·创世纪》里的一位君子，家住所多码之城，由于当地人罪孽深重，上帝决定用天火毁灭他们，并在事前派天使让罗德携妻子、女儿一起出城，但嘱咐他们途中不可回头观看。谁知罗德的妻子按捺不住心中的好奇，出城之后回头看了一眼，于是她马上变成了一根盐柱。后来，人们就用“Curious as Lot’s wife”（像罗德之妻那样好奇）来形容“好奇心太重”。

“对我来说，阴沉、下雨的天气，倒没关系；一旦晴空万里，阳光普照，我就有麻烦了。”

明天会是晴天吗？约翰·米尼汉拍摄于1971年。

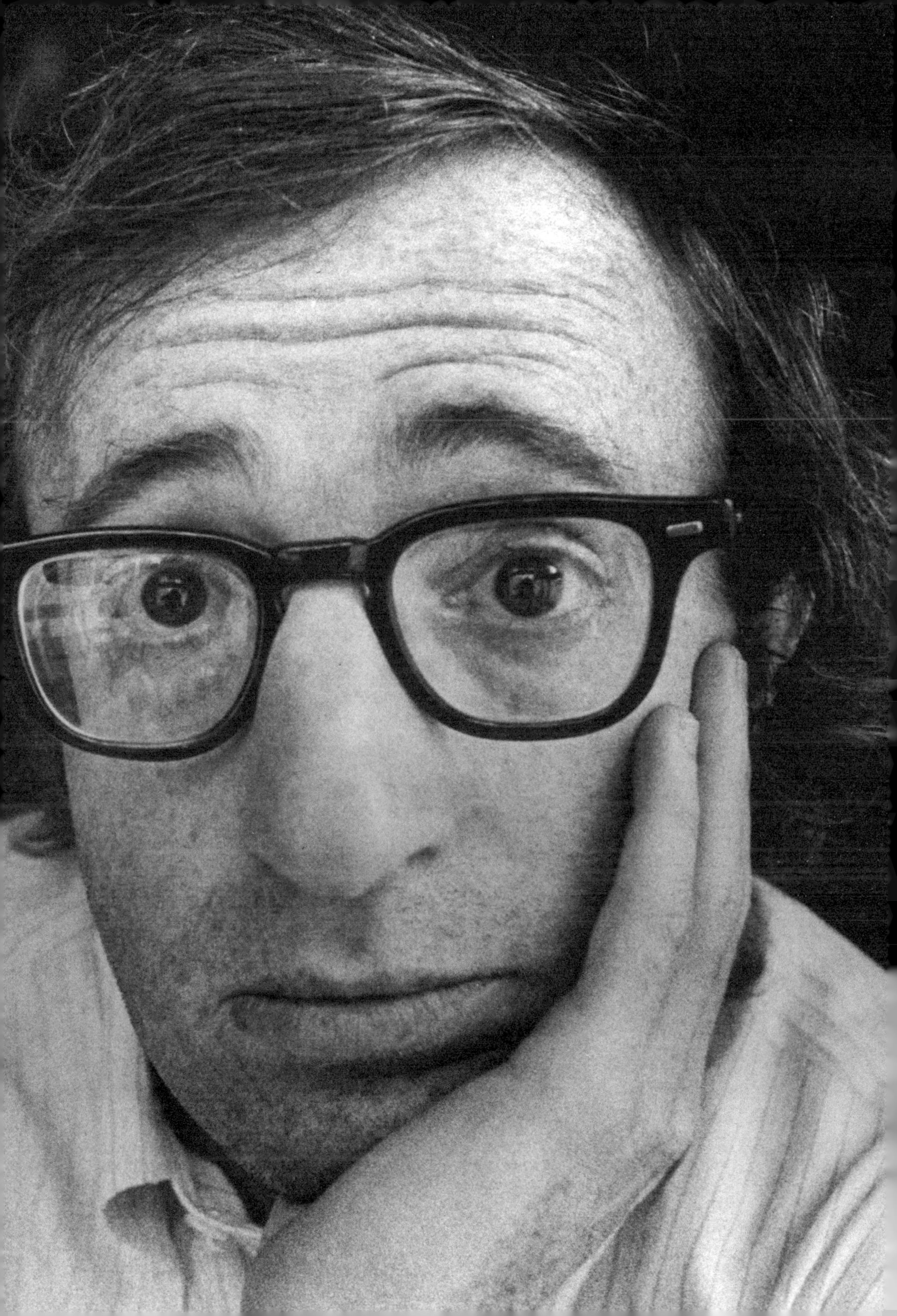

冲入好莱坞

（1965–1967）

“眼神灵动的小猫咪。”
图为 1965 年时艾伦在脚本编辑器上处理《风流绅士》的剧本。

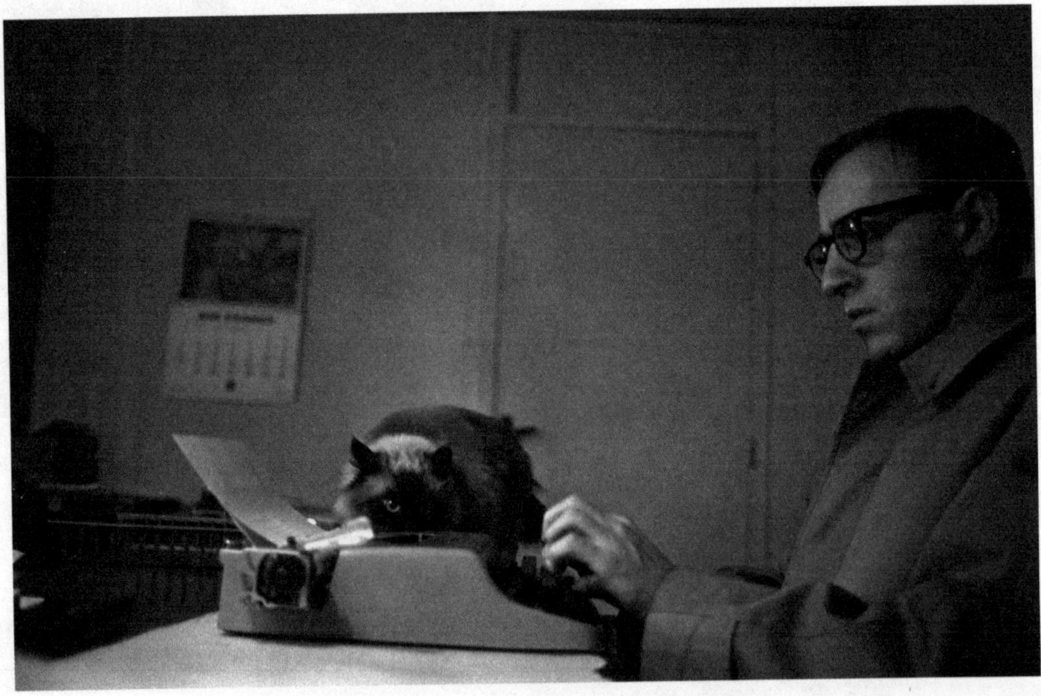

“怎么了，小猫咪？[1]”沃伦·比蒂[2]给他的女友们打电话时，总喜欢这样称呼对方。有一次，查尔斯·费尔德曼听到他这么说，突然灵机一动，大叫道：“电影名有了！”皮肤黝黑、蓄着大胡子的费尔德曼，绝对是好莱坞成功导演的典型，他在比佛利山庄和法国里维埃拉拥有多处房产，奢华高端、光环闪耀。起先，他是律师，后来改行做了经纪人，随后又改行成为制片人，《七年之痒》（*The Seven Year Itch*）和《欲望号街车》（*A Streetcar Named Desire*）这两部经典作品能够走上银幕，都离不开他的功劳。费尔德曼还非常大方，以慷慨著称，他经常赠予朋友和合作人别墅、劳斯莱斯豪车。艾伦曾说：“查尔斯非常慷慨，你若是有困难找他，他肯定解囊相助。他对金钱毫不在乎，对他来说，在赌桌上输个十万八万美元，就像普通人丢了一支打火机一样。当然，他也有缺点，他有一种不愿意说实话的心理障碍。所以，跟他的合作会变得十分艰难。”

《风流绅士》的拍摄筹备可谓一波三折，过程非常离奇，犹如爱丽丝掉进白兔先生的洞穴里一般。他们本打算在巴黎拍摄，沃伦·比蒂担任男主角，比蒂的新女友赖思丽·卡隆想饰演某个角色，当然，比蒂根本做不了主。那么，罗马的彼得·奥图尔总该有机会吧，毕竟彼得·塞勒斯在剧中饰演的是风流绅士的精神病医生。问题是，塞勒斯拒绝在意大利拍摄。巴黎又有什么不好呢？塞勒斯的戏份可以多一点吗？由于心脏有点问题，尚在康复中的塞勒斯原本打算饰演一个小角色。可开拍之后，他却谋取到一个更大的角色，不仅悉数夺走了艾伦的戏份，还即兴发挥，不断自行添加新情节。与此同时，彼得·奥图尔则刚刚拍完《雄霸天下》（*Becket*）来到剧组，毫无任何准备。在《雄霸天下》中，他饰演的角色与理查德·伯顿刚好是对手戏。那么，伯顿能因此得到一个配角吗？

艾伦说：“我原本想拍一部极其不同寻常的电影，不带任何商业气息。结果呢，投靠的制片人却是地地道道的好莱坞‘机器’。有人为自己的女友谋求角色，有人为了迎合某位明星故意打造某种角色，丝毫不管整体的效果好不好。简直像一场噩梦！”当艾伦坐在筛选镜头的放映室，同大家集体观看工作样片时，他忍不住说：“太烂了吧！”可周围嘘声不断，他的声音立马被淹没了。露易丝·拉瑟是这部戏中的一位演员，电影上映一年后，她和艾伦结为夫妇，成为其第二任妻子。她说：“艾伦当时就是个无名小卒，在塞勒斯和奥图尔面前显得黯然失色。艾伦说的话，他们一个字也听不进去。”

艾伦只能尽最大努力自寻开心。他住在距离巴黎香榭丽舍街不远的一家宾馆，每

---

1 “怎么了，小猫咪？”是著名电影《风流绅士》的英文原名 *What's New Pussycat?* 的直译。实际上，“What's New, Pussycat?”这句话本来是一句打招呼用的寒暄语，风流的男人在挑逗和搭讪女人时，一般会这么说。正因为受到沃伦·比蒂打电话的启发，费尔德曼才灵感来袭，以此命名正在拍摄的电影。后来可能考虑到文化差异，电影名称被意译为《风流绅士》。这句话中，Pussycat 原意是“小猫咪”，常被男性用来指称自己心仪或想要勾引的女子，十分轻佻、不礼貌。“怎么了，小猫咪？”正好符合电影中“风流绅士”搭讪女人的生动形象。

2 沃伦·比蒂，1937 年出生于美国维吉尼亚州里士满，演员、导演、编剧和制片人。作品主要有《天涯何处无芳草》《邦妮与克莱德》《天堂可以等待》《城里城外》《爱情宣言》和《吹牛顾客》等，曾经获得奥斯卡奖、金球奖、肯尼迪中心荣誉奖、金球奖终身成就奖、美国电影学会终身成就奖等。

天写写曲子，吹吹竖笛，傍晚在餐厅点一份例汤、一份鳎目鱼片、一份焦糖蛋奶，每晚都如此，一吃就是六个月。这段时间，艾伦还跑到一家夜总会，追寻他幼年时的一位偶像——竖笛大师克劳德·路德；此外，他还曾在一家咖啡馆邂逅塞缪尔·贝克特，一起参观了卢浮宫。一切似乎自得其乐，井然有序。然而，随着影片制作的继续，他和费尔德曼的分歧也日益严重。制作人费尔德曼想要的是那种粉红豹式的警匪飚车结尾；与此同时，艾伦的联合主演罗米·施耐德则反对她在剧中要"嫁给"艾伦饰演的角色；此外，塞勒斯因为最后出镜的是艾伦而不是自己而大动肝火。终于，在一次筛选镜头的讨论中，艾伦彻底爆发了，对费尔德曼的"追随者们"大加批评，"演得一点都不搞笑"，"那一幕戏，他应该表现得再疯狂一点"。现场充斥着艾伦的怒火，很少发脾气的他，这次居然冲费尔德曼喊了句"滚开！"。这位制片人是否生气了，我们不得而知，艾伦注意到，他并没有表现出生气的样子："对他来说，我的怒火根本不算什么。可能因为被骂的次数太多太多，他早就习以为常。"

电影终于拍完了，艾伦对这部电影的影响自然可圈可点。《风流绅士》最终被拍成了一部超长的、疯狂的、笑点频现的情色喜剧。在这部电影中，奥图尔饰演杂志社编辑迈克尔，眼睛眨巴眨巴，备显纯洁。他把玩完女人后累得精疲力竭的故事讲给精神病医生（塞勒斯饰演）听时，对方眼睛

《风流绅士》演员合照，尽管坐在正中间，
艾伦还是感觉拍摄过程中被边缘化了。

巴黎一处拍摄地，艾伦和彼得·奥图尔、尼克尔·凯伦接受《风流绅士》导演克莱夫·唐纳的指导。

都直了。正如宝琳·凯尔所言：“塞勒斯虽然抢了艾伦的角色，但艾伦也不甘示弱。”作为迈克尔的好哥们，维克多（艾伦饰演）爱上了迈克尔的未婚妻卡罗尔（施耐德饰演），不能自拔。剧中的艾伦头发整洁，一副学生样，这是他首次尝试鲍勃·霍普式的喜剧表演风格。那是发生在图书馆里的一幕戏，卡罗尔被一个肌肉男欺负，维克多挺身而出保护她（“你看到那家伙的手指头了吗？好粗啊……”）。不过，随后在喜剧式的欲擒故纵中，实际出马的却是塞勒斯。在一头披头士假发的塞勒斯面前，艾伦那优雅、文弱的戏剧风格，显得暗淡、苍白，更何况对方还操着一口音调简直高过了高音歌唱家的日耳曼口音。他俩有一幕对手戏，塞勒斯饰演的角色试图自杀——维京海盗式的自裁，身上裹着巴伐利亚大旗，站在燃起熊熊大火的船上。结果呢，艾伦饰演的角色坐在塞纳河岸边大口朵颐一只鸡，把这种颇具英雄色彩的自杀壮举打断了。最后，艾伦漠不关心地把鸡腿往后一甩，鸡腿应声落到河里，他探出身子看了看这条葬礼船，丝毫没有受到塞勒斯这种独特“死亡”疗法的影响。不得不说，艾伦几乎是这部电影里最淡定、最从容的角色。

这部制作恢弘、华丽艳俗的电影，取得了巨大的成功，也带来了丰厚的经济回报，票房收入多达 1700 万美元，一度高居当年喜剧票房排行榜之首。虽然早已离开单口相声的巡演舞台，但艾伦依然以其一如既往的机智和辛辣，来讽刺这部电影，聊以自慰。艾伦把电影描述为“这部电影

“《风流绅士》被他们制作成一部我非常不喜欢的电影，一点都不喜欢。就是那时，我发下誓言，除非自己能做导演，否则以后再也不写剧本了。”

的效果，就像是两百多页手稿从出租车的车窗里飘出，散落在地上，再也不能按原来的顺序排列在一起。”后来，艾伦做了一个精彩的总结：“如果让我做主，也许拍出来的电影票房只有现在的一半，但幽默搞笑的程度会再翻一倍。”这个悖论是雄心壮志和自我贬低之间的完美平衡，不过，我们从中可以看出，对电影的不满将最终蚕食艾伦和观众之间的关系。“我不应该跟公众讲这些，我不能说‘电影拍成这个样子，根本不怪我’，《风流绅士》注定是要成功的。不管怎么糟蹋，这部电影都不会被拍成烂片。有时候，气场对了，无论如何都错不了，这场电影就是如此。”艾伦说。

《风流绅士》上映后，艾伦迎来一次期待已久的休整机会。1965 年，他又开始敞开怀抱，大方迎接扑面而来的机遇。当年 8 月，艾伦出现在《花花公子》的一期专题上，标题是“脱光啦，小猫咪？”，封面上，艾伦唯唯诺诺，夹在一群脱衣舞娘中间。在这之前的一年，艾伦发行了一张以自己名字命名的喜剧专辑《伍迪·艾伦》，第二年，又出版了第二辑《伍迪·艾伦 2》，其发行量高居喜剧专辑排行榜第五位。艾伦曾在华盛顿国家机场的洗手间里换上燕尾服，然后拜访了林登·约翰逊总统主政时期的白宫。不过，迄今为止，他收到的最奇葩的工作邀请来自一位名叫亨利·塞伯斯坦的电视制作人。这位制作人受到著名导演罗杰·科尔曼[3]将国外科幻电影重新制作后再次发行的启发，要求艾伦为一部名为《键之键》的日本电影重新编写对话，试图将这部间谍片改成一部长约一小时的喜剧电视节目。

艾伦在第五大道上的斯坦诺普宾馆租了一个房间，邀请了五六个朋友过来，其中有莱尼·麦克斯韦、弗兰克·巴克斯敦等人。他们七嘴八舌，反复讨论这部电影。莱尼·麦克斯韦说：“只要是喜欢的元素，艾伦都会放进去。”只有在现场，才能体会到当时的情景。电影拍出来后令人耳目一新，尤其是艾伦和他的那些配音演员，颇具有超前

3　罗杰·科尔曼，美国著名独立电影导演、制片人。他从影 50 年来，执导了 50 多作品，并制作了 300 多部影片，其代表作有 1956 年的《异形征服世界》和 1960 年的《恐怖小花》。

“你冷静点！”艾伦在《出了什么事，老虎百合？》（1966）中为日本影星若林映子的美丽所折服而咆哮不止。差不多30年后，艾伦在《曼哈顿谋杀疑案》（1993）的最后一幕中重复了这一经典手法。

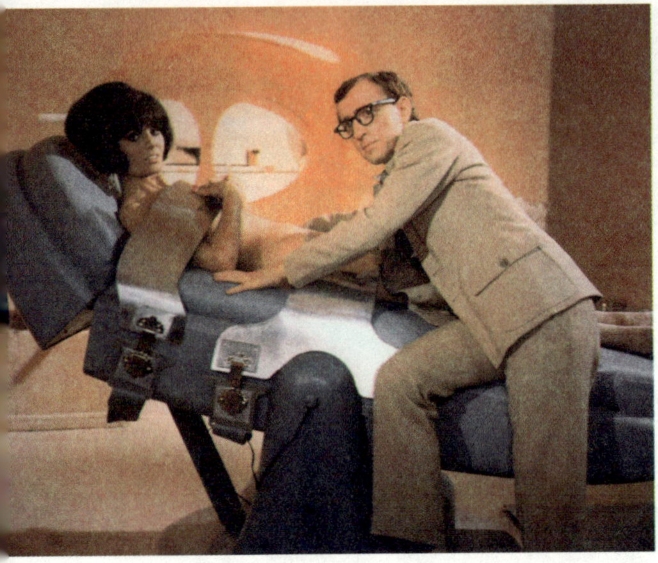

"别再抱怨了，老老实实去演。"得知艾伦不愿意参演《007：大战皇家赌场》（*Casino Royale*）时，经理人查尔斯·约菲如此驳斥他。

的启示性意义，为后来"瘪四和大头蛋"等沙发土豆型戏剧搞笑人物的诞生，做了充分的铺垫。然而在实际的执行过程中，这种效果似乎有所降低，变成了一种慵懒的举动，或是旁若无人的影院卡拉OK效果。经过艾伦的重新改造，电影里邦德式的间谍英雄，演变成一个"讨人喜爱的流氓"角色菲尔·默斯科维茨。这个角色因为一份终极鸡蛋沙拉的配方，竟执意要跟邪恶的大胡子对手一决高下。一位裹着浴巾的亚洲性感女郎说："想看看我收集的意大利式（性爱）手法吗？"这部电影和艾伦早期的很多作品一样，带有浓重的情色味道。在这一点上，日本原版反倒显得逊色了不少。由于担心有些笑料过于牵强，艾伦只好改换套路。比如，但凡遇到一个女人，主人公的手都会轻轻抚摸对方的肩膀。默斯科维茨直面邪恶的幕后操纵者谢泼德·汪时，承诺要给他的两个玩伴索奇和泰瑞雅基带来"最原始的欢乐和满足"。此言一出，在场的喜剧巨星们早已心知肚明，纷纷鞠躬行礼，离开了大楼。随后，艾伦评价这部影片是"一知半解式的实验品，愚蠢，有点涩"。或许是嗅到了诱人的商机，塞波斯坦在此基础上加入了几首"满匙爱"乐队的歌曲，又从其他几部日本邦德式影片中摘取约20分钟的经典情节，由此将另外一部影片《出了什么事，老虎百合？》搬上银幕，试图复制《风流绅士》的成功。艾伦就此向法院提起诉讼，要求他们将影片撤下来。后来，随着这部电影吸引了越来越多的观影者，加上影评家的好评声也接踵而至，艾伦决定撤销诉讼。毕竟他自己也清楚，电影票房取得了巨大成功，要向法庭证明这是对自己的伤害，恐怕不太容易。这种华丽而庸俗的成功方式，似乎与他有缘。

1966年春，艾伦飞抵伦敦，当他在詹姆斯·邦德系列的另一部电影上出现时，却略显疲惫。这部电影改编自伊恩·弗莱明的小说《皇家赌场》，由查尔斯·费尔德曼出品，参演的明星有奥森·威尔斯、大卫·尼文、威廉姆·霍顿以及彼得·塞勒斯。《风流绅士》才拍完没多久，这么快就要再次跟费尔德曼合作，艾伦对此有些疑虑。不过，疑虑很快被约菲打消了。他跟艾伦说："别再抱怨了，老老实实去演。你准备进入电影界，眼光就要放长远一些！参演这部戏意味着你将和中国的明星大腕合作，这对你来说，是提高声望和身价的良机。”

由于制作这部片子要在三处摄影棚之间不断转移和切换，12个编剧和6个导演都搞得焦头烂额，再加上塞勒斯还是像拍摄《风流绅士》时那样，一如既往地懈怠、拖沓，他要么去买新唱针，要么就是以摄制组的名义从著名品牌设计师那里一次性订购45套西服，因此耽误了所有人的时间和进度。原计划只有6周的拍摄工作竟然拖到了6个月。所以这一次，轮到艾伦开始工作时，就已经是加班时间了。他每天拿着加班补贴，去跟《十二金刚》剧组的演员们打扑克。这帮人拍摄期间也住在希尔顿酒店，有理查德·朗德利、查尔斯·布朗森及泰利·萨瓦拉斯，他们一打就是几个小时。艾伦在给好友理查德·奥布里恩的信中写道：“《007：大战皇家赌场》这部电影，喧嚣吵杂，七嘴八舌的讨论，半信半疑的调试，就像是个疯人院。不过影片很可能照样会变成一座‘铸币厂’。毕竟，明星阵容不断扩大，新人接踵而至，而我的戏份也因此每天都发生变化。”

艾伦最终也没看到电影是怎么拍完的。他扮演詹姆斯·邦德（尼文饰演）的侄子吉米·邦德，其演技可谓精彩绝伦，至今无法超越。在影片的最后一幕中，身着灰色束腰外衣的恶棍诺亚博士一边踮起脚尖跳芭蕾，一边模仿法国著名作曲家德彪西弹钢琴的经典动作。就在此时，吉米摘下面具，吹起了长笛，以极其夸张和狂妄的方式，装出很有艺术气息的样子。这一幕，后来为《王牌大贱谍》电影系列所模仿，成为麦克·梅尔斯扮演的邪恶博士的经典镜头；再后来，又被《神偷奶爸》中的史蒂夫·卡瑞尔所借鉴。“这是艾伦在银幕上最精彩的一幕。”卡尔评价说。这部电影的出彩，艾伦功不可没，它对艾伦演艺事业的提升起到了促进作用。艾伦被困于希尔顿饭店期间，完成了《别喝生水》这部电影的剧本，还写完了后来拍成《傻瓜大闹香蕉城》的初稿。此外，他还时不时有文章见诸《纽约客》，其中有一篇文章颇值一提。这篇文章讲的是，两个知识分子通过邮件往来的方式下棋，两人之间的对话火药味越来越浓。说起杂志，艾伦说：“我很乐意什么都不做，专门为他们撰稿。”在接下来的十年间，他的确如此，发表的作品有几十篇之多，其中有一篇叫《门萨的娼妓》。这篇文章讲述了一个应召女的故事，她擅长假装有知识有文化的女性，专门陪在妻子那里找不到共同语言的丈夫聊天。另有一篇是《库格玛斯轶事》，讲述了一位人文学科教授的故事。这位教授坠入《包法利夫人》之中不能自拔，同书中的主人公发生了一段激情似火的婚外恋。

学者们对此非常疑惑："首先，库格玛斯这个名字本身就很奇怪，而且她最终又从书中消失了。或许一部经典作品的标志就是，你就算读上一千遍，每次总会有新的发现。"

艾伦的散文作品提供了一个有趣的视角，使我们可以借此窥探他那无穷无尽的想象力。他的脑袋里，佩雷尔曼式的荒诞主义大行其道，其中高低贵贱交错而置，幻想与现实重叠在一起，那种突如其来的切换，就像眼前疾驰而过的列车车厢一样。这无疑是他整个职业生涯的连贯主题。艾伦曾说："这些主题在我的电影里反复出现，最根本的原因，大概源于我对现实的憎恶。然而，很不幸的是，也只有在现实中，才能吃上一顿美味的牛排。"其实，从库格玛斯虚构冒险之旅到代表打破"第四道墙"[4]的那些电影如《开罗紫玫瑰》《呆头鹅》《安妮·霍尔》《解构爱情狂》及《午夜巴黎》等，这两者之间仅有一步之遥。他所有的电影都在幻想和现实二者之间穿越。这种跨越，有时显得高深莫测，有时却薄如绵纸，似乎轻声细语之间，带着回声，使得人物、精神和故事情节如浑然天成。同时代的导演中，没有谁像他那样，如此专注于追寻白日梦而不是理想的生活。然而，就像詹姆斯·瑟伯[5]的作品那样，现实终究会不可避免地到来。艾伦和意大利著名导演费德里科·费里尼一样，都继承了瑟伯的风格。艾伦是美国电影界最伟大的"逃脱大师"，就像哈里·胡迪尼[6]困在自己的脚镣和手铐中，困顿于急切的希望和一波三折的梦想中。他即将开启的导演生涯，将会证明这一切。

---

4 第四道墙属于戏剧术语，指一面在传统三壁镜框式舞台中虚构的"墙"。它可以让观众看见戏剧中的观众。从另一个层面讲，观众在电影、电视节目中出现，可以被看做是"打破第四面墙"。第四道墙的建立很大原因是因为现实主义剧的出现。它的出现导致了很多艺术家直接关注提升戏剧性和喜剧效果，导致这种界限破开，例如，舞台上的演员直接对观众说话。

5 美国作家和漫画家，作品普遍受到人们的喜爱，但最成功的要数他那些严肃滑稽的讽刺小说，比如《当代寓言集》和《当代寓言续集》。他尤其擅长刻画大都市中的小人物，笔法简练新奇，荒唐之中有真实，幽默之中有苦涩，被人们称作是"在墓地里吹口哨的人"。

6 哈里·胡迪尼，犹太人，世界上最著名的魔术师，也是一位幻象大师，享誉国际的脱逃艺术家，能不可思议地自绳索、脚镣及手铐中脱困。

《傻瓜入狱记》里笨贼维吉尔·斯塔克维尔的剧照。

（1969）

傻瓜入狱记

Take the Money and Run

《傻瓜入狱记》的主人公名叫维吉尔·斯达威尔，是个有着强烈犯罪欲望却总是偷鸡不成蚀把米的笨贼。艾伦年轻时曾在家门口听过许多坑蒙拐骗的伎俩和招数，甚至差点成为一个偷鸡摸狗的小混混，因此这部电影里带有许多他自己的影子。艾伦和校园好友米基·罗斯曾搭档写过两部电影的剧本，这是其中的第一部。米基曾和艾伦效力于同一支棒球队，他还帮助拍摄过《出了什么事，老虎百合？》。两人轮流使用打字机写故事，在剧本里放入一个又一个的笑料。“这些笑料有些很过时，有些完全脱离现实，不过这都无所谓，我们只想把每个桥段都设计成笑料。”

在编剧的基础上，艾伦终于获得了亲自执导的机会，兴奋的他不停地在镜头前后忙碌着。

这部电影标志着艾伦导演生涯的开端，但实际上他差一点错失该片。电影制片人罗林斯和约菲当时同样初出茅庐，他们认为伍迪·艾伦要想成为新一代的奥森·威尔斯还为时尚早，所以便首先邀请了曾执导过《007：大战皇家赌场》（*Casino Royale*）部分片段的瓦尔·杰斯特担任该片导演，但未能成功。他们还向杰瑞·刘易斯[1]发出过邀请，但刘易斯当时正忙于自己的工作。当他们和新成立的帕洛马影业公司（Palomar Picture，隶属于美国广播公司，该公司是艾伦于1969年执导的百老汇舞台剧《呆头鹅》的幕后推手，该剧一经推出便获得了热烈反响）达成合作关系，并确保获得170万美元投资，以及保留自主创作与最终剪辑的权利之后，艾伦才应邀担任导演，从此开启了他自主执导电影的传奇之路。

“这是一段非常愉快的经历，”艾伦说，“他们从来不会烦我。从那以后，我再未碰到任何干涉导演的行为。”

“我一直都很清楚下一步该做什么，哪怕是下一秒钟。笑话要讲得好笑，摄影机应该摆在哪边，这些都是常识。”他曾和《雌雄大盗》（*Bonnie and Clyde*）的导演阿瑟·佩恩[2]共进晚餐，并从他那里偷学到了颜色修正、群演调度等基础的拍摄技术。拍摄前，为了能让演员和工作人员理解他所希望的效果，刻意安排所有人观看了这几部电影——《放大》（*Blow-Up*）、《今生今世》（*Elvira Madigan*）、《亡命者》（*I Am a Fugitive from a Chain Gang*）以及《埃莉诺·罗斯福的故事》（*The Eleanor Roosevelt Story*）。尽管如此，在开拍的前一天，路易斯·拉塞尔走进艾伦的卧室时，却发现他盘着腿坐在床上，聚精会神地阅读一本名叫《如何拍电影》的书。第二天早上，他在刮胡子的时候还不小心刮伤了自己。

---

1 杰瑞·刘易斯，出生于美国新泽西州，美国著名喜剧演员、影视剧以及舞台剧演员、电影制作人、剧本家和导演。

2 阿瑟·佩恩，美国著名电影导演、制片人，凭借对美国社会潜在暗流的批评性审视而闻名。

维吉尔在一支军乐队中演奏大提琴。这是《傻瓜入狱记》众多充满灵感的笑料之一。

“我有最终剪辑权，想怎么做就怎么做。这是一次愉快的执导经历。从那以后，我从未碰到任何干涉导演的行为。”

监狱洗衣房中令人困惑的发现之一——女士胸罩。

电影在旧金山取景，共拍摄了10周。之所以选择旧金山，是因为这里的拍摄费用相对低廉，艾伦觉得只有在这个地方他才有信心在预算内拍完87幕。每天早上，他都会开着他那辆全新的红色敞篷跑车来到片场——该片副导演弗雷德·盖洛认为艾伦开车的场景比电影还要“赏心悦目”。艾伦会拍大量的连续镜头以备后期剪辑，尽管是现场即兴拍摄，他也能在一天内拍完6个片段，以至于有时候下午4点就早早收工。这段时间，艾伦吃完午饭后会在电话亭里给他的心理医生打电话。“那段时间总是大晴天，电话亭里又热又闷，我站在那里做着各种自由联想。”艾伦这样回忆道。

艾伦提前一周完成了拍摄，还省下了近50万美元的预算。工作进展得十分顺利，直到他开始剪辑影片——他发现片子一点都不搞笑，立马就慌了。于是他不断地剪，直到素材都被剪光为止。他把十几个士兵从劳军联合组织[3]（USO）俱乐部拉到百老汇的放映厅，向他们播放了一个非常粗糙的半成品影片——没有音乐，胶片上甚至还有剪辑时用作记号的蜡笔印，士兵们全程不为所动，个个面无表情。当帕洛马影业的四位主管第一次观看影片时，还没放映几分钟，其中一位就忍不住转过头来问艾伦：“剩下的都是这样吗？”等到影片最后一幕——带有《雌雄大盗》风格的滑稽枪战，维吉

3 美国劳军联合组织成立于1941年，与美国国防部合作，经过美国国会特许，主要职责是鼓舞美军士气。

尔被打成了筛子——结束之后，艾伦记得他们问他："这真的是你想要的结局吗？""尽管他们对影片很友好，也非常有礼貌，但仍掩饰不了他们的失望。我知道他们一定想着不要让这部电影上映。"

艾伦只好向剪辑老手拉尔夫·罗森布鲁姆求助，他曾帮梅尔·布鲁克斯剪辑电影《制片人》(*The Producers*)。罗森布鲁姆身材魁梧，戴着一幅厚重的黑框眼镜，蓄着灰白胡子。见到艾伦时，他发现艾伦一脸的沮丧和绝望。他对艾伦说："如果你请12个来自蒙太拿的军人看一部没有音乐的初剪带，那当然必死无疑。"他要求查看所有被艾伦剪掉的片段。很快，一辆载着两百多盒电影胶卷的卡车开到了他的办公室门口。罗森布鲁姆细细观看这些素材时，觉得自己好像是在阅读罗伯特·本奇利[4]遗失的笔记本。他这样形容这些素材："它们简直出人意料，竟如此原汁原味，如此吸引人，而且还非常搞笑。这段时间是我剪辑生涯中最愉悦的一段时光。"

当时，艾伦正忙着演出《呆头鹅》，罗森布鲁姆重新使用了许多被剪掉的镜头，并把维吉尔父母访谈这一段作为过渡，又加入了一些与电影泪点相吻合的全新配乐——有时是欧比·布莱克的一段拉格泰姆，有时又是一段巴萨诺瓦舞曲。"都快赶上卓别林的水平了"，看到重新剪辑的版本后，艾伦不禁感叹道。在罗森布鲁姆的要求下，艾伦拍摄了一个新的结局——在一段滑稽的电视新闻里，主持人宣布维吉尔被捕了。"这种感觉就好像是打开门让清风吹进来一般。"艾伦这样说道，"电影能起死回生，全靠罗森布鲁姆。"

《傻瓜入狱记》采取了伪纪录片（fake documentary 或 mockumentary）的形式——得益于披头士乐队的《一夜狂欢》（*A Hard Day's Night*）的风靡，伪纪录片成为了1960年代后期较为流行的电影艺术形式，艾伦后来还拍过一部伪纪录片电影《变色龙》（*Zelig*）。《傻瓜入狱记》就像是一本全速翻动的剪贴簿，里面不时跳出故事梗概、图片笑话、伪电影纪录片访谈以及老式的新闻影片画面，并且所有这些内容都与杰克逊·贝克毫无感情的旁白（同《法网》的风格如出一辙）交织在一起。"1935年12月1日，新泽西州一个手艺人的妻子弗吉尼亚·斯塔克维尔女士生下了她唯一的一个孩子。他们给这个男孩取名维吉尔……"实际上这天是艾伦自己的生日。在最初的剧本中，主角的名字叫做"伍迪"。接着，剧本夸张放大了艾伦年轻时作为一个野心勃勃的行骗专家所经历的种种闹剧，比如用纸牌伎俩、假骰子、赌博骗局戏弄同学——主角完全就是一个坑蒙拐骗界的青年才俊。

在成为罪犯前，维吉尔尝试过很多工作，包括擦鞋工、大提琴手（"他真的对演奏一无所知，老是搞砸。"），最后却一事无成。他抢劫了当地的一家宠物店，却被一只大猩猩追得满街跑。他抢劫了一家肉铺，"带着116片小牛肉片逃之夭夭"，而这意味着他又不得不得去偷"大量面粉来配合牛肉做肉饼"。最后他抢劫了一家银行，

4　罗伯特·本奇利（1889–1945），美国幽默作家。他的大多数作品都是嘲笑中产阶级日常生活可厌之事的概括描写。

一位影评家形容这部电影为“惊人的成功”。图中一只急公好义的猩猩破坏了维吉尔抢劫宠物店的计划。

然而银行柜员却看不懂他手写的打劫条（“这个单词看起来好像是‘gub’……”“不，是‘gun’。”“这个单词是‘gub’还是‘gun’？”出纳员们不断争论维吉尔打劫条上的字迹）。作为一名罪犯，他屡战屡败，却又屡败屡战。当初让他沦落为罪犯的那股无比坚韧的蠢笨劲延续到了他的犯罪生涯中。在韦斯·安德森[5]执导的《瓶装火箭》（*Bottle Rocket*）以及科恩兄弟[6]执导的《抚养亚利桑纳》（*Raising Arizona*）和《冰血暴》（*Fargo*）中，维吉尔这种越努力越显愚笨的矛盾成为了全片的灵魂。从库布里克、伍迪·艾伦到安德森，无数导演都从拍摄盗贼题材起步。有趣的是，初出茅庐的青年导演们对这一类型的影片青睐有加，甚至把它视为寓言般的存在。拍摄盗贼影片需要大胆创作剧本，并花数月时间筹备，然后再小心翼翼地拍摄，并且要求真实，不能过于夸张，每个细节都要精益求精。即便如此，拍摄过程中仍会状况百出。

对于艾伦来说，拍摄这部电影最有趣的地方在于主人公：他表面上是个罪犯，实际上却是个身怀远大抱负的梦想家，但计划和执行之间、梦想与现实之间却总有悬殊的差异——影片表面上是一系列笑话，但其内在却有一种白日梦般的诗性为影片提供了张力，就像打水漂时为石头提供的浮力一样。“我得去抢劫了，快迟到了”，当维吉尔发现妻子（珍妮特·玛戈林饰演）占着浴室不出来时，他会这样抱怨。事实上这是电影的精髓所在——即使将犯罪视作自己的职业，他仍同之前一样做得一塌糊涂。片子中的笑料一个胜过一个，这部电影成为喜剧的“双层巴士理论”的完美典范，该理论可概述为：如果观众未能理解某个笑话，那么接着必定还有另一个笑话。维吉尔曾公开说道：“我不会穿着米黄色衣服抢劫。”这句话首次向世人宣告了艾伦所有电影作品中最为特殊的颜色：米黄色。

艾伦所扮演的主角维吉尔明显经过了精心设计：打架时畏畏缩缩、战战兢兢；留着犹太式的

5　韦斯·安德森，1969 年 5 月 1 日出生于美国德克萨斯州休斯敦市，美国电影导演、编剧。

6　科恩兄弟，指乔尔·科恩和伊桑·科恩，美国著名的电影导演、编剧、制片，由于其作品都是两人合作完成，故被称为“科恩兄弟”。

了一遍，效果更好了。我觉得这是拍喜剧片的一种绝佳模式，因为纪录片本身非常严肃，你随便做点什么就能颠覆它的严肃，从而产生喜剧效果。靠这种方法你可以不断地把观众逗乐。”

维吉尔将炸药管伪装成蜡烛，用来除去勒索他的人。

记者：这部电影的灵感是怎么来的？

伍迪·艾伦：我当时刚津津有味地“抽”完一份波兰玉米片，就突然来了灵感。

记者：我懂了。你怎么评价这部电影？

伍迪·艾伦：它比费里尼的杰作《我的手指好甜》好一点，但和伯格曼的希腊式悲剧《没有头皮屑》比，还差一点。

胡子；照镜子时喜欢自恋地向自己抛媚眼；像蜥蜴一样舔信封；经常表现出“心慌意乱”。在艾伦随后拍摄的几部电影中，胆小怕事、贪财好色的糊涂蛋形象一再出现，成了屡试不爽的法宝。“这是抢劫，不是拍电影！”维吉尔这样告诉团伙中的一员。他扮演的这个抢劫犯是名电影导演，他希望团伙中的每个人都能练好抢劫时要说的台词。而艾伦拍电影就像是在“抢劫”，他不断引用《铁窗喋血》（*Cool Hand Luke*）、《亡命者》（*I Am a Fugitive from a Chain Gang*）、《今生今世》（*Elvira Madigan*）等电影中的片段，还对克劳德·勒鲁什的《一个男人和一个女人》（*A Man and a Woman*）中所展现的那种仿佛隔了层薄纱、朦朦胧胧的浪漫赞赏有加，为此他说道：“我不想我们拍的这部片子走折中路线。”玛戈林曾在旧金山无意中听到艾伦对一名采访者说：“我不希望人们说我从这个导演这里借鉴了一点，又从那个导演那里偷学了一点。”玛戈林马上打岔道：“但是伍迪，你就是这么做的。”

《傻瓜入狱记》于 1969 年 8 月 18 日在第六十八大街剧场正式上映。这个小型的艺术影院之前基本只放映外国电影。《傻瓜入狱记》最终打破了所有票房纪录，放映该片的影院也越来越多。影评人对该片的评价颇为正面：《新闻周刊》把这部电影称为“一部糊涂的交响乐，唤回了生活的活力”；在《纽约时报》上，影评人文森特·坎比认为这部电影“既奇特又古怪，还很搞笑”。只有宝琳·凯尔显得有些吹毛求疵，她看到影片最后艾伦并没能和他的妻子厮守在一起，便觉得艾伦多少有些受虐倾向，就像卓别林在电影中总是那么孤独、悲伤一样。“我们希望你最后能和心爱的姑娘有个大团圆的结局，”看完电影后她对艾伦说，“我们不希望你失败。你看待自己的眼光和我们不同。”

在见到一位重要的合作者之后，艾伦的自我认知经历了另一方向上的改变。这个人记录了他的喜剧、职业生涯以及他电影中深刻的一面，在这方面她胜过其他所有人。她的影响力如此之大，以至于你可以将艾伦的职业生涯划分为两个阶段：和黛安·基顿[7]合作之前、和黛安·基顿合作之后。艾伦第一次见到基顿时，她正参加舞台剧《呆头鹅》中琳达一角的试镜，当时她年仅二十二岁。那时的她拨弄着头发，时不时揉揉鼻子，上身穿着一件橄榄球运动衫，下身穿着一条裙子、一双军靴，还戴着手套。“她看起来真像个乡巴佬，就是那种一口气吃八支口香糖的那种，”艾伦回忆道，“我对她也许没什么吸引力，也许又有那么点吸引力。”黛安·基顿一下子就被这个家喻户晓的喜剧演员迷住了。“我那时就想逼着伍迪喜欢上我，”她回忆道，“所以我总变着法子，想让他觉得我是个有吸引力的女人。”

一天晚上，在舞台剧排练间隙，他们俩一起去了弗兰基和约翰尼的牛排餐厅。这并不能算是一次约会——实际上第二天艾伦还得和另一个女孩约会——但和基顿在一

7　黛安·基顿，1946 年 1 月 5 日出生于美国洛杉矶，美国电影演员、导演、制作人。

起非常愉悦，以至于他会想：为什么我明天要跟其他女孩约会？我在做什么？这个女孩子很棒，棒极了。基顿用叉子叉牛排时总会引起刺耳的噪声，令艾伦不禁叫唤起来。“我不知道该怎样才能安静地切牛排，”之后基顿在给母亲的信中写道，“于是我停了下来，开始谈论女性在艺术圈的地位，弄得我好像对女人和艺术了如指掌一样，真是太傻了。”

艾伦在之后给基顿的信中赞同了她的意见：“每个人都是一块璞玉，男人或女人的品质、性格都不是与生俱来的。尽管在生物学意义上男女是不同的，但对于男人和女人来说，在这一生中最具决定性的选择是相同的，那就是认定自己是自由的。”

艾伦的女权主义有点儿西力的风格，但从那晚开始，他们俩之间关于男人、女人和艺术的对话一直持续了几十年，在此期间，他们合作拍摄了八部电影。在剪辑室里待了八个月才剪出接近最终放映版本的《傻瓜入狱记》，之后艾伦马上把电影带到了基顿跟前。“你知道吗，这部片子很棒。它很好笑，是部搞笑电影。”基顿对艾伦说。“不知怎么的，她这么说的时候，我就知道观众肯定会喜欢它。”艾伦回忆道，“她的认可对我来说意义非凡，因为我觉得她想得比我深入。所以那几年我们经常约会，后来搬到了一起住。直到现在我们都还是好朋友。”

“好啦，大家分散走吧！”被一条锁链拷在一起的囚犯们在逃跑的路上。

“如果我不拍电影、不工作，我会待在家里思来想去，我的思想会深陷在各种令人压抑的问题之中不可自拔。”

伍迪・艾伦的人物角色逐渐成型。菲利普・哈尔斯曼摄于 1969 年。

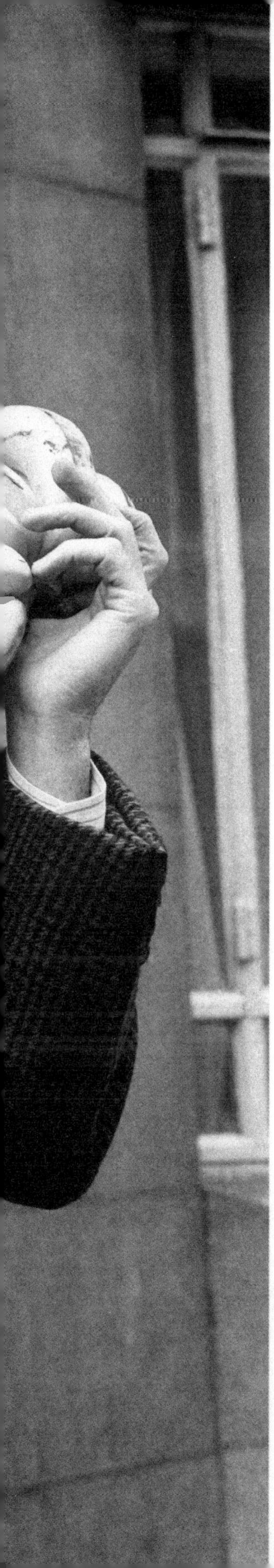

（1971）

傻瓜大闹香蕉城

Bananas

记者：为什么你给这部电影取名《傻瓜大闹香蕉城》？
伍迪·艾伦：因为里面没有香蕉。

《傻瓜入狱记》的成功引起了联美公司高层的注意，他们找到了查尔斯·约菲。“我们想让伍迪为我们公司拍电影。”大卫·皮克尔代表联美主席阿瑟·克里姆向约菲发出了合作邀请。“要花多少钱呢？”罗林斯和约菲为此制订了一项合作协议——拍三部影片，总预算200万美元，艾伦负责写剧本、执导、出演及剪辑，他可以拿到35万美元的报酬；联美对于电影脚本、演员阵容等一切事务都不具有决定权——这是史无前例的。尽管1970年代是所谓的电影大师群雄汇集的年代，像马丁·斯科塞斯、弗朗西斯·福特·科波拉和迈克尔·西米诺这样的大师仍需要为获得这样的特权而费尽心机，在当时，只有艾伦可以把创作自由写进合同条款中，并且每部电影都是如此。“从第一部电影开始，”他说，“我什么都没干就获得了对电影的完全控制；我还没拍过一部不完全受我控制的电影。”

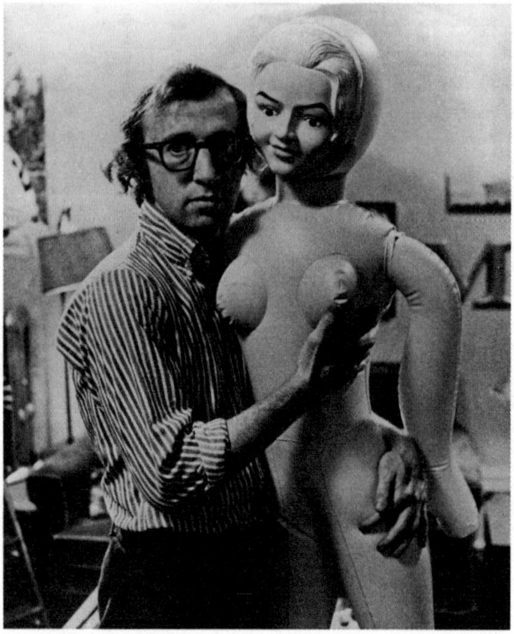

在《傻瓜大闹香蕉城》中，艾伦饰演菲尔丁·梅丽什，一个瘦弱、害羞的产品测试员。

艾伦给他们带来的第一部电影剧本名叫《爵士宝贝》，它讲述了19世纪20年代新奥尔良一名爵士吉他手的故事——这是一部年代更久远、气氛更压抑的《甜蜜与卑微》（*Sweet and Lowdown*）。艾伦仍然记得，联美公司的高层第一次阅读这部剧本时"脸都白了"，当时艾伦马上打断了他们，"如果你们不想拍这部片子，我可以不拍。我不会拍你们不喜欢的电影。"他回来后跟写作搭档米基·罗斯说："这群人一定要让我给他们拍电影，我们得写点别的东西。"

"我们写部关于南美独裁者的电影，怎么样？"罗斯提议道。

"有关南美独裁者的电影"这个点子是艾伦之前在拍摄《007：大战皇家赌场》时想出来的，那时他整天把自己关在伦敦的宾馆里面，日子冗长又乏味。B级片制作人萨姆·卡兹曼曾邀请艾伦把理查德·鲍威尔的《堂吉诃德，美国》（*Don Quixote, USA*）这本书拍成喜剧。这部讽刺小说讲述了一名幼稚的美国和平队队员在一个加勒比独裁者国家冒险的故事，并邀请演员罗伯特·莫斯主演。这本书非常的乏味，艾伦干脆直接抛开书本，开始他经典的自由编剧模式：讲笑话，讲笑话以及讲笑话。

梅丽什到虚构的南美国家圣马科斯共和国旅游，回到美国时却成为蓄着大胡子、长得像卡斯特罗的国家领袖。

罗斯一开始并不喜欢这部剧本，实际上当艾伦刚写完时，这部剧本确实有些差强人意。随后艾伦又花了两周时间和罗斯在他的公寓里一起修改。最后剧本变成了一个关于菲尔丁·梅丽什的故事：梅丽什是一名来自纽约的产品测试员，他既脆弱又诡计多端。为了赢得美丽的心上人南希的芳心，他被卷入了圣马科斯（一个虚构的南美独裁政权）革命中，并稀里糊涂地成为了这个国家卡斯特罗般的领袖，最后以国家元首身份访问了美国。美联公司很快认可了这部剧本，并马上在波多黎各开始筹备拍摄。路易斯·拉塞尔再次担任女主角，在片中饰演梅丽什的情人南希。

拍摄这部电影时艾伦和拉塞尔已经离婚，但出于职业素养，再加上拉塞尔的引领，他仍在片中奉献出了精彩绝伦的表演。“当然，我这次请她出演的片酬比以前低多了。”艾伦曾在迪克·卡维特秀上打趣道。“我为这部片子做了精心准备。”拉塞尔说道。这其中应该还包括准备应对艾伦一直以来都极其热衷的即兴表演。但她应该没想到，那时黛安·基顿已搬进了导演艾伦的酒店房间，并长期住在了那里。自从因舞台剧《呆头鹅》结缘后，艾伦与基顿的关系始终断断续续。“我们有时和好，有时又分开，谁都说不清，直到要出发拍摄《傻瓜大闹香蕉城》时，我们才开始了长期的恋爱关系。”艾伦说道。然而，这部电影的拍摄过程一点都不轻松。有一次，他们来到圣胡安的一家电影院看电影，却发现影院的屋顶是漏雨的，以至于他们不得不前前后后地换位置以避免被雨淋湿。“在波多黎各的生活太无聊了，”艾伦抱怨道，“在这里什么都干不了，吃得也很糟糕，天气又热又湿，连摄影棚顶都是漏的，我在自己的房间里还发现了一只死老鼠。”

电影拍摄时加入了一些即兴表演，包括有意和无意的：政府军伪装成一支伦巴乐队准备突袭叛军，却被一场突如其来的大雨淋成了落汤鸡；片中有一段独裁者在皇宫内举办室内弦乐四重奏的戏份，但乐器却迟迟未能运到拍摄现场，于是艾伦灵机一动，开始装模作样地空手演奏乐器。《傻瓜入狱记》这部片子让艾伦知道有多少拍摄片段会作废，所以他给《傻瓜大闹香蕉城》塞了无数的笑料，“这部电影里的笑话太多了，我甚至都可以拿被剪掉的素材制作出一部全新的电影。”拉尔夫·罗森布鲁姆说道。作为该片的联合制片人，他随摄制组一起去到了波多黎各。“如果艾伦想在一个半小时的电影里放 150 个笑话，他事先会写出 300 个笑话，然后再一个个拍出来。”

如果仔细研究艾伦的早期电影，便会有趣地发现他对于电影所施加的影响。如果说《傻瓜入狱记》是艾伦最卓别林式的电影，那么拍摄《傻瓜大闹科学城》时他又加入了巴斯特·基顿[1]的风格，在《爱与死》中还能看到鲍勃·霍普[2]对他的影响。《傻瓜大闹香蕉城》这部电影的灵感来源显而易见——从卑劣的圣马科斯独裁政权、雪茄、连续不断的笑话、无政府的混乱状态中，我们都可以看出——这是艾伦版的《鸭羹》（*Duck Soup*）。片中，被警察逼入绝境的梅丽什甚至跳起了《赌马风波》（*A Day at the Races*）中格劳乔所跳的搞笑舞蹈——手臂摆着埃及式的节奏，腿却扭成螺旋形。“我经常会做类似的模仿。比如有个小孩很喜欢毕加索，而毕加索正好又画过一只简单的小兔子，如果这个小孩模仿画一只类似的小兔子，那么这将成为他自己的作品。他不需要创造出神奇的东西，也不需要有任何新颖的想法。这只兔子就是他自己的作品，

---

1 巴斯特·基顿，1895 年 10 月 4 日生于美国，美国默片时代演员及导演，以“冷面笑匠”著称。1960 年获第 32 届奥斯卡金像奖终身成就奖。

2 鲍勃·霍普（1903–2003），原名莱斯利·汤斯·霍普，生于英国，美国电影、电视、广播喜剧演员，电台与电视主持人、脱口秀谐星及制作人。

用自己的笔画画的感觉真棒。”

从这个角度来说，《傻瓜大闹香蕉城》是部很棒的电影，但本片的摄影却不敢恭维：电影中的光线处理可能是艾伦所有电影中最糟糕的——廉价的灯泡把菲尔丁·梅丽什的单身公寓照得像是新现实主义者的狗窝；影片中革命发生在一片暗淡的天空之下，天空的颜色简直就像是一只脏袜子。艾伦的执导方式仍然严苛，影片中有许多聪明的拍摄角度以及推拉镜头，其中刺杀总统这一段还尝试了戈达德式的蒙太奇剪辑手法。作为编剧，艾伦从不写简单、直截了当的故事情节和笑话；而作为一名演员，他在影片中所做的肢体动作就像在跳一支灵活的芭蕾舞蹈，结合了弯腰、畏惧、退缩等动作，可谓精妙绝伦。

当艾伦第一次在电影中扮演一个不受重视、却志向远大的无用之人时，他就找到了属于他自己的喜剧风格。“你读过《易经》吗？”哲学专业的南希问道。“其实我读过另一本经。”高中辍学的梅丽什这样回答她的问题。他的电影总是会有一两个向大师致敬的片段——在本片中，艾伦分别向伯格曼[3]和爱森斯坦[4]做了致敬：片中艾伦在睡梦中躺在十字架上被抬到路边停车点这一幕是致敬伯格曼，而王宫政变时，一辆婴儿车被人从阶梯上推下来这一幕是致敬爱森斯坦。这部电影也是艾伦最具讽刺性的一部，艾伦利用霍华德·柯赛尔对“精彩有趣的骚乱”的报道、用于反驳黑豹党[5]口号的“循环播放录像带音乐”以及之后吉尔·史考特·海伦的歌曲名称“电视机不会播出真正的革命”狠狠地戳中了美国的外交政策和庸俗夸张的电视文化。

这样的时事性元素使得《傻瓜大闹香蕉城》在经典度上略逊《傻瓜大闹科学城》以及《爱与死》，但从另一角度来看，这部影片标志着一次巨大的进步。尽管1971年很少有其他喜剧会模仿卓别林或马克斯兄弟[6]的表演方式，但艾伦从未认为自己肢体喜剧的表演方法有多么独特：无论是在公寓里追着冻成砖块的菠菜满屋子跑，像是在打冰球；还是在地铁里面对西尔维斯特·史泰龙扮演的恶棍显得畏畏缩缩，看起来就像是个没骨气的男人。艾伦与史泰龙有一段对戏十分精彩：梅丽什在地铁门要关之前把史泰龙等人推出了车门，然后转过身来享受其他乘客钦佩的目光，却没想到史泰龙在他身后推开了车门，在他最洋洋自得的时候扑向了他。这是一段绝佳的、摄像机所能拍下的最棒的笑话。能拍出这个精彩片段不仅要归功于摄像机的站位和取景的功劳，艾伦在其中所呈现出的灵活多变的表演更是一大主因。艾伦用这部电影第一次证明了自己可以很好地同时驾驭编剧、导演和演员三种角色。

3　英格玛·伯格曼（1918–2007），瑞典电影、电视剧、戏剧三栖的导演。

4　爱森斯坦，1898年1月23日出生于利福尼亚省里加，苏联电影导演、电影艺术理论家、教育家，俄罗斯联邦共和国功勋艺术家，艺术学博士、教授。

5　黑豹党，美国黑人左翼激进政党。

6　马克斯兄弟是美国著名喜剧演员组合，成员主要有格劳乔·马克斯、契科·马克斯、哈波·马克斯。

年轻的西尔维斯特·史泰龙在片中扮演一个没有台词的地铁流氓。

和圣马科斯革命者埃斯波西托（哈科沃·莫拉莱斯饰演）同步刮胡子。

梅丽什的女朋友南希由艾伦的前妻路易斯·拉塞尔饰演。

“《傻瓜大闹香蕉城》仍然是一部我只关心好不好笑的电影……我希望确保每个片段既好笑又快节奏。我只关心这个事情。这也是为什么我把某些片段拍得或剪得跟动画片一样。”

这部片子还产生了另一个“第一次”：艾伦听从了卡尔的建议，在电影结尾让男女主角有情人终成眷属。最初艾伦为电影设计的结尾是梅丽什在哥伦比亚演讲时遭遇了炸弹袭击，当他从火药堆中爬出时，脸上变得乌黑，因此黑人革命者们都错拿他当自己的兄弟。“伍迪，这个结尾行不通的。”罗森布鲁姆劝艾伦改结局，这样的意见对于艾伦来说早就习以为常。“为什么不把结尾和电影开头联系起来呢？”艾伦坐下来思考了一晚。第二天早上，他带来了新结局，这个结局与电影第一幕总统刺杀案发生时科赛尔“体育大世界”式的旁白（“好了，你用耳朵看到了吧！”）遥相呼应，不过这一次科赛尔讲述的是梅丽什的新婚之夜，“这对新人正努力工作，”他念道，“他们是如此的敏捷、协调、合拍……”最后，梅丽什从被窝中伸出了一只手，并做出“V”字手势。“就是它！”科赛尔喊道，“结束了！都结束了！这场婚礼圆满完成！”

(1972)

呆头鹅

Play It Again, Sam

1969 年，艾伦在百老汇表演自制舞台剧。丹尼斯·布拉克摄。

艾伦非常享受 1969 年在西四十四大街伯德赫斯特剧院表演舞台剧《呆头鹅》的时光。“没有什么工作比表演舞台剧更轻松的了。”艾伦说道，“你会有一整天无所事事，想干什么就干什么。可以写作，可以放松一下……只要晚上八点能准时抵达剧院就行。”他一般会和黛安·基顿一起从公寓出发，穿着便服，慢慢踱到剧院，然后直接走上舞台。他表演时太过放松，导致经常出戏，比如台词念得磕磕绊绊，偶尔看到合作演员基顿或是托尼·罗伯茨的眼睛时还会忍不住笑场。“如果伍迪念错了台词，他就会停下来。”基顿说，“他无法表演下去。于是托尼和我不得不努力接上台词，但艾伦只会在旁边傻傻地看着，然后观众们就开始大笑。有时候舞台秩序真的很糟糕。”艾伦之所以无法即兴表演有一个很有趣的原因，罗伯茨曾透露：“我们在舞台上假装自己就是艾伦笔下所创造出的那些人物，假装他也是其中的一员。所以当故事在某一刻停顿时，他很难一下子反应过来自己是谁。”

《呆头鹅》创作于 1968 年，当时艾伦还在凯利先生的夜总会里表演舞台剧，他与路易斯·拉塞尔的婚姻也快走到了尽头。这部戏的创作灵感源自于一些已婚朋友为他

“我很高兴赫伯特·罗斯能执导《呆头鹅》。我本来并不想把它拍成电影。”

介绍女孩子的经历——“我们觉得有个漂亮的女孩子很适合你……”——每当艾伦和这些女孩子在一起时，他总显得木讷、不善言辞；但当他和朋友们的妻子在一起时，就能说会道得多。“我和她们在一起时，会变得更加自然、真实，因为跟那些我想打动的女孩子相比，她们会觉得我更好相处。”艾伦说道，“这也让我懂得了一个道理：和陌生人在一起会使你感到紧张，但跟朋友们在一起就会觉得舒服很多，因为那时你无所畏惧。”艾伦一开始并没有想让亨弗莱·鲍嘉[1]成为剧本中的一名角色，但当他在阿斯特镇酒店房间里撰写剧本时，他情不自禁地写下“鲍嘉出现了……”，之后又写了一次。最后鲍嘉在剧本中共出现了六次——都快赶上主角的戏份了。

本片的核心角色是艾伦·菲利克斯，他是一个影迷，喜欢从他幻想出来的亨弗莱·鲍嘉（杰里·莱西饰演）那儿寻求恋爱技巧。

罗林斯和约菲把这部电影卖给了派拉蒙。派拉蒙一开始想让刚因《毕业生》（*The Graduate*）一片走红的达斯汀·霍夫曼饰演男主角艾伦·菲利克斯——一个离异单身男子，他跟陌生女孩待在一起会很紧张，但跟朋友们的妻子在一起就自然得多；他们还想到了理查德·本杰明，正巧他还参与拍摄了艾伦多年之后的影片《解构爱情狂》（*Deconstructing Harry*）。“他们本来没想让我在这部片里出镜，直到看到我在《傻瓜大闹香蕉城》中的表演。”艾伦说。但由于当时他已经开始执导《性爱宝典》（*Everything You Always Wanted to Know About Sex*），所以本片最终由刚拍摄完《俏佳人》（*Funny Lady*）的赫伯特·罗斯担任导演一职。艾伦只花了 10 天时间就把舞台剧本改编为电影剧本，还加入了一些派对、跳舞的场景，以及几段主角想象中的他的前妻（苏珊·安斯波 饰演）与几个雅利安摩托车手探索性爱的片段。摄制组一开始准备在纽约进行拍摄，但由于 1971 年夏天纽约电影工作者大罢工，他们把取景地移到了旧金山，影片于那年 10 月正式开拍。

---

1 亨弗莱·鲍嘉，美国著名男演员，1899 年 12 月 25 日出生于美国纽约，代表作品有《卡萨布兰卡》《非洲女王号》。

在艾伦的所有作品中，《呆头鹅》最接近诺拉·艾芙隆[2]的执导风格——《西雅图夜未眠》很好地继承了这部片子将“电影中的爱情与现实作对比”的风格。电影开头，艾伦的眼镜反射出《卡萨布兰卡》的镜头，当他看到鲍嘉向英格丽·褒曼做最后的道别时，他深深地沉浸其中，嘴巴都要掉下来了。接着，光线亮了起来，艾伦看了看两边，好像在说：我的爱人去哪里了呢？最终他满怀失望地叹了口气——这个动作既真实又可爱，此时也只有这个动作最能反映主人公的内心情绪，与此同时他开始了作为一名肢体喜剧演员的表演。迪克（罗伯茨饰演）和琳达（基顿饰演）为艾伦安排了一次约会，为了能打动约会对象，艾伦精心地打扮了一番，但在吹头发时差点把头发卷进了吹风机。当约会对象抵达艾伦家时，他紧张得一直说胡话（比如“我爱下雨”），还不小心把黑胶唱片从房间这头扔到了那头——这真是一场精彩得无以复加的光棍滑稽剧。

“她买账了！”自百老汇舞台戏中演对手戏之后，艾伦和黛安·基顿首次在大银幕中合作。

最后男女主角开始了一段真正美好的友情，这一幕是为了致敬《卡萨布兰卡》的最后一幕。

2 诺拉·艾芙隆，1941年5月19日生于美国纽约，美国知名导演、编剧，代表作品有《当哈利遇见莎莉》《西雅图夜未眠》《电子情书》和《朱莉与茱莉亚》。

“我很少关心男主角，除非是我自己扮演的。我很喜欢在电影、戏剧、书籍中探索女人的心理，尤其是那些聪明的女人。”

艾伦：你昨晚在床上简直太棒了。
琳达：哦，谢谢。
艾伦：你觉得怎么样？
琳达：我觉得佩托比斯摩（胃药）帮了大忙。

与女孩约会时，艾伦的脸总是因为紧张而拧成一团，尤其是当他想使出一些低俗的勾引手段的时候。只有在与琳达约会时，他才能放松下来，做回自己。有趣的是，伍迪·艾伦在片中的害羞性格悄悄地、恰到好处地避开了可能产生的关于外遇是否正当的讨论——这部剧本可以看作是一篇关于浪漫实用主义的博士论文。影片中出现了大量的药品名称（“苹果汁和达而丰（一种止痛药）是绝配”，“你把利眠宁（一种安定药）加到番茄汁里喝了吗”），艾伦和琳达就是同一处方上的两种药丸，估计艾伦自己也想不出药品在片中除了能为男女主人公服务外还能有什么作用。虽然艾伦很好地抓住了自己年轻时候的一些幻想（“我不是开玩笑的，昨晚我简直棒极了”），但他还不知道怎么写女人。基顿眼神里满是清纯和热情，在艾伦使出鲍嘉的浪漫技能时，她看起来像是个实验对象（“告诉她，她拥有你见过的最难以抗拒的眼睛”）。在情节设置上，影片让观众站在了艾伦的立场，却把基顿留在另一边（“她买账了！”）。这是基顿出演的唯一一部并非为她量身定做的伍迪·艾伦电影。此时，艾伦还未激发出基顿身上最鲜明的特质——在《安妮·霍尔》（*Annie Hall*）中，艾伦很好地抓住了基顿身上那种混合了愚笨和刻薄的气质。“黛安和我之间的化学反应是一步步产生的，”艾伦说道，“实际上，无论是舞台上还是舞台下，我们幕后的关系反过来影响了我们在银幕前的表演……我常常会盯着她的眼睛，看看她在想什么，这能激发我的灵感。她对我产生了很大的影响。”

MARY
ASTOR
SYDNEY
GREENSTRE
Directed by
JOHN HUSTON
Presented by
WARNER B

（1972）

性爱宝典

Everything You Always Wanted to Know About Sex* But Were Afraid to Ask

艾伦没想到穿蜘蛛服会这么痒，也没想到15英尺高的布制乳房会这么脆弱。

一天晚上，当艾伦和黛安·基顿看完纽约尼克斯队的比赛回到公寓后，艾伦碰巧打开电视看到了《今夜秀》。当晚《今夜秀》的嘉宾是畅销书《性知识大全》的作者大卫·鲁本医生，该书创下了1亿册的全球销售记录。“性很脏吗？”主持人问道。医生回答：“如果你正确地进行性交，那么性爱确实很脏。”艾伦下意识地想：这句话是《傻瓜入狱记》的台词。接着他又想：如果根据这本书拍一个性交示意系列图，会不会很好玩呢？“我觉得我马上就能想出无数个和性有关的有趣点子来。”后来他说，“但性其实并不是一个多么丰富的概念，我最后只想到了六个。”

于是艾伦请来了大卫·M·沃尔什担任摄影，大卫一开始并不想来，因为他认为艾伦以前的电影在摄影上实在过于单调乏味，但后来他还是同意了加入。艾伦还请来了之前曾为《神奇旅程》（*Fantastic Voyage*）一片担任艺术指导的戴尔·轩尼诗来担任艺术指导。但拍摄本片时，艾伦还面临着许多问题。原本剧本中曾放入了一段《旧约圣经》中有关手淫的搞笑段落，但最终却并未进行拍摄，因为预算无法支持这段还算过得去的改编片段。道具组还为本片专门制作了一只15英尺高的布制乳房，但由于材料太单薄，风一吹就裂了口子。在“男人为什么会变成同性恋”这一幕中，路易斯·拉塞尔扮演黑寡妇（一种黑蜘蛛），而艾伦穿上了一件红棕色的蜘蛛服，扮演黑寡妇将要分手的男朋友。每当艾伦回忆起这次拍摄经历，他都会由衷感叹道：“这是我和她人生中最痛恨的一段经历。我站在那里，身上奇痒难耐。我的服装太不舒服了，她也很讨厌自己的服装。我们一直在打来打去，坐在铁丝网上真是疼死了。但是，我们一直觉得可以再多拍几分钟。我们共拍摄了两周，用了两三台摄影机、上千英尺的胶片，最后能用的仅有区区六分半钟。我本来想使用一个很棒的潜意识笑话，并配上《胡桃夹子组曲》中的一段音乐，来替代这一片段，但后来没有成功。”

“它们不是需要你全身心投入进去的故事。它们只是些简短的小片段。你可以取笑它们，或是思考一番。太棒了，我已经完成这个六分钟片段的拍摄，我可以拍下一个了。无论出于什么原因，这部片子看起来效果不错。”

影片的第一幕讲述了伊丽莎白时代一个宫廷小丑想用春药勾引皇后的故事；第二幕讲述了医生（吉恩·怀尔德饰演）、病人和绵羊之间的三角恋。

拍摄这部电影时，艾伦脸上的表情一直都很阴沉。“他好像变成了伯格曼，”在片中饰演一名爱上绵羊的医生的吉恩・怀尔德说，“艾伦拍电影的方式就像是他可以用一万只安全灯泡装点一座城市一样。”艾伦对影片修修补补，剪出了最后可用的版本，然后再把几幕剧的顺序换了一下，并最终决定删去蜘蛛那一幕，因为他更喜欢娄・雅可比扮演异装癖者的这一幕。直到正式放映那天艾伦才剪完片子，为了赶紧把胶片弄干，他们不得不提前在放映机上放了两次。

尽管人们对于这部片子以及它的制作公司褒贬不一，但《性爱宝典》仍获得了巨大的成功，并收获了 1800 万美元的票房，这一成绩仅次于 1972 年芭芭拉・史翠珊主演的喜剧片《爱的大追踪》（*What's Up, Doc?*）。但这又如何呢？如果仅仅是看票房的话，他电影票房的最高点至今仍停留在《风流绅士》和《007：大战皇家赌场》（除去通货膨胀的影响，这两部片子是艾伦所拍过的票房最高的电影）。正如艾伦所意识到的那样，性并不如他之前想的那样能为喜剧片提供丰富的素材——实际上性焦虑才是最适合他的主题——本片中有太多看起来像《奔跑・脱单》（*Run For Your Wife*）结尾的桥段：一个接一个的关于同性恋、异装癖者的笑话，奇特的性感内衣仿佛在诱惑来自波希特地带的喜剧演员上钩。没有什么东西能比另一个时代的色情内容更容易过时。

本片的第一幕剧“春药真的有用吗？”讲述了伊丽莎白年代一名宫廷喜剧演员（艾伦饰演）利用春药引诱皇后的故事，艾伦在里面放入了大量佩雷尔曼式、年代错误的台词（比如“我要竭尽全力，打开门庭，直通幽径”）。第二幕剧“什么是兽交？”讲述了一名医生（怀尔德饰演）在接诊一名爱上绵羊的病人之后也爱上了这只绵羊。怀尔德在这一幕中的表演可谓精彩绝伦，他有时曲意逢迎，有时又不动声色，展现出了温柔、害羞、喜欢（“我永远不会忘记这些美好的午后，黛西”）、狡猾、愤怒、受伤、失落等等一系列情绪，他的表演不会让你有一丝“这仅仅是喜剧”的感觉。

在最后一幕“射精时发生了什么？”中，艾伦扮演一个准备被发射到未知世界的精子。

在第三幕“为什么有些女人难以达到高潮？”中，艾伦饰演一名费里尼[1]式的意大利大亨。他剃了胡子，精心打理了头发，并且抽起了雪茄。他的爱人（拉塞尔饰演）只有在公共场所做爱才能达到高潮。这幕剧的情景设置主要遵循了米开朗琪罗·安东尼奥尼[2]的极简抽象派理论。然而，由于艾伦在剧中说起了意大利语，并收起了自己原有的高低起伏的布鲁克林口音，导致这幕剧的幽默效果大打折扣。

第四幕剧“异装癖者都是同性恋吗？”的故事中，一个中年已婚男人（雅克比饰演）在晚宴上找了个借口离席，然后偷偷潜入女主人的房间偷穿她的衣服。这一幕可能是全片最差的一幕：导演高估了异装癖的喜剧效果，在男主角被人发现自己是异装癖者后故事情节应进一步戏剧化发展，但在片中却草草收尾。有趣的是艾伦在这一幕中显得过于保守，他倾向于自我否定的无能者性格并没有在片中体现出来，使得这一幕剧现在看起来有些乏味和狭隘。

到了第五幕剧“什么是性癖？”，影片又回到了正常水准。这一幕讲述了在一个电视娱乐游戏节目中，四名游戏成员（分别是吉利斯·菲尔宾、托尼·霍尔特、罗伯特·Q·刘易斯及帕梅拉·梅森饰演）通过提问来猜测节目嘉宾的性癖好是什么（比如“他喜欢在地铁上露出自己的私密部位”）。而在第六幕“做性研究的医生和诊所大夫的发现都准确吗？”中，艾伦被一只硕大乳房追杀的经典镜头将全片推向了高潮——这一幕效仿了菲利普·罗斯的《变形怪体》（*The Blob*）。第七幕“射精时发生了什么？”可谓经典片段，片中一对男女在约会吃晚饭，而此时男人的身体里一个 NASA 风格的控制中心正对这次约会进行全面监控（“阿尔弗雷多面条消化得很好”）。最终这对情侣在车厢里做了爱（“勃起角度 40 度，还在不断加大”），这时一队精子（其中一位由艾伦扮演，他显得非常紧张）列队准备发射。“如果他在手淫怎么办？”艾伦担心道，“我可能会被被射到天花板上去。”白色的道具和服装，一群人一起玩同一种游戏，思想与身体的分立，艾伦穿着滑稽的无边便帽和头盔——这些元素延续到了艾伦下一部电影《傻瓜大闹科学城》之中。

1　费德里科·费里尼（1920–1993），1920 年出生于意大利里米尼市，意大利著名电影导演、演员及作家。代表作品有《大路》、《八部半》。

2　米开朗基罗·安东尼奥尼（1912–2007），意大利新现实主义电影导演，也是公认在电影美学上最有影响力的导演之一。代表作有《冒险》《红色的沙漠》。

在《傻瓜大闹科学城》上映之前，艾伦表现出了前所未有的雄心壮志。“《傻瓜大闹科学城》是一部所有美国儿童都应该看的电影，他们会觉得很好笑。”他说，“这就是我小时候常看的、很喜欢的那种电影。我不想我的电影被定义为‘高智商的幽默’，因为我从没拿过任何文凭和证书。卓别林的电影有他自己独具的风格，而我已厌倦了人们老是认为我也像卓别林那样。”

关于这部电影，艾伦起初还有着更宏伟的计划：它会是一部三小时的电影，分成上下两部。在第一部分，我们会在纽约巴勒克街见到“快乐胡萝卜”健康饮食店的店主迈尔斯·门罗。有一天，门罗先生去医院治疗自己的消化道溃疡，不料却被冷冻在液氮中。接下来会有一段幕间休息时间，等观众回来时，已是两百年之后。艾伦为这一部分写了四十页的剧本，然后就停止了。“我真的希望写出这样一部让观众干坐着看的电影吗？”他问自己，“我觉得，不如还是只拍第二部分吧，主人公醒来之后的那部分。”

他向马歇尔·布瑞克曼提出了这个想法。马歇尔是一名电视剧编剧，当艾伦在苦头俱乐

(1973)

傻瓜大闹科学城

Sleeper

“我不知道我到底在干吗。我已经 237 岁了，我已经可以享受我的社会保险了。”健康食品商店店主迈尔斯·门罗在一次失败的手术中被低温冷冻了起来，并于 200 年后被复活。

部开始自己的喜剧生涯时，曾看到马歇尔在旁边表演五弦琴。马歇尔的强项是讲故事——从故事 A 讲到故事 B 再到故事 C。有时他们会坐在艾伦的客厅里一直聊天，聊到天昏地暗，然后两人中会有人提议：“我们去散个步吧。”于是他们会出门在四周闲逛，一边呼吸新鲜空气，一边聊些新点子。艾伦提出，他希望在电影设定的未来世界所有人都不允许说话，这样他就可以把这部片子拍成一部默剧。这一想法后来被推翻了。他还想将巴西极具未来主义风格的首都巴西利亚作为电影的主要取景地。但最终他不得不把取景地定在了丹佛、莫哈韦沙漠以及位于卡尔弗城的百代塞尔兹尼克老电影基地——那里有一个草坪环绕、带三个房间的别致小屋，其中一个房间还是克拉克·盖博曾使用过的更衣室，小屋前有一个种满了雏菊的院落，边上竖立着白色的尖桩篱笆。拍摄期间艾伦基本都住在这里，每天早上 8 点半拍摄开始之前，总会有黑管的吹奏声从艾伦的房间飘出。

“拍一个 200 万成本的电影让我如坐针毡，所以我不得不离开纽约。”他抱怨道，“洛

“我们所有人都对样片无能为力。我会观看它，然后思考。没有一个片段让我觉得好笑，于是我就重拍，重新剪辑。后来样片中最差的两段变成了最好笑的两段。这就是为什么拍喜剧片这么难。”

将公映日期安排在圣诞节给艾伦带来很大的压力，他通过吹奏黑管来给自己减压。这是他最喜欢的乐器。

杉矶除了车什么都没有，我还得尽快拍完电影——只有 12 个星期。”联美公司希望这部电影能够赶在圣诞节之前公映，他们在合同中注明，如果最终拍摄成本超过预算或未能按时完成拍摄，拍摄方要为此付出巨额赔偿。艾伦在 4 月 30 日开始拍摄，到 8 月底为止，他已总共损失了 35 万美元的个人收入，拍摄时间也已逾期 41 天。电影里的机器人、机械道具以及各种特技镜头无不需要花钱。拍摄过程中可谓状况百出：充气式太空服充不了气；十二英尺长的香蕉看起来太假；钢丝绳索不断地进入画面。“这成了一部有关绳索的电影。”艾伦抱怨道，“对于联美来说，那时还是‘熟悉如何和伍迪·艾伦合作’的阶段。他们派了一些人到科罗拉多，我给他们看了一些导演日志，他们非常礼貌地说：‘让他自己看吧，他做得很好。’”

联美还派来了拉尔夫·罗森布鲁姆。当艾伦还在拍摄时，罗森布鲁姆就已开始一刻不停地剪辑已有素材。“当他坐在椅子上和我打招呼时，我感觉到他承受着巨大的压力，而且我发现他已开始对制作团队失去耐心。”当艾伦和罗森布鲁姆于 9 月返回纽约时，他们已经收集了足够多的素材。他们在各自助手的帮助下分头剪辑素材，剪完后又对如何编辑进行了协商。到了 9 月底，他们就剪出了一部 140 分钟的初剪带。这是一个发生在莫哈韦沙漠的梦幻般的故事，艾伦在这个故事中扮演了一个落难小兵。罗森布鲁姆认为“这是艾伦拍过的最好的电影之一”。然而，艾伦在剪辑室中发现电影的结尾只是个过于“粗俗”的视觉幽默片段，于是某个星期天，他和还在拍摄《教父 II》的黛安·基顿一起回到纽约，拍出了一个新结尾。

"这是一部有关绳索的电影。"《傻瓜大闹科学城》中的复杂特技消耗了大量预算，也拖延了拍摄进度。

"我们一群人加班加点、没日没夜地工作，电影终于赶上了圣诞节。"罗森布鲁姆说。成片剪出时，35 小时的素材被压缩到了 90 分钟，而那时距离电影上映只有两天。

"《傻瓜大闹科学城》是伍迪·艾伦真正意义上的处女作。"罗森布鲁姆说。他之所以这么说，是因为和伍迪之前的所有电影相比，这部电影有着更多更动人的布景、服装以及特效。"这部电影最大的胜利就是发现了当代喜剧应使用的干净的视觉色彩风格。"宝琳·凯尔评价道。尽管对这部电影赞誉有加，但宝琳仍提出了一些批评意见："《傻瓜大闹科学城》前后连贯，情节紧凑有序，这是艾伦之前的电影从未有过的。它不会像《傻瓜大闹香蕉城》和《性爱宝典》那样突然短路。它很有趣，是一部很不错的作品，几乎没有什么硬伤。但是，这部电影并不像他以前的那些电影一样高潮迭起。看完电影后，你会带着笑容、开开心心地从影院出来，不会深陷电影情节之中不能自拔。'我希望延续自己粗犷的拍摄技术'，艾伦的话已经成了名言。我以前也很欣赏他的这些言论，因为我觉得他是对的。然而，在《傻瓜大闹科学城》一片中我发现他完全放弃了对笑料的控制，它们本可以很好地推动剧情，最后却过于无厘头了。如果不精心修改这些笑料，它们的效果将失控。"

在接下来的很多年里这样的批评可谓不绝如缕，而艾伦的电影在技巧上也越来越成熟，水准越来越高。"拍得有点美过头了"，斯坦利·考夫曼这样评价艾伦的下一部电影《爱与死》，"这部电影在法国和匈牙利取景，其中一些片段背景真是美不胜收。但他不应该这么拍。"在伍迪·艾伦之前，把喜剧拍得美轮美奂是好莱坞主流所不能接受的：没有人会因为

“我一直想拍一部低俗闹剧，一部画面感强的闹剧。后来发现这其实并不难。”

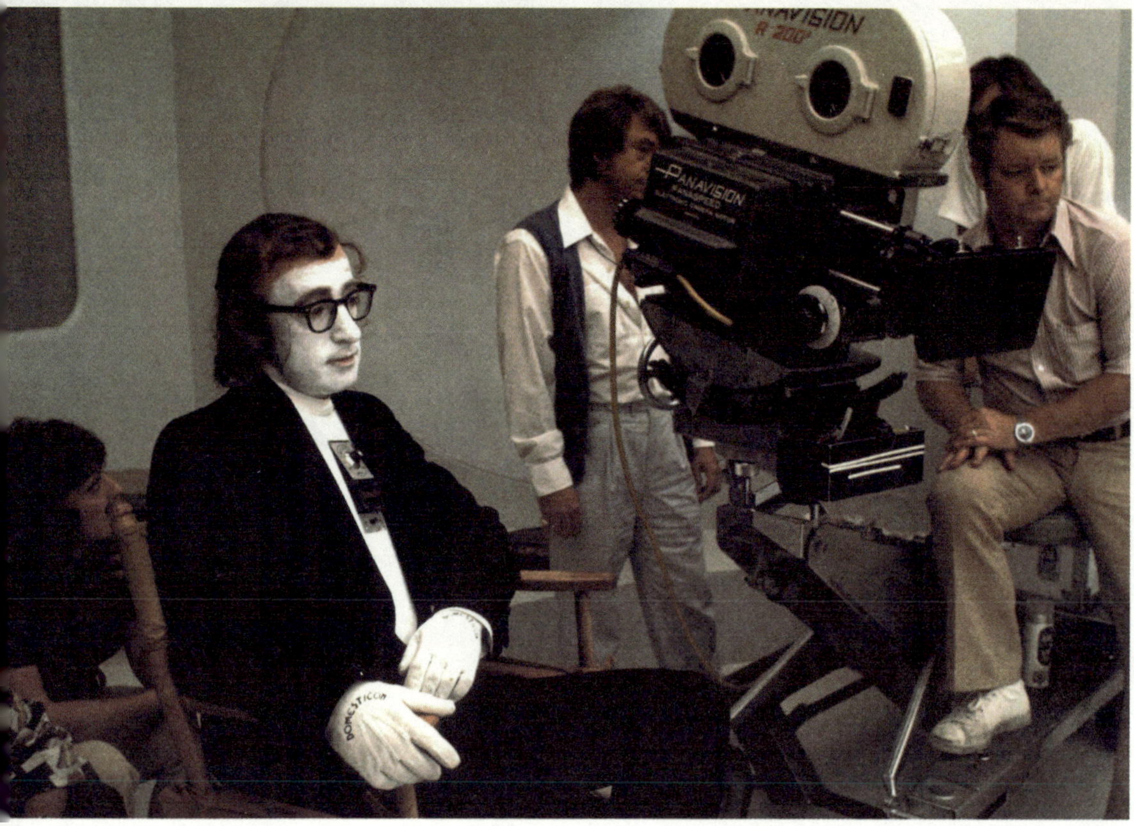

这部片子既好看又好笑。从这部电影开始，艾伦要求在他的喜剧中，摄影要达到非喜剧类型片理应达到的水准。

极佳的摄影技术而记住马克斯兄弟的电影；影评家们欣赏巴斯特·基顿的执导能力，却不认为卓别林是个导演大师；普莱斯顿·斯特奇斯会刻意删去优美的推拉镜头。艾伦自己也承认：“大多数情况下，好看的东西都不好笑。”然而，艾伦在导演事业上的勃勃野心不自觉地将他推入了未知领域：他和《教父》的摄影戈登·威利斯[1]合作拍摄了《安妮·霍尔》（*Anne Hall*）、《曼哈顿》（*Manhattan*）及《星尘往事》（*Stardust Memories*），和伯格曼的摄影师科文·尼克维斯特合作拍摄了《爱与罪》（*Crimes and Misdemeanors*）以及《名人百态》（*Celebrity*）。之后，他又和安东尼奥尼的摄影师卡洛·迪帕尔玛合作拍摄了《汉娜姐妹》（*Hannah and Her Sisters*）、《那个时代》（*Radio Days*）、《爱丽丝》（*Alice*）以及《曼哈顿谋杀疑案》（*Manhattan Murder Mystery*）——这些喜剧都既好看，又好笑。

1　戈登·威利斯（1931–2014），被誉为美国有史以来最伟大的摄影师，同时也被称为“阴影中的大师”。著名作品有《教父》三部曲、《曼哈顿》、《安妮·霍尔》等。2009年他被授予“奥斯卡终身成就奖”。

在影片的开头我们可以看到，未来世界里的人都堕落成了每日酗酒的嬉皮士，他们成天躲在由查尔斯·迪顿设计的、光滑的白色卵型屋里自娱自乐。这部电影的环境比荒野丛林好不了多少——一个关于未来的故事竟然发生在乡村！在未来竟没有城市！在前四十五分钟，影片同艾伦的早期作品一样，跌宕起伏，引人入胜。我们看到了一连串伍迪和道具搏斗的精彩片段（膨胀的太空服以及“竹蜻蜓”式的飞行器），紧接着又是一段“伍迪变作了道具”的表演——艾伦伪装成了一个哑巴机器人，在这一段中，艾伦向经典默片疯狂致敬了一把。他在一把重心不稳的梯子上晃来晃去，就像哈罗德·罗埃德在《安全至下》中的表演；伴着自己用黑管吹奏的配乐，艾伦像基石电影中的警察那样被追来追去；他在机器人修理厂哆哆嗦嗦的表演和《城市之光》中卓别林在擂台上的表现如出一辙。到这时为止，电影仍保持着艾伦一直以来的风格。随后，黛安·基顿出场了。

迈尔斯将自己伪装成一个机器人，与卢娜·施洛瑟（黛安·基顿饰演）组团作战。这是基顿在艾伦执导的电影中所扮演的第一个角色。

这是基顿第一次在伍迪·艾伦执导的电影中亮相，却立马让人感到惊艳。她的脸上敷着绿色浴泥，翘起的手指夹着烟，反复朗诵着一首关于毛毛虫的诗——基顿（饰演卢娜·施洛瑟）用一惊一乍的演绎方式与艾伦的表演完美契合。在一起逃跑的路上，两人在神经质上简直达到了“琴瑟和鸣”的程度。第一次，在伍迪·艾伦的电影中，两个人唱双簧的效果胜过了艾伦一个人唱独角戏。片中，迈尔斯戏弄卢娜：“我总是在开玩笑，你懂我的，这是一种自我防卫机制。”卢娜则坦白了她对于自己智商的不自信：“你会觉得我很傻吗？”于是迈尔斯就试着安慰她：“你怎么能这么想呢？”片中还有他们俩的荧屏初吻，那是在基顿像颗蛋一样的房子里，艾伦正修理黑管的时候。和以前那些带有性幽默的吻不同，这一吻浪漫十足，对于艾伦的电影来说可谓重要的突破。

迈尔斯和卢娜之间的恋情以一种奇特而又熟悉的方式展开。一开始迈尔斯将卢娜从资本主义的舒适生活中解救了出来，后来当他被政府抓住时，卢娜又营救了他。那时她已成为穿着卡其布革命衫、满嘴马克思主义口号的革命分子，对此迈尔斯感到很沮丧：“她读了点书，就变这么聪明了。”这是艾伦第一次在电影中叙述一个觉醒女青年的故事，后来的《安妮·霍尔》将这一主题提升至一个全新高度——那是艾丽卡·琼式的《卖花女》，《安妮·霍尔》讲述了一个男性恋爱导师最终被他所保护的女朋友超越并抛弃的故事。艾伦的电影总是一而再、再而三地回归到这一主题上来，仿佛被某一种致命缺陷所控制而无法自拔。幸运的是，在《傻瓜大闹科学城》中，男女主人公终成眷属。当迈尔斯和卢娜乘着飞船逃走时，他们都穿着白色的医用罩衫和卫生帽，后面是白色的背景，几乎只有他们俩的脸定格在银幕中，两个冤家终于深深爱上了彼此。

“我觉得你真的很爱我。”卢娜说道。

“我当然爱你，”迈尔斯回答，“你就是我的一切。”

在后来的《曼哈顿》中艾伦有段类似的台词，但这次是他第一次在电影中尝试做如此情真意切的表白。艾伦找到了一个能在幽默天分、搞笑能力上和自己达到同一水平的演员。因此，他应该开始学习如何分享镜头给其他人了。

这是众多未出现在成片中的镜头之一，但这只鸡在另外一些片段中有过出镜。

“《傻瓜大闹科学城》让我知道了观众很享受我的表演，这真的令人难以置信。”

艾伦在打字机上飞快地写出了一部佩雷尔曼式的《战争与和平》仿作。

（1975）

爱与死

Love and Death

在拍摄完《傻瓜大闹科学城》后，艾伦给联美公司高管埃里克·布拉斯科传信，告诉他自己快完成下一部剧本的写作了。这部剧本讲述了一件发生在纽约的神秘谋杀案：一对名叫艾尔维·辛格和安妮·霍尔的情侣在影院门口碰面，并发生了争吵。随后他们一起返回家中，发现一位名叫列维博士的大学教授死于公寓楼里，而且很明显是自杀。曾熟读过教授作品的艾尔维知道教授一向视自杀为哲学意义上的不齿行为，所以他试图证明这其实是一场谋杀。"我喜欢剧本的前半部分，但后半部分就很一般了。"艾伦这么评价。有一天，当艾伦在公寓里踱来踱去寻找灵感时，他抬头看到了书架上有一本关于俄国历史的书籍，马上灵光一闪：为什么不拍爱和死亡这两个我最感兴趣的主题呢？

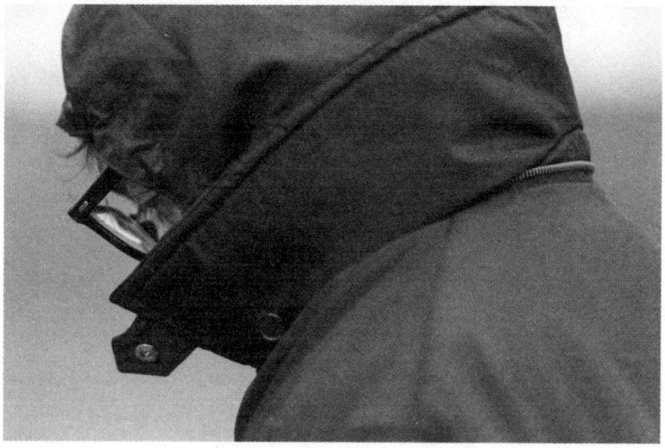

匈牙利严酷的天气以及沟通障碍拖延了拍摄进度。那之后的20年里艾伦再也没有出国拍电影。

这个点子实质上就是用S·J·佩雷尔曼的风格去改写托尔斯泰的名著《战争与和平》，将决斗、哲学辩论、乡村愚民、歌剧等元素放一锅乱炖。艾伦马上开始投入到紧张的写作中。仅仅在他告诉布拉斯科他可能要写出一部曼哈顿神秘谋杀案的两周之后，布拉斯科就收到了一份拿破仑战争时期发生在沙皇俄国的喜剧剧本的前几章。这部剧在抖笑料的同时还探讨了"生命的无意义"这一命题。

"怎么了？"布拉斯科问道。

"我把原来那本给撕了。"

实际上艾伦把那部剧放回了抽屉，并在之后将其分为两部，即后来的《安妮·霍尔》和《曼哈顿谋杀疑案》。同时，剧中的列维博士成为了《爱与罪》中的哲学教授路易斯·列维，当艾伦所饰演的角色正在拍摄有关他和他作品的纪录片时，列维选择了自杀。这样看来，艾伦的想象总是这般奇特而又历久弥坚，他可以把写好的剧本藏起来，多年之后拿出来仍然可以拍出一部好电影。然而，联美公司的高管们并不懂这一点，为此艾伦不得不做出解释。在一次接受《时尚先生》杂志的专访时，艾伦向读者们吐槽道：

鲍里斯·格鲁申科在一次家庭聚会上拉伤了腿。

“我发现自己站在了联美公司最高决策者们的办公室里，跟他们解释我新写了一部喜剧，讲述了一个男人对一个存在无意义的世界的疏远。他们一度以为——这要归功于我之前发给他们的一本备忘录——我在写一部室内喜剧，讲述两个寄宿在房东家的留学生和几只母鸡的故事。”

尽管联美公司的高管们并没有对这部电影抱有多大期望，但他们仍开了绿灯，这主要是因为艾伦之前的票房记录确实不错——《傻瓜大闹科学城》刚刚为公司带来了1800万美金的票房收入。这是艾伦迄今为止的最高票房纪录。艾伦请到了比利时人吉斯兰·克洛盖担任本片摄影，吉斯兰曾和欧洲多名电影大师合作过，其中包括路易·马勒、罗伯特·布列松和雅克·德米。艾伦先是在巴黎和匈牙利取景，后来又在伦敦拍摄了影片中数百名临时演员参与的战争场面，以及特效飞人片段。当艾伦在巴黎准备迎接黛安·基顿的到来时，他给她写了一封热情洋溢的信：“我们有足够多的排练时间，但没有在洛杉矶时那么多。我还是觉得拍《爱与死》会比《傻瓜大闹科学城》轻松一点，因为里面没有那么多的摔跟头、出洋相和水上特技。我们的对话轻松而又活泼，我们会慢慢习惯这样的说话方式。”

然而，在匈牙利的拍摄出乎意料的艰辛。当基顿抵达匈牙利时，布达佩斯的气温已降至25年来的最低点——天气是如此寒冷以至于艾伦在吹黑管时双手都失去了知觉。每天拍摄任务完成后，他总会迫不及待地去洗个热水澡，以使身体暖和起来。艾伦很担心食物的质量，所以他只食用从美国运来的罐头和瓶装水。正因如此，后来他成为了摄制组里幸运躲过痢疾的几个人之一。

拿破仑侵入俄国，鲍里斯被迫参军。他的作战能力和他的舞蹈能力一样差。

“当我们需要好天气时，它就开始下雨。”艾伦写道，“当我们需要雨天时，它又放晴了。摄影师是比利时人，他的团队却都是法国人。片中的平民百姓都由匈牙利人扮演，但群演又都是俄国人。我只会说英语，而且说得很一般。因此，每一个镜头都很混乱。当我的导演意图传达到演员那里时，本来应该拍出的一场战争戏最后却成了舞会。”回到纽约之后，艾伦发誓再也不出国拍摄了。这一誓言直到 1995 年拍《非强力春药》（*Mighty Aphrodite*）才被打破。

拉尔夫·罗森布鲁姆建议由普罗科菲耶夫[1]为本片配乐，而不是艾伦推荐的斯特拉文斯基[2]。在剪辑室里听配乐时，罗森布鲁姆发现斯特拉文斯基的配乐“有些用力过度了。它就像是不断席卷而来的浪潮，淹没电影中每一个带配乐的片段”。他给艾伦播放了普罗科菲耶夫为爱森斯坦的电影所创作的《西古提组曲》《基杰中尉》以及《亚历山大·涅夫斯基》。普罗科菲耶夫欢快的配乐更契合已拍出的电影。电影首映的那天，艾伦和马歇尔·布瑞克曼正在市区吃披萨。“来吧，我和你一起看看影评人怎么说。”布瑞克曼建议道（那时的艾伦还会关注影评）。他们打开了《纽约时报》，看到文森特·坎比这样赞扬道：“伍迪的《爱与死》是自巴斯特·基顿、卓别林和杰瑞·刘易斯之后又一部经典的一人身兼主演、编剧和导演的个人风格电影。”佩内罗普·吉列特在《纽约客》上撰文称这是艾伦“最有味道的”电影。朱迪斯·克里斯特在杂志《纽

1　谢尔盖·谢尔盖耶维奇·普罗科菲耶夫（1891-1953），前苏联著名作曲家、钢琴家。

2　伊戈尔·菲德洛维奇·斯特拉文斯基（1882-1971），生于俄罗斯圣彼得堡附近的奥拉宁堡（今罗蒙诺索夫），美籍俄国作曲家、指挥家和钢琴家，西方现代派音乐的重要人物。

约》上发表文章表示艾伦这一次“终于走进了人物的内心世界，而不是把他们卡通化处理”，并称赞艾伦的表演接近“完美”。这一次艾伦看起来有些欣喜若狂，他建议联美公司为这部电影张贴巨幅宣传海报，而且海报要以出血的形式展现，抛去边界的束缚。《爱与死》从史蒂文·斯皮尔伯格的《大白鲨》手中抢得了2000万美元的票房，那是1975年的夏天，《大白鲨》在影院里可谓所向披靡，连连打破各项记录。“你最近有读过多少俄罗斯史诗文学巨作的仿作吗？而且还是那种我们爷爷辈写的巨作？”评论家们一直以来都对“最小公分母”不屑一顾，他们认为最常见的东西往往最低端，但《爱与死》证明了这个看法是错误的。这部电影完成了一个看似不可能完成的任务：它一方面是艾伦最晦涩难懂的电影之一，片中多次引用了托尔斯泰、果戈里、契诃夫等大家的名言；另一方面，它又是艾伦最受欢迎、最流行的电影之一。本片充斥着对各种大导演的模仿——从查理·卓别林到罗伯特·奥特曼，从《卡拉玛佐夫兄弟》（*The Brothers Karamazov*）到《战舰波将金号》（*The Battleship Potemkin*），从弗拉基米尔·纳博科夫到马克斯兄弟，从英格玛·伯格曼到鲍勃·霍普——这简直就像是在脑袋里开了一场星光熠熠的鸡尾酒晚会。

显而易见，本片的主题是逗弄思想。“在《傻瓜大闹科学城》里，艾伦大部分的

“它经过了干洗吗？看起来像坟墓吗？”不仅仅是他的表妹索尼娅（黛安·基顿饰演），大家都很惊讶鲍里斯竟然在和安东·英博德科夫的决斗中活了下来。

“我当然很喜欢俄国名著，你可能不信，我那时其实想拍一部带哲学意味的电影。我知道如果你对那个国家很陌生的话，你就很难理解来自那里的带哲学色彩的电影。就像人们无法看清楚一部外国片子的结构一样，他们也不会很认真地对待一部喜剧想要传达的内容。”

在拍摄一场“舞蹈马拉松”式的战斗中，艾伦到处查看战场。

笑话都和身体有关。”莫里斯·耶克沃在《败者为王：伍迪·艾伦的幽默艺术》一文中写道，“然而在《爱与死》中他开始逗弄思想。”电影以流动的浮云开场，然后是一段关于道德哲学的独白，这种角色投入表演的方式和好莱坞音乐剧如出一辙（“我坚信这是所有可能存在的世界中最美好的一个”、“它当然是最贵的”）。艾伦幽默的自白是本片最为精彩的一部分。片中的军队训练场景经过了改进，远胜于《傻瓜大闹香蕉城》里的类似场景。艾伦在片中扮演参与拿破仑战争的“军队懦夫”鲍里斯，他在战场上总是畏首畏尾，千方百计躲避刺刀和大炮，或是看歌剧时对着一名风流的伯爵夫人摇头晃脑，试图和她调情。这样的表演直接偷学了鲍勃·霍普——“不，我不能做任何可能危及性命的事情，”面对决斗，鲍里斯婉拒道，“这是医生的命令。”

成为名人之后，鲍里斯终于从表妹索尼娅（基顿饰演）那里骗得了结婚的承诺。鲍里斯从小就单恋着索尼娅。和《呆头鹅》中饰演的容易受骗的女人不同，基顿在本片中的角色有着明亮清澈的眼睛，可爱而又有些自私。基顿的表演在喜剧效果上已和艾伦不相上下，她表现呆愣、搞怪以及把握节奏的能力已达到艾伦的水平。这一次他们有同时面对镜头表达内心独白的戏份：索尼娅纠结于是否要嫁给鲍里斯，而鲍里斯则幻想着他将错过一个满是麦子的丰收季（“那是连天的麦浪，很多麦子，无数麦子……”）。他们极度相似的独白方式说明了一个重大问题：艾伦拍电影的方法已和从前大相径庭。从前他的电影总是围绕着男主角，他就像是一个独立的喜剧恒星，其他演员都像是环绕着他的行星。但现在，男主角让出了一半的位置给另一主演，她的戏份和男主角一样重，她的想法和反应同男主角一样重要，她甚至可以回击男主角的意见。艾伦找到了一个完美的搭档，就如同霍普找到了克劳斯贝一样。

片中，艾伦和基顿一边快速地说话，一边伪装西班牙人潜入拿破仑的皇宫，这一幕就像是《傻瓜大闹科学城》中类似片段的翻版——不断重复另一个人的话以避免无话可说的尴尬——但这一次他们的表演更加出彩，两人简直可以说是心有灵犀。“人死了会怎么样？”索尼娅在鲍里斯被处决后问他。“你知道特雷斯基餐厅的鸡吗？就是那种感觉，很差。”食物在这部影片中扮演着重要的角色，从索尼娅为鲍里斯准备的不能吃的食物（“哦，是雨夹雪，我最喜欢的食物。”），到拿破仑决定在威灵顿研制出威灵顿牛肉之前率先研制出拿破仑牛肉，再到鲍里斯行刺拿破仑失败后法国监狱提供的美味法式面包。“美食在片中肩负着双重角色：它既是哲学主张的平衡者，也是终极问题的传递者。”罗纳德·勒布朗在他那篇精彩绝伦的《爱和死亡和食物：伍迪·艾伦对美食的喜剧运用》一文中这样写道。食物的独特作用延续到了艾伦的下一部电影中：主角将人际之间的关系比喻为——如果人们把自己看作一只鸡，那么他与他人的关系就是他想象出来的、自己所生的蛋（“我们一直这么做是因为我们需要蛋……”）。艾伦给基顿写了一封信，告诉她自己正为她量身定做下一部电影：“我决定了，在下部电影中要借鉴你的家庭关系。这是一个绝佳的素材，但同时也有些严肃，即使家里三姐妹中有个傻子或小丑。”

"尽管我带来了换洗的内衣，但我不相信来世。"

"我认为关键在于不要把死亡视作结局，而是把它看做节省开支的有效方法。"

鲍里斯最后在死神的镰刀之下屈服了。

(1977)

安妮·霍尔

Annie Hall

《安妮·霍尔》是部差点难产的电影。这是艾伦所有电影中最受影迷喜爱的一部，也是最终成片和最初想法相差最大的一部。1975 年下半年，当艾伦和马歇尔·布瑞克曼沿着莱克星顿大街和麦迪逊大街来回散步时，他们第一次有了这部电影的构思。“伍迪想冒风险拍点不一样的东西，”布瑞克曼说道，“初稿讲的是一个 40 岁的纽约人检视自己生活的故事。他的生活包含了几个不同的片段。第一段是他和一个年轻女人的爱情故事，第二段是我们都在经历的一些世俗生活，第三段是他痴迷于检测自己到底属于哪一种性格。”

在这部原名叫《快感缺乏》的意识流电影中，有大量与男主角艾尔维的生活无关的旁白，他就好像是一个住在泡泡里的人。电影以一段长篇独白开场，然后才出现画面，紧接着是艾尔维关于科尼岛[1]的童年记忆，他的表妹桃乐丝，一个被纳粹审问的梦，一个包含有宗教领袖、谢莉·杜瓦尔、伊甸园的奇幻片段，还有一个纽约尼克斯对阵伟大哲学家组合的片段。

“这是一部关于我的电影，”艾伦说，“这些片段都曾出现在我的脑海里。有些事会让我突然回想起童年，有时候我还会产生一些超越现实的幻想……但是这些都不能拍进电影里。”

真正能拍的只有爱情。很多人会从自传的角度阐释《安妮·霍尔》中艾伦和基顿的表演，对此艾伦经常会假装表现出有些厌烦：“我们不是那样认识的，我们也不是那样分手的。”但他同意他们在片中的表演非常贴近实际生活，比如他和基顿的爱情，基顿说话、穿衣服的方式，她在餐厅点熏牛肉和蛋黄酱配白面包的习惯，以及只有最终确定恋爱关系后才发生进一步的身体接触（那是他们一起拍摄《傻瓜大闹科学城》之前的某个时间）。艾伦曾和基顿的家人共度感恩节，共享感恩节大餐，那时的艾伦觉得自己就像“一个外星人，或是他们从没听说的一个东西，一个紧张、焦虑、多疑、喜欢冷嘲热讽的怪人”。而在片中，当格莱美·霍尔见到留着希伯来式胡子的艾尔维时，同样的情景再次发生。“科琳·杜赫斯特和我一样并不是片中的重要角色。”基顿的母亲曾写道，“安妮手持照相机、吃口香糖、不够自信等都是黛安最真实的表现。”

1　科尼岛（Coney Island，又译康尼岛）是位于美国纽约市布鲁克林区的半岛，原本为一座海岛，其面向大西洋的海滩是美国知名的休闲娱乐区域。

艾伦终于发现了和他势均力敌的喜剧演员——黛安·基顿。

他们在《傻瓜大闹科学城》和《爱与死》中形成了默契的配合，并在《安妮·霍尔》中达到完美状态。

“快和它说说话，你会说虾语。”艾尔维试图解决一场甲壳动物危机。

艾伦在剧院工作多年，还执导过多部电影，所以他经常能看到服装师对于女主角的限制：“她们来上班时就像个亿万富翁，但在穿上为她们准备好的服装之后却变成了‘我母亲的朋友’。”因此，在拍摄本片时，当服装师对基顿本来定好要穿的服装表达不满时（“不要让她穿那件衣服”）——比如裤子、围巾、纽扣扣到领口的衬衫等——艾伦会维护基顿：“我觉得她这么穿很好，真的很好。”

在和基顿演对手戏时，艾伦首先抓住了他们在语言上的巧妙互动。他们时不时地取笑对方，拆对方的台，还有好几段时而冷淡时而热情的枕边对话，看起来完全就是一对典型的当代情侣。“我们都很喜欢取笑对方的失败。他会嘲笑我，我也会嘲笑他。我们以贬低对方为乐。”基顿这样描述他们在片中的表演，“在拍摄《安妮·霍尔》时我最大的担心是我能否按照最真实的方式去表演。我怕自己会不自觉地拒绝展现出真实的一面。我想要全身心地去拍摄《安妮·霍尔》，而不是担心把自己平常的缺点和问题暴露给观众。”

本片的主要场景于 1976 年 5 月 19 日在长岛的南福克正式开拍，第一个拍摄的镜头就是片中抓龙虾这一段。他们拍了七八次，其中一次艾伦和基顿都忍不住笑场了。当艾伦和摄影师戈登·威利斯在样片中看到这一段时，他们立马决定用上这个连续的长镜头。影片总共只剪了 282 刀，每个镜头平均时长达到了 14.5 秒。相比之下，1977 年放映的其他任何一部电影的平均镜头时长只有 4 到 7 秒，平均剪辑数接近一千刀。“在拍摄《安妮·霍尔》时发生了两件事。”当有人提问艾伦，说在这部电影中发现他的电影制作方式比以往更加成熟时，艾伦回应道，“首先就是我已经到达了一个转折点，我觉得我可以把以前拍过的电影都抛诸脑后了，接下来我想拍一些更加现实、更有深度的电影；其次是因为我认识了戈登·威利斯。”

安妮和艾尔维看各自心理医生的这一幕看起来好像是由两个镜头拼接而成，但实际上它们是一同拍摄的，只不过两人之间有一堵分隔墙而已。

“我一直在自我分析，我有自杀倾向。实际上，我本来要自杀的，但是我约了弗洛伊德分析法的心理咨询，如果我自杀了，他们还会要我付余下疗程的钱。”

——艾尔维·辛格

推动艾伦制作电影方式变革的关键之一是奥斯卡金像奖得主摄影师戈登·威利斯。

艾伦几乎差点就放弃了请戈登做摄影师。他听说过所有关于戈登很难合作的故事，还知道他有个外号——“暗黑王子”。威利斯本人也曾承认：“我敢这么说，和我合作就像是和匈奴王阿提拉[2]被锁在同个房间一样。”艾伦曾让执行制片人鲍勃·格林哈特准备好预算请另一个摄影师，这样一旦他们不得不解雇威利斯的话还能有人顶替。威利斯收到工作邀约后，要求看一下剧本。于是艾伦就邀请他到自己的家中，交给他一份剧本复本，然后就溜之大吉了。“他离开房间后，我坐着通读了一遍剧本，忍不住哈哈大笑，但艾伦一直就没再进来过。”威利斯回忆道，“这就是我们的初次碰面。”

在《安妮·霍尔》之后，两人又合作拍摄了 7 部电影，包括《曼哈顿》《星尘往事》以及《开罗紫玫瑰》，但《安妮·霍尔》的独特之处在于它确定了人们眼中“伍迪·艾伦电影”的风格：长镜头，有时甚至是一幕剧一镜到底；演员在人行道上走，摄影机在人行道的另一头跟拍；随着人物慢慢靠近镜头，镜头也随之往后缩，以避免离得太近。“很少有观众注意到《安妮·霍尔》中有多少人物对话的戏份，纯对话的那种。”罗杰·艾伯特说，“他们边走边聊，边坐边聊，边吃边聊，做爱的时候还在聊；他们对着镜头说话，或是突然沉浸于充满灵感的独白之中，比如安妮在向艾尔维解释她的家庭时所做的自由联想……每个片段都是恰到好处的一镜到底。”

2　阿提拉（406–453），古代欧亚大陆匈人的领袖和皇帝，史学家称之为“上帝之鞭”。

艾伦和谢莉·杜瓦尔坐在一起。在片中杜瓦尔所扮演的角色曾和艾伦扮演的艾尔维有过一夜情，那是在艾尔维和安妮分手后。

本片最具开创性的地方在于让演员走出镜头，在镜头之外对话：片中，当安妮和艾尔维分手后在一起分割“图书”财产时，艾伦和威利斯首次使用了这一技巧。电影结尾处，在艾尔维和安妮离婚的地方，镜头在空荡的街道上停留了三十秒钟。“我记得当我们为艾尔维和安妮的分手和分书戏设置场景时，我说：‘拍这两幕戏的时候我们不要把人物拍进画面里，可以吗？’他（威利斯）说：‘当然可以，这个想法很棒，一点都没问题。’如果他说的是：‘你不能这么做，你在想什么呢？’我就不会这么做了。得到了他的认可之后，我在后续的电影中依然尝试这么做，一直到今天。在我之后拍的所有电影中，每部都至少有一个只闻其音不见其人的镜头。我这么做是想致敬戈登。”

安妮一部分的魅力来自于她独特的穿衣品味，但艾伦仍经常需要和服装部的人斗智斗勇，从而争取让基顿多穿一些他希望她能穿的、更加奇特的衣服。

“很多人始终认为我最好的电影还是停留在《安妮·霍尔》和《曼哈顿》时代，这些电影能在他们心中占有一席之地令我十分欣慰，但事实并非如此。”

随着拍摄的进行，剧本也在不断修改。艾尔维吸食可卡因这一幕是在排练期间临时想出来的。“如果一幕戏拍不出效果，那么伍迪就会做他常做的事：一边重写剧本，一边让戈登·威利斯构思如何拍摄。”基顿说道。但影片最大的改变来自于剪辑。初剪几乎用了6周，10万英尺的胶片素材被压缩成140分钟的电影，其中前25分钟布瑞克曼认为就是一场“灾难”：开场独白冗长乏味，紧接着跳出的一系列画面不断强化着艾伦各种各样的忧伤和焦虑。基顿出现一下又很快消失了，影片再次陷入了艾尔维无尽的思维遐想之中。这一部分就像是艾伦在夜总会表演一个非常复杂、具有哲学内涵的单人脱口秀。

“我觉得初剪片实在太烂了，完全无解的那种烂。”布瑞克曼评价道，“它就像是一部小说的初稿，可以剪出一部电影的素材，甚至可以剪出两到三部。”他的评价后来被证明正确无误。他们的确从素材中剪出一些在之后的20年中还能用的片段，这些片段就像是火山喷发后遗留在远处的石块。本片所拍摄的科尼岛童年素材大部分被改编进了《那个时代》；素材中安妮和艾尔维在一部电梯中跟团参观地狱的奇幻片段，在20年后的《解构爱情狂》里得以重见天日；而先前构思的神秘谋杀案最后被拍成了《曼哈顿谋杀疑案》。

那《安妮·霍尔》最后怎么样了呢？看过初剪带后，我们可以清楚地看到当剧情来到艾伦和基顿现在的生活之后，整部片子才步入正轨，开始变得感人。布瑞克曼说这就是本片的核心：爱情。于是他们沿着这一方向进行剪辑，开场独白缩减到了6分钟，艾尔维与他前两任妻子（卡洛·凯恩和珍妮特·玛格琳饰演）的故事也被缩减为简单的闪回片段。表妹桃乐丝、纳粹、在梦中被审讯、宗教领袖以及伊甸园等片段都被删去。“被剪掉的素材里很多都很搞笑，”艾伦说道，“我很遗憾，所有非现实主义的素材最后都被剪掉了。这跟我预想的不一样。我从来没跟马歇尔·布瑞克曼说过‘我们要写出一个有关爱情的故事’，整个电影的概念在剪辑时完全变了。”

本片的结尾经过了多次调整。在最初的剧本中，艾尔维进了监狱，他极度渴望着能和已去了好莱坞的安妮复合。艾伦说：“他被丢进这样一个糟糕的环境中，周围的人要么看起来凶神恶煞，要么就是些底层民众，但他发现他们并没有那么坏。”在本片剪辑师拉尔夫·罗森布鲁姆的催促之下，艾伦在1976年的10月、11月和12月分别拍出了三个新的结尾。第一个，艾尔维和安妮在放映《悲哀和怜悯》（*The Sorrow and the Pity*）的影院外不期而遇，罗森布鲁姆认为这个结尾“太伤感”。第二个，艾尔维在时代广场彷徨着，想着要不要挽回安妮，这时他抬头看见了一个闪亮的标志写着“你在干什么，艾尔维？快去加利福尼亚。没事的，她还爱你”。艾伦自己非常讨厌这个结尾，据说他把这部分的胶卷都丢进了东河里。

第三个结尾来源于最初构想的谋杀案的结尾：一段简洁的蒙太奇，一幕幕都是两人间的往事，再配上艾尔维的最终旁白。当艾伦和布瑞克曼还在反复讨论这个构思的时候，苏珊·摩斯迅速翻查了拍摄日志，并据此找出候选片段。当艾伦和布瑞克曼决定使用第三个结尾时，她已经剪出了所有你在正式公映版中所看到的那些片段：基顿反复演唱着《恰如旧日时光》，艾尔维以一段独白结束全片—— 一个男人需要爱情，就像鸡需要鸡蛋——这是艾伦有天早上在乘出租车去剪辑室的路上写出来的。

“我永远不会忘记，”布瑞克曼这样形容第一次见到由许多画面拼接成的结尾的那一刻，“突然结尾就剪好了，而且还是一个契合全片的感人的结尾。如果没有这个结尾，这部片子就只能丢进垃圾桶了。”最后，成片和剧本原稿之间的相同之处只剩下了标题：《快感缺乏》。联美公司请求艾伦想个新名字，联美总裁亚瑟·克里姆甚至开玩笑地威胁艾伦，说如果他不换个名字，他就要从窗户跳下去。“人们不知道这

片中有多处片段颠覆了浪漫喜剧的“规则”，男女主人公在电影院排队时的斗嘴就是其中一处。

个词是什么意思，”他向艾伦请求道，“就算他们真的找到了这个词的含义，他们也不会喜欢。”

最后，艾伦妥协了。在用包括《快感缺乏》《安妮和艾尔维》在内的几个不同的片名试映之后——他决定了：“好吧，就叫它《安妮·霍尔》吧。”

影片上映之后，观众显然有些不适应。这部电影毫无征兆地颠覆了艾伦喜剧电影中以自我为核心的惯例。《傻瓜入狱记》和《傻瓜大闹香蕉城》本质上都是流浪汉电影，主要内容是男主角生活上的一系列冒险和不幸的遭遇。如果从任意一个配角的角度来看这两部电影，剧情一定是支离破碎的。然而，在《安妮·霍尔》中，艾伦把全片的重点放在了另一个演员的角色身上，这个角色同他自己所扮演的角色一样具有高度的自我意识。在剪辑室的嘈杂和混乱中，艾伦放弃了对电影的把控，将电影完全交给了基顿。她在片中的地位就像是安娜·卡丽娜之于《随心所欲》（*Vivre Sa Vie*），或是让娜·莫罗之于《祖与占》（*Jules et Jim*）——一种萦绕全片的香气。我们第一次听说安妮是在艾尔维的开场独白中，他很困惑为什么他们会分手（“安妮和我分手了，但我还是没有缓过来……”）。接着我们再一次在艾尔维的朋友鲍勃（托尼·罗伯特饰演）口中听到了安妮，当时他们正一起走路，“你难道没见安妮吗？”这些他人口中的叙述有点像《卡萨布兰卡》中鲍嘉出场前他的传奇已四处流传，观众心中的好奇心被一点点地激起，安妮简直快变成了神话人物。

最后她终于出场了，因为起晚了以及错过了理疗师，她未及时赶上伯格曼的电影。艾尔维责怪她是不是又来例假了，“哦，天哪，每次出了点什么差错你就会以为是我来例假了！”安妮反驳道。如果你是因为听说了《安妮·霍尔》是一部饱受赞誉的浪漫电影才看这部片，你现在可能会有点焦躁。在《安妮·霍尔》的带动之下，浪漫喜剧犹如雨后春笋般风靡一时，并持续了整整一个时代，每部浪漫喜剧都声称《安妮·霍尔》是它们的灵感之源。然而，就如同之于家庭喜剧片的《柳媚花娇》一样，《安妮·霍尔》虽然是浪漫喜剧的模板，但它别具一格，里面没有男孩遇上女孩、男孩失去了女孩、男孩又追回了女孩这样的老掉牙桥段。本片的情节是这样的：一开始男孩和女孩分手了，接着他们因为女孩错过了看医生、看电影又迟到而吵了一架，然后我们看到了男孩的前两段婚姻，之后两个人一起安静地看书（他们时不时斗嘴，但彼此之间又很放松。片中这一片段是否很好地展现出了情侣间安静的、略显沉闷的同居时光呢？），在最后大约25分钟时，电影切回到两人相遇的时候：基顿和艾伦在网球场认识并一起打球，基顿打球的方式就像是在打鼹鼠。当基顿准备离开网球场时，她忍不住回来向艾尔维说了一番令人难忘的话。影片以一串气球泄气的声音来掩饰她的紧张。

基顿给电影带来了立竿见影的影响。以往艾伦经常会在拍摄时使用一些独具风格的技巧——对着镜头说话、打破第四面墙、突然开始的访谈——作为一名喜剧演员，这是艾伦将电影牢牢掌握在自己手中的法宝。但在本片中，这些技巧使用得非常少。这是一个属于安妮的故事，一部属于基顿的电影。她的表演已足够精彩——她说话时常犹豫不决，有时说到一半又折回去，有时直接就不说了。艾伦让安妮在片中模仿“契皮瓦佛斯[3]口音”，并说话时“来回颠倒，总是想着如何说出一句完整的话”，对此基顿表示：“艾伦的主意简直太棒了。”电影中出现了全新的元素——一位摩登女性，她拥有自我意识，有些神经质，缺乏安全感，她会为了让自己听起来更聪明而做出一些幼稚举动，但同时她又很聪明、幽默，有时又有些刻薄。因为艾尔维不断取笑她，所以她不断地用书籍、心理治疗、电影、成人教育课程、自信和自由来填充自己。

3 契皮瓦佛斯是美国威斯康星州契皮瓦县的一个城市，位于契皮瓦河畔。

“‘爱’这个词远远不能表达我对你的感情，
我狂恋着你，稀罕你，我爱死你了……”

当艾尔维和安妮在日落大道健康食品餐厅第三次（同时也是最后一次）分手时，安妮说：“是你让我鼓足勇气走出房间，去高声歌唱，去体验内心的感受和所有那些该死的东西。”她身后是一片车水马龙（伍迪·艾伦的电影中还有比这更悲伤的场景吗？）。“在《安妮·霍尔》中你会看到，这是我第一部以另一个角色为中心的电影，它也展现出了黛安·基顿令人叫绝的天分和镜头表现力。”艾伦说道，“就像我和她合作的其他几部电影一样，这部电影本来是和我有关的，但最后她把我挤出了屏幕，成为了当之无愧的主角。我很乐意被取代，因为这会让电影有更多可能性。如果我是主角，那么核心角色就总是我，但我就只会那么演。没了我以后，多了很多新鲜的可能。在我担任唯一主角的电影中，主人公要么是曼哈顿知识分子，要么是一个神经质，或者一个像丹尼·罗斯那样的小人物。如果总是这样的话我就写不出《蓝色茉莉》（*Blue Jasmine*）、《赛末点》（*Match Point*）、《午夜巴塞罗那》（*Vicky Cristina Barcelona*）、《开罗紫玫瑰》（*The Purple Rose of Cairo*）以及所有其他我并未参演的电影了。每当我完成一部剧本时，如果里面有个我自认为能扮演的角色，我会演。但随着年纪越来越大，适合我的角色会越来越少，如果到时再让我演一些没有什么爱情趣味的人物，我会觉得很没意思。”

“那时奥斯卡颁奖典礼在周一晚上举行，而我总是在周一晚上和我的爵士乐队一起排练，我负责演奏黑管。我不喜欢坐飞机，我不喜欢穿无尾晚礼服。因此，我不会突然取消乐队的排练，飞去加利福尼亚。人们对奥斯卡奖看得很重，但我不是为了拿奖才拍电影的。”

《安妮·霍尔》赢得了五项奥斯卡提名中的四项，分别是：最佳影片、最佳导演、最佳女主角（黛安·基顿）和最佳原著剧本，然而艾伦并没有参加此次奥斯卡颁奖典礼。

正如我在《傻瓜大闹科学城》这一章中所说的，本片的故事是"皮格马利翁"式的——学徒最终超越并抛弃了他的师父——这既体现了艾伦对于情节反转的一贯热爱，也表明经历过数段爱情的他对于浪漫恋情抱有更加中立、客观的态度。人们认为《安妮·霍尔》是一部浪漫的爱情片，从某种意义上来说它的确如此：男女主人公在傍晚时分漫步沙滩；在布鲁克林大桥底下幽会时，艾尔维对安妮说："'爱'这个词远远不能表达我对你的感情，我狂恋着你，稀罕你，我爱死你了……"但这样的热恋终究会消褪，随之而来的是强烈的自我矛盾和激烈的争吵。因此，《安妮·霍尔》真正的主题是在和安妮分手后，艾尔维在大街上搭讪的那个退休犹太人所说的——"这就是人性，"她耸了耸肩，"爱情会消褪的。"

许多伟大的文学作品都以此为主题，尤其是诗歌——比如托马斯·莫尔的《再见，可爱的你》（*Fare thee well, thou lovely one*）、雪莱的《我们见时与别时不同》（*We meet not as we parted*）以及济慈的《永远别将心全付》（*Never give all the heart*）——还有戏剧，尤其是俄罗斯和斯堪的纳维亚半岛的戏剧：契诃夫、斯特林堡和易卜生的大部分戏剧都基于爱情的易逝。如果一定要终结一段感情，那么好莱坞电影总是更倾向于将它归结为受其他因素的影响：主人公肩负着神圣使命（《卡萨布兰卡》）、独立战争（《飘》）或是突发绝症（《爱情故事》）。好莱坞电影里绝大多数的爱情都很美好，就像是燃烧不息的火光，而这恰恰是好莱坞要为之焦虑、二流剧作家要为之汗颜的地方。不要先入为主地从奥斯卡最佳影片这一角度来看待《安妮·霍尔》，就像艾伦所认为的——《安妮·霍尔》远比这更好：相互交织的回忆中隐藏着爱情消褪这一主题；曾一直用于讲述一系列笑话的松散结构现在服务于灵活的爱情片框架，里面还融合了艾伦在喜剧和戏剧上的天赋。

"他以前从未对都市中的对话有如此透彻的理解，从未如此直接地深入角色之中，从未对虚伪有如此敏感准确的察觉，从未有过如此智慧的节制。"佩内罗普·吉列特在《纽约客》上撰文称，"这是一个幽默外表下用动人的甜蜜和悲伤讲述的爱情故事。"在《时代周刊》杂志上，理查德·什克尔称这部电影"是一部悲伤的浪漫喜剧，它的尖锐可能超过了它的幽默程度，它可能是一部最富有喜剧演员自传色彩的电影"。每个一想起这部电影就长吁短叹的观众绝不会轻易忘记它。观看电影也像是体验了一场转瞬即逝的爱情——这部电影只有短短 93 分钟，却深深刻印在整整一代人心里。人们在 1977 年同《安妮·霍尔》谈了一场恋爱。现在再一次重温时，仍会被它历久弥深的魔力所打动。

布莱恩·哈米尔
摄于 1977 年。

“写作对我来说完全就是种乐趣。我热爱写作。它是一个充满快乐和智慧的活动，还很好笑。但写作需要思考、筹划、设计剧情，所以它又是很艰难的。”

如雕像般的三姐妹蕾娜达（黛安·基顿饰演）、芙琳（克里斯汀·格里菲斯饰演）、乔伊（玛丽·贝丝·赫特饰演）一齐凝望着空中。

（1978）

内心深处

Interiors

她们冷若冰霜的母亲伊芙（杰拉丹·佩姬饰演）盯着手中的酒杯。

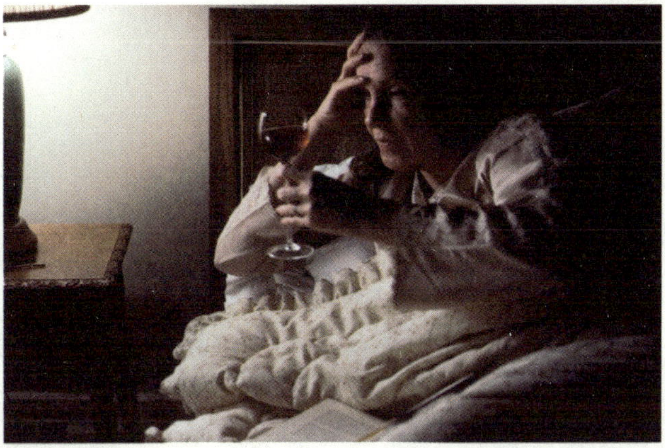

1977 年某个夏日，送信人将艾伦最新的剧本送到了他的剪辑师拉尔夫·罗森布鲁姆的手中。用了整个周末读完剧本之后，拉尔夫满脸疑惑地对他的妻子说："我觉得他们送错剧本了，这部剧本太'可怕'了。"他的妻子拿过剧本翻看了一下，同样感觉很困惑："这是怎么回事呢？"几天之后，罗森布鲁姆和艾伦共进午餐，探讨了这部电影的拍摄计划。

"别拍它了。"他向艾伦建议道。

"可是我想拍。"艾伦回答。

这次谈话标志着两人从《傻瓜入狱记》开始的十年合作之旅走到了尽头。《内心深处》和他们以前的电影完全不同。

在《安妮·霍尔》拍摄完成之前，艾伦的新剧本就已经送到他在国际创新管理公司（ICM，International Creative Management）的经纪人山姆·科亨那里。科亨形容它为一部非典型的"伍迪·艾伦剧本"——极强的英格玛·伯格曼风格，大量安静的室内片段——它讲述三个亲生姐妹的生活被追求完美的母亲破坏殆尽的故事。几天后，联美公司的埃里克·布拉斯科叫来了科亨、查尔斯·约菲以及杰克·罗林斯。"我很肯定他们来之前就做好了唇枪舌战的准备。"布罗斯科说道。然而，他们得到的是允

蕾娜达和自厌且酗酒的丈夫弗雷德里克（理查德·乔丹饰演）。

许拍摄的消息。对此，联美总裁阿瑟·克里姆的解释是：“伍迪需要借这部电影脱离他自己的体系。”他觉得“从长远的角度来看，拍这部片子终究会带来益处”。然而，在联美内部，高管们纷纷开始在艾伦的背后称呼他为“英格玛·艾伦”。联美的斯蒂文·巴赫说：“公司给《内心深处》开了绿灯，这是当代美国电影史上为数不多的时刻：一位电影艺术家被允许拍摄一部电影仅仅是因为这对于他的创作发展而言有重大的意义，而不是因为它能获得多大的成功。”

电影的背景是一位冷若冰霜的女家长统治下的一个纽约的富庶家庭。这位名叫伊芙（杰拉丹·佩姬饰演）的母亲是名室内设计师，照艾伦的话来说，她“对于美的追求到了神经质的地步”。她总是操心花瓶该摆在哪里，如何为那间被她称为“冰雪皇宫”的房子搭配米色和茶色。她最喜欢的大女儿蕾娜达（黛安·基顿饰演）是一名小有名气的诗人，大女婿弗雷德里克（理查德·乔丹饰演）是一名小说家——他痛恨自己，还经常酗酒，艾伦认为他代表了“那些喜欢大谈特谈理智主义、抽象主义、批判主义的失败艺术家”。二女儿乔伊（玛丽·贝丝·赫特饰演）没有工作，却有着诸多抱负，“这是一个有着各种感受却毫无艺术天分的角色”。三女儿芙琳（克里斯汀·格里菲斯饰演）是家中唯一看起来很快乐的人，尽管作为一名电视剧演员，她的职业总会被她追求“高级艺术”的家庭所看不起，她代表了“只追求世俗物质享受的那类人”。电影开始于这个家庭里的父亲亚瑟（E.G. 马歇尔饰演）在早餐上宣布他将离开妻子一个人生活，结束于这位父亲最终迎娶了珀尔（玛伦·斯泰普莱顿饰演）—— 一个来自佛罗里达州、穿着皮草和红裙子、成天乐呵呵的粗人，她把亚瑟带入了更活泼有趣的生活中，并为他的女儿们带来了“从新妈妈那里获得新生”的机会。

艾伦曾想让英格丽·褒曼扮演片中母亲的角色，但那时她已确定前往挪威拍摄《秋日奏鸣曲》(*Autumn Sonata*)，于是在基顿的建议之下，这一角色交到了佩姬手里。戈登·威利斯再次和艾伦搭档，担任本片的摄影师。影片于 1977 年 10 月 24 日在纽约长岛的汉普顿正式开拍。这是艾伦第一次站在摄像机的后面，而非前面——他觉得他的出演会破坏电影严肃的氛围。拍摄本片时艾伦对演员比以往更加严格，他曾在拍摄完一个镜头后对佩姬说：“这简直是一部肥皂剧，你可以在下午的电视上看到它。”在剪片子时艾伦也不得不努力隐藏自己的焦虑之情。“他碰到了很大的障碍，”罗森布鲁姆说，“我觉得他很害怕，脾气也变差了。他真的很害怕，他觉得这次真的要惨了。”

在12月的试映会上，观众普遍对影片反应冷淡。害怕情况会过于糟糕的联美公司不得不把首映推迟到1978年8月2日，然而这部电影最终不仅只收回了1000万美元预算中的460万，而且还是遭到了影评家们的严厉批评。在《新共和国周刊》（*New Republic*）上，斯坦利·考夫曼将本片的观影体验形容为“在杜莎夫人蜡像馆里逛了一圈英格玛·伯格曼的房间”。“这是一场由一个有伯格曼情结的人带给观众的灾难。”约翰·西蒙评价道。“《内心深处》里面的人物因为自己的品味受到抑制而饱受摧残，而这部电影带给了我们类似的感觉，”宝琳·凯尔在《纽约客》上写道，“《内心深处》是一部典型的矫揉造作的艺术片，它的拍摄手法是如此的生涩与做作，好像就是片中那个冷漠的女人拍出来的一样。”

很多人可能希望这部电影能有其他的闪光点，可惜它并不是那种一开始受到误解但经过岁月沉淀后就得到更多人理解的电影。片中唯一符合这一特质的举动是用板条灰、石磨蓝以及柔和米色等颜色映射人物情绪——这样一来影片就显得更加肃穆了。艾伦在《安妮·霍尔》中展现的对电影的掌控力在《内心深处》中消失了，取而代之的是松散的结构和各种即兴表演。它从前一部电影中汲取了错误的信息，在一步步深入探究这位冷血的、将痛苦传递给自己三个女儿的女性长辈身上所存在的审美洁癖时，电影也沦为了她的牺牲品。角色之间要么是不断地相互诋毁、中伤，用最苦涩、最黑暗的语言说话，要么是一动不动地站在窗口向外眺望灰白色的清晨天空，仿佛在为塑造自己的雕像摆姿势。实际上威利斯曾建议艾伦把片名改为《窗户》。《内心深处》这个名字来自于基顿的提议，但《窗户》无疑更加准确——这些角色缺少的恰恰就是他们的内心。

每个角色都只有一张脆弱的皮，就像是完全从外部、从其他人尖酸刻薄的言语中塑造出来的伯格曼式角色，比如“我的作品一度看起来很有机会成功，但我没有发表它”，“她有着艺术家性格中所有痛苦和焦虑的部分，但毫无艺术天分”。艾伦总是幻想着一些富有艺术家气息的疯狂举动，就好像学校里的小男孩幻想性行为一样。他觉得每个人无时不刻不在背着他做些疯狂的事，背着这位自学成才的大学辍学生高谈阔论有关美学的抽象概念。然而，没有人真的会这样。艾伦事后也认识到了这部电影所犯的一些错误。“在拍完《内心深处》几个月之后，我坐在家里，突然对自己说：‘哎呀，我是不是犯了这个错？’因为我之前看了很多外国片子，我会不会在写人物对话时不小心捎带上了外国片字幕的风格？比如说，当你在看一部伯格曼的电影时，因为要跟着字幕走，所以你其实是在阅读对话。而当你阅读字幕时，就会为人物对话附上一种韵律。我的耳朵随即吸收了这种字幕形式的对话，并最终影响了我笔下的人物。我很担心自己犯了这个错误，直到现在我还是没想清楚这个问题。我真的不知道。”

“戏剧我是一丁点也不会再演了，不管是传统喜剧还是商业喜剧，都不演。我要演的是那种登峰造极的戏剧。失败就失败吧，无所谓。”

导演和克里斯汀·格里菲斯私下交谈。这是艾伦第一次未参演自己执导的电影。

影评家理查德·什克尔曾撰文说观众在这部电影放映时抛弃了艾伦，但艾伦并不同意。“实际上是我抛弃了观众，他们并没有离开我。”他说道。仿佛观影成了另一种形式的婚姻。艾伦和观众之间的“婚姻”关系绝对是影坛中最持久、最深厚的一段，但它和普通意义上的婚姻一样经历了一个周期性的循环过程：当年轻导演出现在银幕上时，他非常渴望能取悦观众，给他们留下深刻的印象。他成功地吸引了观众的眼球，让他们捧腹大笑。之后他又一次“打电话”和观众“约会”，并取得巨大的票房成功。接着是另一部打破票房记录的影片，后面再来一部。最后，他赢得了奥斯卡金像奖，他和观众住到了一起，他们结婚了。然而，观众开始厌倦了，原本一个讨人开心的笑话现在变得索然无味了。导演想起了以前那些美好的日子，那时他不用老是担心头发会不会堵住了水槽，厕所的马桶垫圈要不要放下来。很明显，《内心深处》上映后的反应对艾伦来说就像是一张来自观众的离婚协议书。

“艺术就像是智者的天主教，它许诺了来世，不过这当然是假的——你从事艺术仅仅是因为你想这么做。”

——布莱恩·哈密尔摄于1989年。

(1979)

曼哈顿

Manhattan

拍摄《曼哈顿》的计划始于艾伦和戈登·威利斯在汉普顿拍摄《内心深处》时的一次谈话，那时他们经常一起吃饭。有天晚上，艾伦突然想出了在曼哈顿取景拍摄一部电影的点子。他希望把这部电影拍成黑白片，以展现曼哈顿的另一种面貌，因为他记忆中——确切地说是在老电影中——曼哈顿就是如此。这是一封寄给纽约的情书，里面有香槟、皮草、高帽和夜总会，还有《为舞而生》（*Born to Dance*）里詹姆斯·史都华搭乘的由马拉着、围着中央公园绕圈的出租车。威利斯建议用变形镜头把这部电影拍成宽屏，那时这种拍摄技术一般只用于战争电影，但很快它被一致赞成用来拍摄这部有关“爱和失去”的生活化电影。这部电影是这位易怒的摄影师与艾伦合作拍摄的所有电影中他最心仪的一部。“《曼哈顿》仍是最深得我心的那一部。”威利斯这样说道，“我们从这部电影中认识到了什么是‘浪漫现实’，那是我们热爱纽约的原因之一。我生长在这里，所以拍摄这部片子可以说水到渠成。”

联美公司一开始对是否批准艾伦拍摄黑白片持保留意见，但最后他们还是点了头，并开始着手在曼哈顿及其周围布置拍摄地点。“艾伦从过去拿摄影机偷拍的日子里汲取了很多经验，他懂得如何绕过繁文缛节。”一名专栏作家注意到，“他和摄制组跑到一个地方后就马上开拍，而不会去申请任何许可。”《曼哈顿》标志着艾伦和威利斯的合作达到了一个新高度：在成熟的摄影技巧上，他们又加入了在拍摄《安妮·霍尔》时所学到的简明风格——未经剪辑的长镜头，镜头不会推近或拉远以免破坏画面

《曼哈顿》是一部黑白片，这是艾伦和黛安·基顿合作的第 6 部电影。

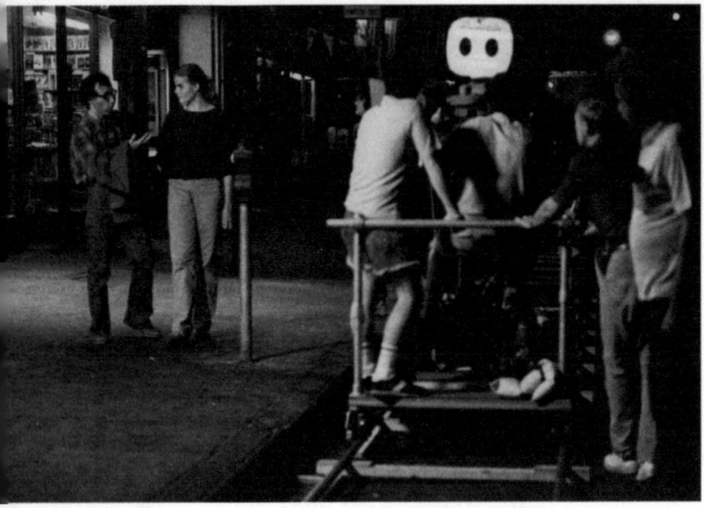

艾伦努力让16岁少女玛瑞尔·海明威放松下来，他的努力很快就收到了回报。

海明威的表演是片中的最佳表演之一，她还因此获得了奥斯卡奖的提名。

的流畅感；演员们有时会从镜头里消失，但仍继续着他们的对话，过了一段时间后再回到镜头里来。“我记得在拍摄《曼哈顿》时我们俩成为了镜头移动的大师。戈登和我总喜欢找个方法把演员从镜头前移开，然后又把他们移进来，总是这么来来去去……我们在拍其他电影时也使用了这种方法。”

在海顿天象馆拍摄时，威利斯说服艾伦只拍艾萨克（艾伦饰演）和玛丽（黛安·基顿饰演）简单、模糊的侧影。为了拍好他们两人坐在皇后区大桥底下的长凳上看日出的戏份，摄制组不得不在凌晨3点钟起床，还得带上他们自己的长凳。“大桥下面有两排路灯，由市政府控制亮灭的时间。”威利斯说道，“天亮的时候路灯就会熄灭。知道这个规律之后，我们和市政府协商让路灯一直开着。我们保证会告诉他们拍摄的时间，一旦拍摄结束，他们就可以把路灯关了。我经常会有预感——永远别相信这样的协商。总之，我找到了负责和市政府联系的制片人，用我最低沉的语气对他说：‘你知道我想让这两排路灯亮着，对吧？如果天亮的时候路灯熄灭了，你就死定了。’十分钟之后，两位主演坐在了长凳上，然后天亮了，一排路灯灭了。虽然在电影里这一幕看起来很棒，但其实只有一排路灯是亮着的。”

在看过了玛瑞尔·海明威在她的银幕处女作《朱唇劫》（*Lipstick*）中的精彩表演以及安迪·沃霍尔的《采访》杂志上的一篇文章之后，艾伦找到了这位年仅16岁的女演员，请她扮演剧中的崔西。

当时海明威对伍迪·艾伦一无所知，她只在爱达荷州当地的一家电影院看过《傻瓜大闹科学城》。然而，等到她来到艾伦在纽约的办公室试镜时，她已做足了功课。当时她紧张得直把头往剧本里塞，以至于艾伦根本看不到她的脸。“我那时确实只是个天真幼稚的小女孩，没有多少人生经验。我当时还没交过男朋友，所以当伍迪在片中扮演比我大很多的男朋友，还跟我大谈特谈性的时候，我真的一头雾水，这对我来

“说真的，这真是个伟大的城市。我不管别人怎么说，这个城市真的太棒了。”

说是个巨大的挑战。”最大的困难来自于她以前从没跟谁接吻过，所以她很害怕在中央公园的马车上和艾伦接吻的戏份，为此她担心了好几个星期，最后还忍不住向她母亲求救，“我怎么克服心理障碍呢？我该怎么做？”但是这个问题让她的母亲感到很尴尬，叫她不要大肆声张这件事。

海明威只好一个人坐在镜子前练习亲吻自己的手臂，想看看自己会有什么反应。拍摄的那一天还是来了，她发现艾伦使用了长镜头拍摄亲吻这一幕，所以她不必真的亲上去，这让她心中的石头落了下来。

艾伦带着她在城市里到处闲逛，带她去博物馆和美术馆参观，希望她和他一起工作时能更放松。“他知道，除非他对我很友好或是和我慢慢拉近距离，否则我很难入戏。”她说，“所以当拍到他和我在冷饮柜台边上分手的那幕戏时，那种感觉就像是和亲人分开一样，一种熟悉的分别之痛涌上心头，因为我确实很在乎他这个朋友。我哭得很真实，因为我当时就想着‘这段友谊要结束了’。我会很想念你。”

这部电影的结局是，在崔西正准备离开前往伦敦时，艾萨克突然发现她就是那个最适合他的人。艾伦从卓别林的《城市之光》中获取了这一结局的灵感：片中的盲人女孩最后终于重获光明，并发现是这个流浪汉（卓别林饰演）一路帮助着她。艾伦特别喜欢这一幕中卓别林害羞而又带点悲伤的笑容。“电影的最后一幕一直都没有改动过，”他说，“不过我差点就放弃了到耶鲁课堂上和他当面对质这个高潮部分。幸亏我最后还是拍了。”

当艾伦看到成片时，他很讨厌他所看到的，他还想把它买下来以阻止它上映。

在初稿中，艾萨克原本是和耶尔（迈克尔·墨菲饰演）在电话里发生了争执，但剧本的另一作者——马歇尔·布瑞克曼的妻子看到这一段后说："我们少了一段把问题讲清楚的戏份。"于是布瑞克曼催促艾伦再重写一幕，在这一幕中艾萨克和耶尔在满是人类与猩猩骨架的生物实验室中当面对质。

电影使用了格什温的音乐作配乐，但其中颇费了一番周折。本来开场音乐定的是班尼·柏瑞根的《我无法开始》(*I Can't Get Started*)，因为第一幕剧所在的伊莱恩餐馆总喜欢放这首曲子。然而，有一天艾伦忽然灵光一闪，他想要用一组蒙太奇开场——曼哈顿黎明的天空、帝国大厦模糊的剪影、无线电城音乐厅、百老汇巨幅霓虹灯广告、可口可乐标志、大雪覆盖下灯火通明的中央公园——结果他的剪辑师苏珊·摩斯说："我觉得只有《蓝色狂想曲》适合这一段。"最后，艾伦根据这首乐曲的节奏和韵律拍摄出了影片素材，尤其是最后艾萨克狂奔至翠西家的片段。摄制组绞尽脑汁也想不通艾伦为何苦苦收集那么多没有演员的城市镜头。"当你伴着音乐看这些画面时，你就会知道我想表达什么了。"艾伦说，"我想要几段观众可以陶醉于音乐之中的片段，很多时候我会放开手脚，尽量给格什温的音乐留出更多的展示空间。"

1979年4月14日，联美公司在第六大道的老米高梅大厦向导演的朋友们播放了这部电影，斯蒂文·巴赫为此专门从伦敦飞到了纽约。那之后他曾写道，这是他的联美

“由于某些原因，这部电影获得了不俗反响，在全世界都获得了成功。我跟其他人一样觉得很惊讶。”

“我觉得……它有一种神奇的相异性——一种令人惊叹的负能量。”在当代艺术博物馆参观时，艾萨克和玛丽打趣他们在古根海姆博物馆的第一次见面。

生涯中难得的两小时“纯享受时光”。影片结束后，他一言不发地向罗林斯和约菲点了点头，随后马上下楼来到冷清的第六大道上，为在片中所看到的“所有我想住在纽约的理由，所有我想拍电影的理由”而会心一笑。

然而，艾伦不知为何很讨厌这部片子，他甚至想要以免费帮他们再拍一部电影为代价将它从联美公司手里夺回来，从而阻止影片公映。“我当时对自己这么说：‘在我人生的这一时刻，如果这就是我能拍出的最好的电影，那么他们当初就不应该花钱雇我来拍。’”艾伦说道，“我希望能拍出一部比《安妮·霍尔》更加严肃的电影，一部有很多笑料的严肃电影。拍摄《曼哈顿》的时候，我自我感觉良好，觉得它确实比《安妮·霍尔》更进一步。然而，现在我觉得我能做得更好。当然如果我的电影能让哪怕一个人感到悲伤，那我也就觉得值了。”

《曼哈顿》于1979年4月25日正式公映，从《内心深处》开始形成的针对艾伦电影的强烈抵制和批评此时达到了巅峰。《纽约书评》(*New York Review of Books*)在当年的8月16日刊登出了琼·迪迪安(Joan Didion)所撰写的长文《来自曼哈顿的信》,文中写道:

"《安妮·霍尔》《内心深处》和《曼哈顿》中那股奇怪的、令人窒息的自尊感并不是绝大多数观众想在影院里看到的。说这几部电影的人物招人讨厌已经算是很高的评价了。他们不仅性格阴郁,还很没礼貌。他们会千里迢迢地走到一个高档餐厅,仅仅是为了问出一个又一个很难回答的问题:'你对崔西是认真的吗?'《曼哈顿》里耶尔这样问艾萨克。'你还对耶尔牵肠挂肚吗?'在片中艾萨克问玛丽。'我觉得自己还爱着耶尔。'后来她回答道。'你真的爱着他吗?'艾伦反驳道,'还是你只是自认为爱着他?'……伍迪·艾伦最近这几部电影中诸如此类的表演方式就像是在模仿高中生演戏一样。尽管《曼哈顿》《安妮·霍尔》和《内心深处》中的人物似乎都是处在黄金年龄、情感丰富的成年男女,但他们的思想和对话看起来却像是一群高中学霸在演一出成年人的奇幻话剧。"

对于这样颇为狭隘的批评,艾伦用四两拨千斤的方式给予了反击:"如果我的电影真是如此,为什么它们还能在巴黎,乃至布宜诺斯艾利斯取得成功?"

艾伦还需要解决一个更麻烦的问题——在片中他所扮演的42岁的中年人和一个十几岁的小姑娘产生了情愫,人们对此多少会有些疑虑。"除了艾伦以外,哪个四十多

梅里尔·斯普里特在片中扮演艾萨克的前妻吉尔。

岁的男人可以光明正大地把和小姑娘谈恋爱视作对真善美的追求？”宝琳·凯尔说。这部电影上映至今已有35年，人们心中的道德观发生了巨变。如果放在今天，艾伦就应该不会开玩笑地对马歇尔·布瑞克曼说：“我如果真的喜欢上了这个年轻的小姑娘，那不是很搞笑吗？”艾伦在片中扮演一个毫无威胁性的人物，观众确实觉得他挺搞笑的。他穿着T恤衫、牛仔裤和运动鞋，喜欢盯着路上的女孩子看，老带着他的儿子在镇上游荡——艾萨克看起来就像是刚成年，他和儿子走在一起时两人几乎一样高。和《安妮·霍尔》相比，《曼哈顿》中的幽默更加大胆，讽刺镜头也更加尖锐。片中艾伦不断拿黛安·基顿的艺术品味作笑料（“我觉得它有一种令人惊叹的负能量”），这是艾伦对理智主义最深刻的讽刺——至少在这里他实现了这么多年以来一直想要学会的鸡尾酒式的混合讽刺。但正如迪迪安所发现的那样，这部电影最终指向的是永恒的青春。《曼哈顿》中，艾萨克一上来就辞去了电视喜剧写手的工作（“欢迎来到人类世界——喔……”），然后随心所欲地混迹于曼哈顿街头，怒骂艺术、媒体和电影世界中的一切丑陋和虚假，就好像是成年的霍尔顿·考菲尔德。在不断的闲聊和谈话中，崔西出现了，和霍尔顿的妹妹菲比一样，她宽大的脸庞上满是纯真。然而，这也是艾伦不喜欢《曼哈顿》的地方：作为他的“麦田里的守望者”，《曼哈顿》并没有充分表现出霍尔顿的愤怒，它更像是一部画面精美的浪漫喜剧。

正如之前所介绍的，片子开头是一幅又一幅美丽的风景画，接着才进入真正的曼哈顿故事。本片剧情基本上是《呆头鹅》的翻版：艾伦又一次喜欢上了最好的朋友的女人（基顿饰演），只不过这一次是女朋友，而不是妻子，这对她来说可能更公平一些。由于怕生，艾伦所扮演的主人公逐渐陷入了不太正常的约会习惯中——他被困在了狭小的交际圈内部，只能约朋友以及朋友的女朋友。艾伦从未在他的电影中突然心血来潮想找个女孩约会，这一次同样如此——他一直等到玛丽和耶尔分手之后才出手，但实际上他们之间的暧昧早已有迹可循：两人会一起走一整晚的路，只为了去皇后区大桥底下看日出；一起冒雨来到天象馆，在土星美丽的光环下，表达彼此之间的情愫和由此产生的矛盾心理——这一幕既美好，又搞笑。戈登·威利斯的摄影巧妙挖掘出了在电影中使用仿英雄诗体（the mock-heroic mode）的可能性。每个观众都记得电影精美绝伦的片尾——烟火点亮了曼哈顿的天空，格什温的音乐缓缓升起，并在最后一片万家灯火之中再次燃放——但最令人印象深刻的还是贯穿全片的简洁构图：就像他在《安妮·霍尔》中所做的那样，威利斯把人影置于空白的美术馆墙壁上，或是空荡的走廊里，或完全把演员置于画面之外。影片中，演员在镜头外的对话就像是一首轻语呢喃的合唱曲，观众能听到他们最轻微的叹息声，而屏幕上却只有墙壁和走廊。这样的拍摄方式似乎把角色推到了更远的地方，但又像是在拉近和他们的距离——就像纽约这座城市，人与人之间总保持着距离，但整个城市却充满了浪漫气息。

这样的拍摄效果会有点惊悚：角色就像是迷宫中的老鼠，观众听得见却看不到。

他们的枕边细语飘荡在空气中，就像是鬼魂在谈话。这些镜头中的背景确实会说话，它们看起来比艾伦的喋喋不休更有余音绕梁的效果：那块长得像尤里克的骷髅头似乎在嘲笑艾萨克最后对耶尔说的那番话。片中，艾萨克的前妻（梅里尔·斯普里特饰演）在她的书中狠狠批评了艾萨克的自怨自艾："他容易发怒，富有犹太人特有的偏执。他有大男子主义倾向，总是自以为是地愤世嫉俗，并经常陷入难以自拔的绝望之中。他对自己的生活有万般怨言，却从不做任何改变。他渴望成为艺术家，却不愿意为此付出代价。在四下无人的时候，他会诉说自己对于死亡的恐惧，仿佛在演一出悲剧，但其实这只不过是他自恋的表现而已。"本片的戏剧性主要源自于下面的疑问：艾萨克要不要和某个和他一样既聪明又缺乏安全感的人在一起？或者还是应该去追逐某个年轻女孩子，看看会发生什么？影片最后，当玛丽抛下他回到了耶尔身边时，艾萨克终于走出了进退两难的困境，他开始了那场名留影史的狂奔——他似乎从未这样狂奔过，以至于不得不时不时停下来喘口气——最后赶在崔西准备动身去英国前来到了她家。接下来的这一段可能是艾伦荧幕生涯中的最佳片段，尽管一部分要归功于海明威的精彩表演——她的反应是如此动人，以至于她所表现出来的情绪就像是她本人的真情流露一般。还没来得及说话，她那宽大厚实的颧骨就已情不自禁地抖动起来。面对她，艾伦表现出了前所未有、在那之后也从未出现过的温柔。他恳求崔西不要走，他的声音十分温柔，脸上的表情透露出他已意识到失败在所难免，失恋的苦果正一步步向他靠近。当崔西告诉他"要有一点小小的信念"时，艾萨克脸上露出一丝痛苦的表情，他先是低头看了看，接着又环顾四周，好像疑惑着到哪才能找到这个小信念。这段表演可谓弥足珍贵。

本片上映之后，万人空巷，购票的队伍甚至延伸到了下一街区。安德鲁·瑞萨斯发表在《乡村之音》上的影评将这部电影称为"20 世纪 70 年代真正伟大的美国电影"。罗杰·埃伯特在《芝加哥太阳报》上形容这部电影为"有史以来的最佳摄影之一"。《时代周刊》影评人弗兰克·里奇称它为"曼哈顿时间和空间的精美肖像"，"几十年后人们可能会根据这部片子来研究我们到底是什么样的人"。《曼哈顿》最终斩获 4 千万美元票房，这是伍迪·艾伦至今所取得的最高票房成绩。然而，因为对片子有着诸多不满，艾伦趁在法国发行电影之际给自己放了个假，这是他职业生涯第一次度假。"你必须要理解，伍迪几乎总在质疑自己所做的事，"威利斯说，"这就是他的为人。"这也是艾伦下一部电影的主题。

“我喜欢这么想：100 年后，如果人们观看了这部电影，他们会了解到 20 世纪 70 年代这座城市的生活是什么样的。”

“好吧，生命的意义是什么？这是个很不错的问题。我猜某些东西会让它有意义。比如什么呢？好吧，对我来说，哦……一定要说一个的话，我会说是格劳乔·马克斯，还有威利·梅斯……”

“我不仅仅因为从前的记忆而热爱曼哈顿，我热爱每一部发生在纽约的电影，每一部以俯瞰纽约开始的电影。”

在上东区公寓的家中俯瞰中央公园。曼努埃尔·拜德玛纳斯摄于1979年。

(1980)

星尘往事

Stardust Memories

"这是一个有关萎靡的故事，主人公是一个心神不安、失魂落魄的萎靡男子。"艾伦这样评价他的《星尘往事》。"整部电影发生在一个接近崩溃的人的脑海里。他心烦意乱、满脑袋问题。每当想象所有那些黑暗的东西时，他会几乎昏厥过去。他对自己的死亡有一种可怕的敏锐感知。他正常地生活着，但生活对他来说毫无意义。"

艾伦本来并不喜欢类似于《桑迪·贝茨自传》这类主题的作品，但到了1979年，和桑迪一样，他厌倦了名利场，深知金钱和名誉不能收买他心中的魔鬼。他在第五大道买了两间顶层公寓，并用毕加索和德国表现主义画作将公寓装点得满满当当。他买了一辆劳斯莱斯，还买了尼克斯队的季票。他不再随身携带现金，需要用零钱的时候就找身边的朋友要；他开始越来越讨厌那些找他签名的人。拍摄《星尘往事》的灵感主要来源于1973年4月的一天。那天他来到了曼哈顿往北约一个小时车程的纽约塔里敦（Tarrytown），并在《纽约》杂志影评人朱迪斯·克莱斯特组织的周末电影研讨会上做演讲。整个会议期间，艾伦一直被索要签名的影迷们团团围住，他们不断让他读读这个，做做那个。一名耶鲁大学法学生还问他是否愿意来纽黑文做个模拟法庭上的空手道专家。

"我个人非常欣赏朱迪斯·克莱斯特，为了支持她的活动，我在会上已竭尽所能。我觉得可以拿这样的经历拍一部有趣的电影。"艾伦说。那天晚上，艾伦隔着房间墙壁听到了一对情侣在争论他的电影，其中那个女的一直在用一种极度夸张的犹太口音大声朗读他的短剧《死神来敲门》（*Death Knocks*）。有人提议帮他换个房间，但遭到拒绝，因为他很好奇他们会说些什么。这一经历后来被艾伦搬上了银幕——在这部充满了费里尼式奇幻片段的电影中，朱迪斯·克莱斯特也在某一段中露了脸。片中，联美高管安迪·阿尔贝克和艾伦的联合制片人杰克·罗林斯扮演两位批评桑迪电影的高层。夏洛特·兰普林在片中饰演多丽娅，这个角色被认为取材于艾伦的第二任妻子路易斯·拉塞尔。影片的暂定名称为"伍迪·艾伦的第四部"，这是因为艾伦自嘲拍不出"费里尼《八部半》的一半"。

“我们热爱你的作品。我的妻子看过你所有的电影。”“我尤其喜欢你早期的搞笑作品。”

在一个外地周末电影论坛上，疲倦的导演桑迪·贝茨（艾伦饰演）面对和他打招呼的影迷们。

在桑迪的公寓里，壁画照片被用于反映他最近的心情。在这段和前女友多丽娅（夏洛特·兰普林饰演）的快乐回忆中，墙上一直挂着格劳乔的照片。

在一次超现实主义户外集会中，桑迪向他有些神经质的粉丝黛西（杰西卡·哈珀饰演）展示自己的魔术技能。

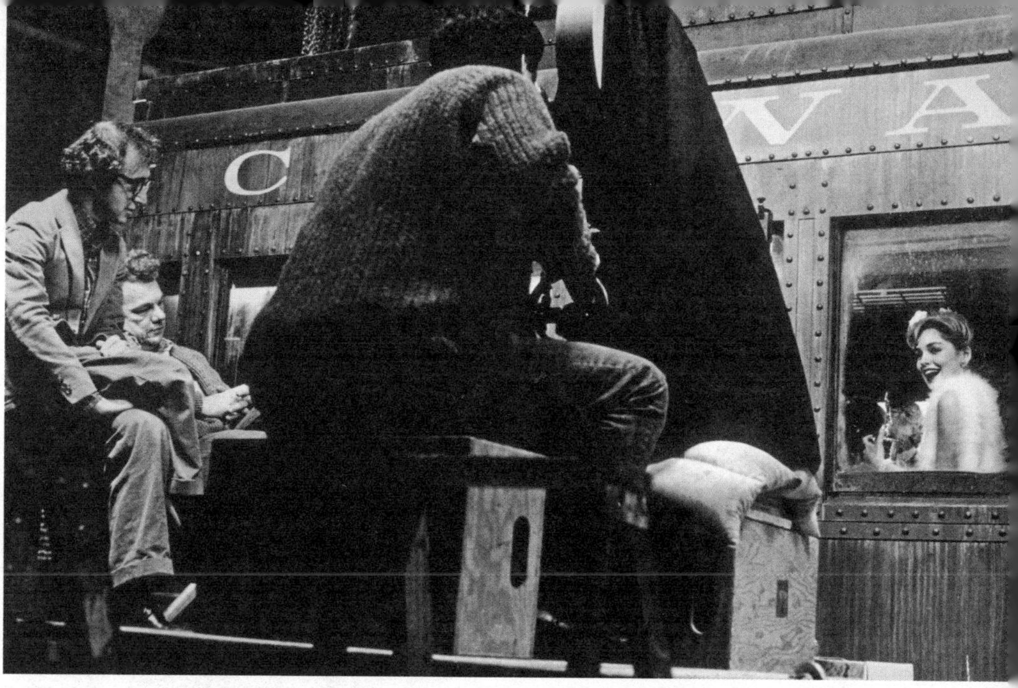

《星尘往事》是莎朗·斯通的银幕处女作，她在片中扮演一个美女，坐在和桑迪反方向而行的车厢中。

该片于 1979 年 9 月在新泽西州海洋镇的海洋格罗夫的度假村开拍，制作时间长达 6 个月。这是一个日渐衰败的度假区，有些房子因年久失修而坍圮变形，上面的油漆也逐渐剥落，最后整个地区成为了当地精神病人的疗养地。人们偶尔会见到这些精神病人在四处闲逛，药物治疗让他们显得很恍惚——这为片中桑迪·贝茨的精神崩溃营造了绝佳的氛围。

“刚开始拍摄《星尘往事》时，我觉得我们永远拍不好它。”该片艺术指导梅尔·伯恩说，“他（艾伦）只会坐着，然后说‘我觉得这样不行’，这时我就感觉自己的灵魂遭受了重重的一击。到最后这样的事情一定会让你十分沮丧。”艾伦和戈登·威利斯又一次携手合作，艾伦要求一定要使用正确的光线，所以摄制组有时会为了一个合适的天空而等待数周，演员和工作人员就会一起玩棍子球游戏或者打扑克。这样，到 11 月初他们就已经落后拍摄进度整整五周了。“这是一部非常难拍的电影，因为所有情节都是精心设计过的。”艾伦说道，“我们还需要经常重拍，再加上天气问题，总而言之它就是一部非常难拍的电影。”

成片出来后，连天性乐观的查尔斯·约菲都有些担心了。“从首映会上出来之后，我发现自己对片中的一切都感到很疑惑。”他说，“我很担心，在过去的 20 年中我是否加重了这个男人的不开心。我和我的前妻以及孩子们就这一问题交换了看法，后来我又和伍迪长谈了数小时。他问我：‘我真的和电影的主人公一样吗？’”《星尘往事》再一次受到了影评家们的猛烈批评，他们认为片中所表现出来的忘恩负义令人难以接受——伍迪竟然对名誉所带来的各种麻烦报以如此喋喋不休的抱怨！安德鲁·萨瑞斯在《乡村之音》上著文称“该片被艾伦希望躲避所有崇拜者的受虐倾向所左右”。宝琳·凯尔在《纽约客》上称之为“一次可怕的背叛……一种变质的乡愁。如果艾伦觉得成功是那么痛苦的话，《星尘往事》将有助于他找回安宁。”艾伦厌倦了不断为这

夏洛特·兰普林在片中饰演多丽娅，她是桑迪死去的前女友，她的亡魂一直缠着桑迪。

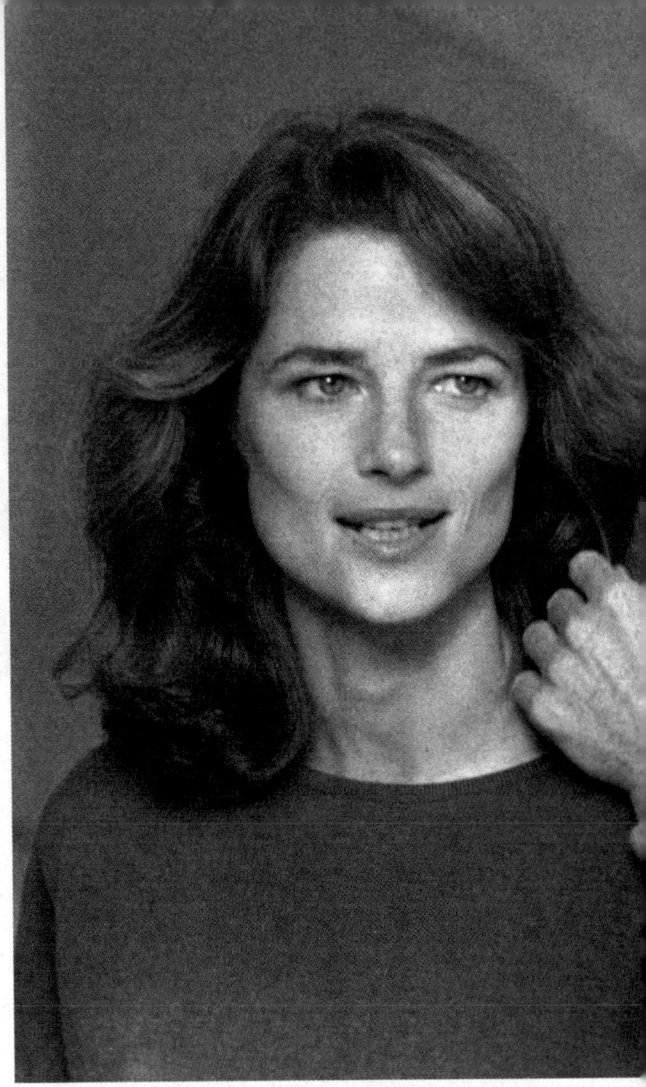

部片子辩护，到最后他只好投降了："或许它只对我一个人有用。"

《星尘往事》是了解《安妮·霍尔》初剪版本的最佳途径吗？之所以这样问，是因为这里面有关于一个无法体验快乐的男人的意识流，一个再也不想搞笑的喜剧演员，关于失恋的回忆——这一次是和夏洛特·兰普林——以及他在布鲁克林的童年记忆。它就像是《安妮·霍尔》邪恶的孪生姐妹——一个满腹牢骚的怨灵。影片在监狱里结束，这也是艾伦当年希望在《安妮·霍尔》中实现的。"我再也不想拍喜剧电影了。"桑迪抱怨道。为了暂时逃离和制片厂大佬们无止境的争论，他来到一个日渐衰落的度假小镇上参加自己的电影回顾展，在那里桑迪反复思考着那个同样困扰艾萨克（《曼哈顿》男主角）的价值6.4万美元的问题：他应不应该继续和那些漂亮、幽默而又有些神经质的女人约会呢？当桑迪在码头的电话亭里给自己的心理医生打电话时，他发现那个神经质的漂亮女粉丝黛西（杰西卡·哈勃饰演）正好也在他对面的电话亭里打电话，这幕美丽的邂逅和《蓝胡子的第八任妻子》（*Bluebeard's Eighth Wife*）中的一幕如出一辙：贾利·古和克劳黛·考尔白分别买了同款睡衣的上下各一半。

或者他应该和有母性气息的伊莎贝尔（玛丽·克里斯汀·巴洛饰演）在一起？他曾和情感两极化的多丽娅有过一段痛苦的回忆，但这也无法帮助他摆脱对这一类人的喜欢。片中有一段特写专门展示了兰普林从开心到歇斯底里再到恢复开心的情绪波动，这是全片的亮点之一。然而她只不过是前女友的亡魂而已。没有人能像《安妮·霍尔》中的黛安·基顿那样拯救艾伦，或是挑战他。因此，本片成为了艾伦最混乱的一部电影。每次在公众场合现身时，桑迪总会被团团围住，一大波问题向他蜂拥而来。"我能占用你十分钟的时间吗？我现在在写一篇关于社会名流们是如何冷漠的文章。"一名记者提问。"你能跟我说一遍'菲利斯·温斯坦，你这个没有信用、谎话连篇的婊子'吗？"一位名人签名收集爱好者问道。人们对桑迪的各种要求和提问所形成的嗡嗡声贯

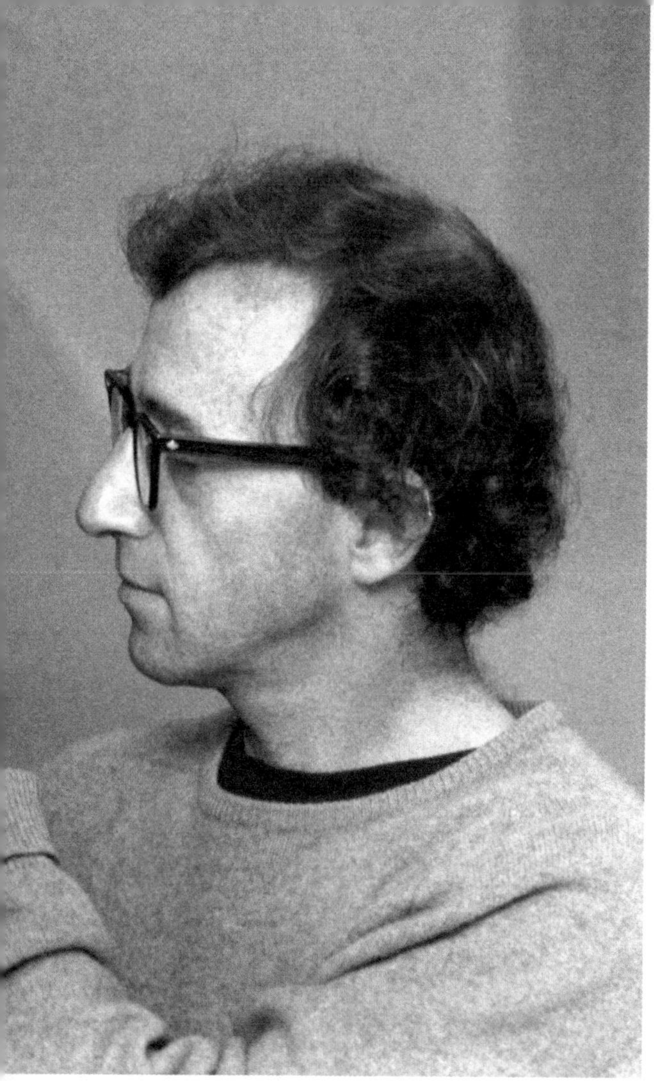

"她是如此的漂亮、性感和有趣。她还有点神经质，很有意思的那种。"

——伍迪·艾伦评价夏洛特·兰普林

穿了全片始终，就像是一群海鸥不断在头上呱呱叫一样。

许多类似的情节都会让我们警醒。相对于我们来说，解构名人这一想法给《星尘往事》的观众们所带来的震撼更加强烈。喜剧演员们卸下面具对我们来说已是司空见惯，比如《富贵逼人来》(*Being There*)中的彼得·塞勒斯、《喜剧之王》(*The King of Comedy*)中的杰瑞·刘易斯；况且我们还是看《拉里·桑德斯秀》、拉里·戴维和电视真人秀长大的孩子。以今天的眼光来看，这部电影的问题并不在于艾伦对于自己所获得的名誉毫不领情，而是他的态度还不够坚决——他没有表达愤怒的勇气。艾伦抱怨我们的笑声给他带来了沉重的压力，但他同时还有一部分专门用来表达不满的笑话——"你无法控制生活。你只能控制艺术，还有手淫。在这两个领域里我是绝对的大师。""对你而言，我是一个无神论者；但在上帝面前，我是他忠诚的反对者。"好吧，面对这样的笑话，我们该不该笑呢？

《星尘往事》是部令人困惑的电影，艾伦在片中一系列自欺欺人的行为更让我们觉得有些没头没脑。实际上，抛开《风流绅士》不谈，艾伦极少遇见过桑迪在片中所抱怨的制片公司里市侩的门外汉管理者（联美公司甚至让他拍摄了《内心深处》！）。他在电影制作流程中所拥有的话语权已经成为了好莱坞圈子里的传说。唯一一个逼着伍迪·艾伦在他职业生涯里不断前进、追求成功的人只有他自己。《星尘往事》中的情节并非源自于他的批评者或是观众，而是他自己——一个取悦大众的演员，一名力争上游的艺术家。在艾伦承认了这一点之后，故事的结局马上就得以改写，他带来了一部与名声有关且更加成功的电影——《变色龙》。《星尘往事》为《变色龙》指明了方向，但对于喜剧这门艺术来说，它并未起到任何积极的作用。它更像是一个小孩用一种含糊不清、半开玩笑的方式威胁他的父母，而他的父母感受到了冒犯，最后生气了。

（1982）

仲夏夜绮梦

A Midsummer Night's Sex Comedy

“我自认为是一个享有极大特权的人。我独立工作，不需要向任何人汇报。如果我突然想出一个有趣的电影雏形，我会马上开始编写剧本。如果我某一幕拍得不好，我会重拍一次，不必和任何人多费口舌。”

米亚·法罗和伍迪·艾伦因共同拍摄《星尘往事》而结识。他们之前曾在加利福尼亚的一次聚会上有过简短的交流，那之后她还写了封信给艾伦，表达自己对《曼哈顿》的喜爱之情；而艾伦在回信中礼貌地向她表示了感谢。直到1979年法罗与安东尼·博金斯联袂出演伯纳德·斯莱德的舞台剧《浪漫喜剧》（*Romantic Comedy*）时，他们俩才进一步熟识。那时法罗34岁，一年前刚和她的前夫安德烈·普列文离婚。某天晚上演出结束之后，在伊莱恩餐厅，法罗的老朋友迈克尔·凯恩和他的妻子将她介绍给了艾伦。艾伦那天坐在老位置上；凯恩看到他之后停下来和他打招呼，并介绍了法罗。

“我能举出无数她和我不同的地方。”艾伦曾向《纽约时报》记者说，“她不喜欢大城市，但我很喜欢；她喜欢乡村，但我不喜欢；她对体育运动没有任何兴趣，但我热爱运动。她喜欢待在家里吃晚饭，还吃得特别早——大概在5点半，而我喜欢出去吃，而且还吃得很晚；她喜欢简单、低调的餐厅，而我喜欢富丽堂皇的；她不能开着空调睡觉，我就可以；她喜欢小动物，我很讨厌小动物；她喜欢纽约的西半边，我正好相反。她抚养了九个孩子，他们现在个个身强体壮，从没得什么毛病，而我每过两小时就得量下体温。”

“我想为乡村做点事，就像我在《曼哈顿》中为纽约所做的那样。” 尽管“和大自然八字不合”，但艾伦仍将他下一部电影的取景地放在了哈德逊谷的乡村之中。

“一位非常喜欢我作品的影评家说，这是我拍摄的唯一一部无关紧要的电影。”

在炎热、潮湿的夏季拍摄过程中，艾伦躲在蚊帐后面对付蚊虫的侵扰。

《仲夏夜绮梦》是他们两人合作的第一部作品。艾伦在等待《变色龙》预算审批结果的两个星期里写出了本片的剧本。他最初想用平衡的方式把它写成一个严肃的故事——“一部和《内心深处》风格类似的契诃夫式的严肃电影”。然而故事越写越像是一部小巧精致的春闺闹剧——由捕虫网、羽毛球场和欢声笑语所组成的一部小型幕间剧。“我想为乡村做点事，就像我在《曼哈顿》中为纽约所做的那样。”他说，“我们想在乡下最美丽的时候拍摄这部电影。我们尽可能地把它拍得漂亮，每一幕都必须好看。我们要确保镜头中的光线永远是最美的，太阳一定要在正确的位置。”

当然，艾伦还是很讨厌乡下，他曾说过“我和大自然八字不合”。影片于 1981 年夏天在离纽约 40 分钟车程的洛克菲勒庄园开拍，当地天气又热又闷，使人容易动怒。这是法罗第一次和她的新恋人合作，那之后她曾说：“我完全不知道要如何塑造我的角色，我也不知道他们在干吗，这种无力感真的让我很头疼。作为导演的伍迪对我而言像是完全变了一个人。他变得非常严厉，使得我由担忧变成了恐惧。我并不是个艺术家，我只是那个最笨拙、最装模作样的演员。”除了法罗的话以外，还有许多其他迹象证明艾伦这一次对演员们特别严厉。他让何塞·费勒也感到有些难以忍受，“这不是我的表演方式！”在为某个镜头连续拍了 15 次之后，费勒终于忍不住从椅子上跳了起来，咆哮道：“我现在做不到！你把我推进了恐惧之中你知道吗？”电影拍到一半时，法罗得了胃溃疡，她不得不每天服用四次胃药。到了夏末，为了保持夏天的视觉效果他们把出现在镜头中的树叶油漆成绿色——这一行为很好地暗示了 1982 年 7 月 16 日电影公映时影评家们对这部电影的裁定。

罗杰·埃伯特在《芝加哥太阳时报》撰文称：“这部电影是如此的低调、温馨，节奏是如此的随意和轻快，以至于有些时候你会开心地沉浸其中，而忘了这是部电影。”宝琳·凯尔也发现了这部电影的独特之处，她在《纽约客》上写道：“你能感觉到，伍迪·艾伦并不是因为任何其他的压力才拍了这部片子——也不是因为他能从拍电影中找到乐趣。”“如果你并不是以幽默有趣的眼光审视这个世界，但却不断地写作、导演、出演喜剧，恭喜你，你会冒出一些奇思妙想——这就是伍迪·艾伦在《仲夏夜绮梦》中所得到的。”

在纽约北部，六名处于不同恋爱状态、有着各自性困惑的主角坐马车和汽车汇集到了一名疯狂发明家的避暑别墅中。发明家名叫安德鲁（艾伦饰演），他有个冷若冰霜的妻子阿德里安（玛丽·斯汀伯格饰演），她以头疼为由拒绝艾伦的肌肤之亲已达六个月之久。第一个抵达的是安德鲁最好的朋友麦克斯韦（托尼·罗伯特饰演），他是一个好色的医生，他带来了情人达尔西（朱丽·哈基提饰演），她是一名有性瘾倾向的年轻女护士。接着是阿德里安的表哥利奥波特（何塞·费勒饰演），他是一名喜欢夸夸其谈的浮夸学者，利奥波特带来了年轻的未婚妻，美丽的阿里尔（米亚·法罗饰演），她认为听利奥波特卖弄学问掉书袋是抑制自己强烈性欲的唯一方法。利奥波特计划等两人结婚后就带阿里尔去伦敦拜访“托马斯·克莱尔的坟墓”。该片的剧情设定十分简单，总共只有两条原则：一是在抵达的当晚，每个角色都一定要喜欢上另一个不是和他一起来的人；二是须让观众注意到这当中的不同。

这是艾伦第一次尝试拍摄有多名主演的电影，因此片中的角色总有些相似。每个女主角都是穿着塔夫绸、说话轻声细语、身材纤瘦的色情狂，每个男主角都或多或少有些好色。法罗实际上并不适合扮演她在片中的角色，因为这个角色本来是为黛安·基顿设计的，只不过基顿那时正在拍摄《烽火赤焰万里情》（*Reds*），于是艾伦才找到了法罗。艾伦并没看出她的说话方式及韵律和《安妮·霍尔》中的基顿有任何相似之处。

她在片中要扮演一个拉斐尔前派[1]风格的森林女神，镜头中的她顶着光晕，总是羞怯地凝视着别人，这样的角色似乎和法罗本人十分相似。然而，片中的阿里尔有着极强的性欲，虽然她看起来像是个连吃一份沃尔多夫沙拉都困难的女孩子，但实际上她恨不能睡遍芝加哥白袜队的每个队员。“你不得不承认，我并不是你眼中那个畏缩、胆小、羞怯的小处女。”她对安德鲁说。但实际上，她巴不得能扮演这样一个处女。

如果说这部电影中曾出现过莎士比亚风格的仲夏夜疯狂的话，那一定要归功于何塞·费勒。他所扮演的利奥波特总是在插科打诨，你能从他口中听到所有你想要的胡吹海侃。从任何一个角度来说，这部电影对于艾伦都是一次回归。如果说《内心深处》代表了艾伦想避开因《安妮·霍尔》而蜂拥而来的观众，《星尘往事》是他走出影评家们所设立的审判室的最后一步，那么《仲夏夜绮梦》则将他带回了最初那间公寓里。和他接下来连续拍摄的三部电影《变色龙》《丹尼玫瑰》《开罗紫玫瑰》一样，艾伦在拍摄这部电影时收起了尖牙利嘴，改变了狂野的叙事风格，转而开始追求宜人的视觉色彩、经典的原声音乐以及和莎士比亚的《仲夏夜之梦》（*A Midsummer Night's Dream*）、英格玛·伯格曼的《夏夜的微笑》（*Smiles of a Summer Night*）、让·雷诺阿的《游戏规则》（*La Règle du Jeu*）形成共鸣——这些都是艾伦在电影中最喜欢使用的“润滑剂”。片中没有一处打破画面美感的粗野笑声，取而代之的是抿嘴一笑，再加上夏日盛会里的嬉戏和飞驰的自行车，这部电影显得如此轻柔与梦幻，就像是一颗蒲公英的种子，轻轻一吹便飞走了。

---

1 拉斐尔前派（Pre-Raphaelite Brotherhood），又常被译为前拉斐尔派，是1848年在英国兴起的美术改革运动。拉斐尔前派的作品基本上以写实的传统风格为主，画风审慎而细致，用色较清新。

六个构造故事情节的主角：阿德里安（玛丽·斯汀伯格饰演）、达尔西（朱丽·哈基提饰演）、阿里尔（米亚·法罗饰演）、麦克斯韦（托尼·罗伯特饰演）、利奥波特（何塞·费勒饰演）、安德鲁（艾伦饰演）。

（1983）

变色龙

Zelig

《变色龙》[1]的创作来源是一篇短篇故事，作者打算做一次角色研究，对象是一位对任何人任何事——比如大家都爱看什么电影，大家都爱读什么书——均表示赞同的人。“从最根本的层面上来讲，正是基于被喜爱的需要，你才会说喜欢某部电影或某个节目，或者说自己阅读过《白鲸记》来迎合你身边的人——事实上，你根本没读过。”艾伦说，“我认为，不惹是生非的愿望，若被推向极端，则会产生创伤性后果。它会导致从众心理，最终甚至演变为法西斯主义。这便是我采用纪录片这一形式的原因：大家对这一角色的私人生活不感兴趣，他们更感兴趣的是这一现象是如何与文化相关的。否则，这将仅仅是一个神经病患者的悲伤故事。”

换句话说，主人公雷纳德·西力（伍迪·艾伦饰）没有私人生活，这就使得创作过程尤为艰巨。起初，艾伦将电影的背景设定为现代，西力在美国公共广播公司位于纽约的电视台 WNET 工作。当时，艾伦的朋友迪克·卡维特正为美国家庭影院频道主持一系列历史特别节目，通过遮幕摄影技术，卡维特可以被加入到资料影片中。被遮幕摄影的技术所吸引，艾伦萌生了一个想法：利用故事、新闻影片、静态照片及采访资料来制作一部伪纪录片——同之前的《傻瓜入狱记》一样。他整理了很多 20 世纪 20 年代的视频素材，包括纳粹集会、运动中的巴比·鲁斯[2]、关于弗朗西斯·斯科特·菲茨杰拉德唯一现存的影片——该影片多数源自家庭相册及电影档案（如贝德曼图片资料馆）。“这个过程可真是苦不堪言，”艾伦说，“不过拍摄起来却容易得多。”

他们使用 20 世纪 20 年代的镜头、摄像、灯光及音响设备，在纽约各处的摄影棚里拍摄。“在我们拍的所有电影中，这部电影的拍摄氛围最让人感到轻松自在。”米亚·法罗说道。她在影片中饰演心理医师尤多拉·弗莱彻，在为西力疗养的期间与他相爱，那间疗养的房间正是当初他们两人拍摄《仲夏夜绮梦》的地方。剧中其他角色——西

1 其他译名：《西力传》、《泽里格》。

2 巴比·鲁斯（1895–1948），美国职业棒球选手。

“终极从众者”。
雷纳德·西力与重量级拳击传奇人物杰克·登普西的宣传照。

制作《变色龙》的过程非常痛苦，包括将演员的镜头精确地融入上世纪 20 年代的新闻影片中，如：当时纽约街道的场景（下图）和查尔斯·林德伯格[3]抛彩带列队欢迎的场面（右图）。

力的家人、朋友、同事几乎都由非专业的演员饰演，以还原 1920 年左右人们接受采访时的真实感。艾伦还给葛丽泰·嘉宝[4]写过信，但未得到回复。而贝蒂娃娃[5]的配音者梅·奎斯特尔提供了海伦·凯恩[6]演唱《漂泊的日子》的音频。艾伦还邀请索尔·贝娄[7]为西力的存在提供一份哲学性阐释，贝娄首先更正了艾伦的语法错误后才答应了他的请求——“我改一下这个，没问题的吧？因为这在语法上是不正确的。”

他们在 12 周内就完成了拍摄，但是后期制作却花了一年的时间，因为电影摄影师戈登·威利斯与视觉效果团队要将不同类型、不同年代、不同质量的电影片段整合到一起，这是项艰巨的任务。“你想象不到我们收集了多少电影片段。”威利斯说道。其中最大的挑战是找到与

---

3 查尔斯·林德伯格（1902–1974），美国飞行员与社会活动家，首个进行单人不着陆跨大西洋飞行的人。

4 葛丽泰·嘉宝：美国著名演员，主要作品有：《安娜·克里斯蒂》《茶花女》《安娜·卡列尼娜》《妮诺奇嘉》等。三次获得奥斯卡最佳女主角提名，1955 年获得第 27 届奥斯卡终身成就荣誉奖，1999 年美国电影学会将她选为“百年来最伟大的女演员”第五名。

5 贝蒂娃娃：于 1930 年面世，设计者为美国纽约费雪兄弟工作室。1930 年 –1939 年，贝蒂娃娃于多部受欢迎的卡通片集里演出，20 世纪 80 年代，贝蒂娃娃再度兴起，被制成包包、文具等各种衍生品。

6 海伦·凯恩（1903–1966），美国演员、布景师。

7 索尔·贝娄（1915–2005），美国作家。

主题契合，并有足够空间供艾伦使用的镜头。“那些镜头通常都很密集，”剪辑师苏珊·莫尔斯说，“我们需要足够的空间，需要合理的理由将艾伦插进去，还必须确认没有人在他前面走动。”接着，新的镜头还必须经过特殊处理，以使其看上去有年代感而能与旧镜头匹配。他们在底片里加上刮痕，弄皱卷轴，并使其曝光过度，运用各种方法使它看上去像是20世纪二三十年代那种粗糙而过度饱和的镜头。威尔斯甚至将暴露的底片用水冲洗，并在上面踩踏。“曾经有某个时刻，我认为我们根本不可能完成这个任务，我整个人都要疯掉了，”他说，“我从来没有如此费劲地让某些复杂的事物看上去如此简单过。”

“有一天，伍迪对我说，‘你觉得我们是不是走得太远了？’当时，我认为确实如此。

让电影在视觉上和情感上保持平衡是件非常困难的事情。它必须看上去合理，还必须具有娱乐性以迎合观众的需求。我们常常纠结于某个特定的镜头而忘记了考虑它应如何在整个影片中呈现，这一点是危险的。但是，当你意识到自己忽略了这一点，也就意味着你已经后退了一步，开始重新审视这个问题了。”

初次剪辑仅花了 45 分钟。艾伦又拍摄了一些额外的场景，添加了更多的档案镜头。剩下的就是为影片命名。艾伦为影片名绞尽了脑汁——《像变色龙一样的人》《变化的人》《猫的睡衣》《行家里手》以及《身份危机及其与人格障碍的关系》。最后，用艾伦的话说，“在晚餐桌上，我与朋友们举行了一次标题比赛。”“我们一一否决了大家的提议，唯一乐趣就是听下一个人怎么命名，这次比赛一无所获。最终，我将一些片名拍进影片，当我看到第二个出现的‘Zelig’时，我知道就是它了。”

《变色龙》是艾伦的代表作之一：独一无二的喜剧幻想以及华美的表现手法，将观众带入真正的悲伤，却很少叙述其潜在的丰富含义。“伍迪·艾伦在这里用到了卓别林式尖锐的表现手法。”宝琳·凯尔说道。基于同样的原因，在疗养期间西力除了与弗莱彻说话之外，他如不存在般悄无声息。在艾伦所有致敬及模仿查理·卓别林、巴斯特·基顿、哈罗德·劳埃德[8]的创作中，西力是最成功的一个人物——他是沉默的鬼魂，他从不抱怨，只会模仿和取悦他人。最纯粹的被动式表达使得这一角色成为了一个滑稽人物。虽然《变色龙》不像《那个时代》一样采用显而易见的自传式描述，但它在很多方面都像极了艾伦的自画像。

同艾伦的父母一样，西力的父母也处于无休无止的冲突中。在这种环境里，他们的儿子朝着相反的方向成长，“极端孤僻”“没有礼貌、没有主见”，近乎病态地取悦他人，极度渴望被爱以及“安全感”。他的各种化身——中国人、歹徒、黑人，让他频频上报。接着，西力进入医院接受弗莱彻医生（法罗饰）的治疗，在那里，“他经历了剧烈的情绪变化，数日内不再在墙壁上窜上窜下”。这有点像卡夫卡《变形记》里可怜的格里高尔，他“只在地板、墙壁以及房间的天花板活动”。虽然西力短暂的模仿不像格里高尔的变形那样永久，但表达出了同样的讽刺意味。艾伦创造的角色中，西力可能是吸引了最多学术性阅读的人物，这可以参见艾瑞斯·布鲁斯那篇著名的文章《伍迪·艾伦与弗朗茨·卡夫卡作品中人类的神秘疾病》（*Mysterious Illnesses of Human Commodities in Woody Allen and Franz Kafka*）。文章中将西力看作是卡夫卡创造出来的人物，离散的犹太人渴望被同化的代表，大熔炉中美国人的代表。

《变色龙》常常受到学院派的关注。艾伦似乎早已预料到这部作品中有着某种东西能够吸引学术界的关注，因为潜在的研究者不得不跟随索尔·贝娄、布鲁诺·贝特尔海姆[9]、苏珊·桑塔格[10]身后。这三人都曾出现在影片中，分别对西力进行了解读。“我个人认为可将其视为终极从众者。”贝特尔海姆说。的确，西力生来就是时代精神的反光镜，他反射出了当时的整个文化，

8 哈罗德·劳埃德：1893 年 4 月 20 日出生于美国，是一个演员，同时也是导演和电影制片人。其电影多为滑稽戏，跟查理·卓别林一起共享盛誉。

9 布鲁诺·贝特尔海姆（1903–1990），美国心理学家。

10 苏珊·桑塔格（1933–2004），美国文学家、艺术评论家。

“若我不在那边，他们便自行开始。”被困于纽约北部，作为尤多拉·弗莱彻医生（米亚·法罗饰）的研究对象，西力深信自己也是名学术研究者，需回归城市教授他的课程。

与卡尔文·柯立芝、赫伯特·胡佛两位前美国总统合影。

“通过三年不断的技术试验才完成这项艰巨的任务。”

尽管艾伦秉持着不让这部电影落入一家之言，只是提供一个公正的警告的原则，以便自由自在、不可捉摸的西力能为大家提供各种解读的可能性。今天看来，最让人关注的是人们对于影片自身的巧妙无动于衷，而热衷于挖掘其中哀婉的爱情故事。“或许是他的无助感动了我。”弗莱彻医生温情而又充满母爱地说道。这一片段是为法罗量身打造的。“她不像戴安·基顿一样挑战他（艾伦），”凯尔写道，“她让他免于压力，因此他能想出清新美妙的场景，比如：在催眠状态下，西力低语道，‘我爱你，’继而转为轻声抱怨，‘你的厨艺实在太烂了……那些馅饼太难吃了……我爱你，我想好好照顾你……拜托不要再做馅饼啦！’……”

《变色龙》是艾伦所有剧本中最具有预见性的。雷纳德·西力是整个 20 世纪的替罪羊，正如T·S·艾略特笔下的普鲁夫洛克以及约翰·列侬创作的漂泊者。没有他，甚至都不会出现“阿甘”这一经典形象。艾伦对美国公共生活之形成的感知准确无误，正如片头处，西力被群众视为爵士时代的名人而受追捧，转而又被诽谤和控诉“重婚、通奸、制造车祸、剽窃、渎职、损害他人财产罪以及执行不必要的拔牙”等罪行。这一切都发生在他开始林德伯格式的大胆行动——驾驶着飞机去击打纳粹组织，进行自我救赎之前。说西力就是艾伦未免过于狭隘，但是这一角色唤醒了潜藏在所有剧作家内心的变色龙特性——与同情心只一步之遥的狡诈投机主义使他们侵入到他人的头脑与心灵。对那些想要观看《变色龙》的人来说，该影片精确地预测了艾伦自身职业生涯的轨迹。在接下来的几年里，他也被诽谤犯有通奸罪。更加糟糕的是，这一切发生时，他还没有回归到能取悦大众的娱乐形式——他第一次觉得这种娱乐形式也蛮有意思。

被称为“人类变色龙”。开始时，西力的妹妹把他关在笼子里各地巡演，不久他便成为全国关注的焦点。

“我为文化人拍电影。我不得不假设这个世界上有数百万接受过教育、有文化的人，他们想要的是高级娱乐，而不是迎合所有人的低级娱乐或是满屏的汽车碰撞和浴室笑话。”

(1984)

丹尼玫瑰
Broadway Danny Rose

在卡内基熟食店午餐期间，一群百老汇喜剧演员和制作人（包括艾伦的合作制作人杰克・罗林斯，左图右一）在讨论倒霉的天才经纪人丹尼•罗斯（艾伦饰演，右图）的故事。

在纽约，情侣们最喜欢的消遣方式之一是找寻身边古怪而又令人难忘的人物。伍迪・艾伦与米亚・法罗在拉奥[1]就餐，他们被一个人逗得笑个不停，这人便是餐馆老板的儿媳妇。她顶着高耸而蓬松的发型，脚踩细高跟，戴着深色眼镜，嘴角叼着晃动的香烟，带着不合时宜的幽默感。“哇，我想有机会饰演一下那种女人。”某天晚上法罗坦言道。

这便是《丹尼玫瑰》的萌芽。《丹尼玫瑰》是艾伦的第 12 部电影，讲述的是一位没有前途的演员变为满怀希望的经纪人的故事。这个故事将艾伦带回到 20 世纪 50 年代他刚刚接触演艺事业的时期——当时，他和杰克・罗林斯以及查尔斯・约菲穷得仅能维持日常三餐，他们常常到百老汇和第七大道附近的熟食店相聚。喜剧演员坐一桌，另一桌是他们的经纪人，第三桌是制作人，他们聚在一起，在数小时里交换着各自的故事。剧中丹尼・罗斯用三个词来形容自己对表演的定义：“明星、微笑、坚定”。这一桥段来自于某个晚上艾伦在卡内基熟食店所听到的一位喜剧演员的分享，而丹尼尝试取景的地点——位于卡茨基尔山的威斯坦皇家别墅——正是艾伦第一次作为青年魔术师表演的地方。

1　位于东哈莱姆区第一一四街道的一间小型意大利餐馆。

“我对电影背景非常了解，”艾伦说，“促使我制作这部电影的原因有两个。第一，米亚希望扮演拉奥女士，即安妮·拉奥，我们知道她始终会在餐馆出现。第二，我自己想要扮演一个不同的角色，不再是有文化而又神经质的纽约人。我想我可以扮演一次下层阶级的人。事实上，我来自布鲁克林大街。我没受过高等教育——我的意思是我在大学一年级的时候就被学校赶了出来……虽说我不是恶棍，但我更像是那个世界的人。比起集中精神阅读俄罗斯小说，我更属于坐在家中、怀揣啤酒看着电视球赛的那类人。换句话说，多年来，我阅读过很多书籍以满足我的工作需求，事实上我的内心却向往着棒球场。”

再一次找到戈登·威利斯，艾伦说：“我想把它拍成黑白片。”

“我非常赞成。”威利斯说。

他们为影片中的歌手角色面试了大量的候选人，曾考虑过丹尼·艾洛，甚至还考虑过罗伯特·德尼罗[2]以及西尔维斯特·史泰龙。艾伦的选角指导朱丽叶·泰勒有点孤注一掷的意味，她大批浏览着百老汇里的伤感音乐唱片，有一天，碰巧拿起一张名为《我可以依赖你吗》（*Can I Depend on You*）的专辑，作者是一名个叫尼克·阿波罗·福

2 美国演员、导演、制作人.

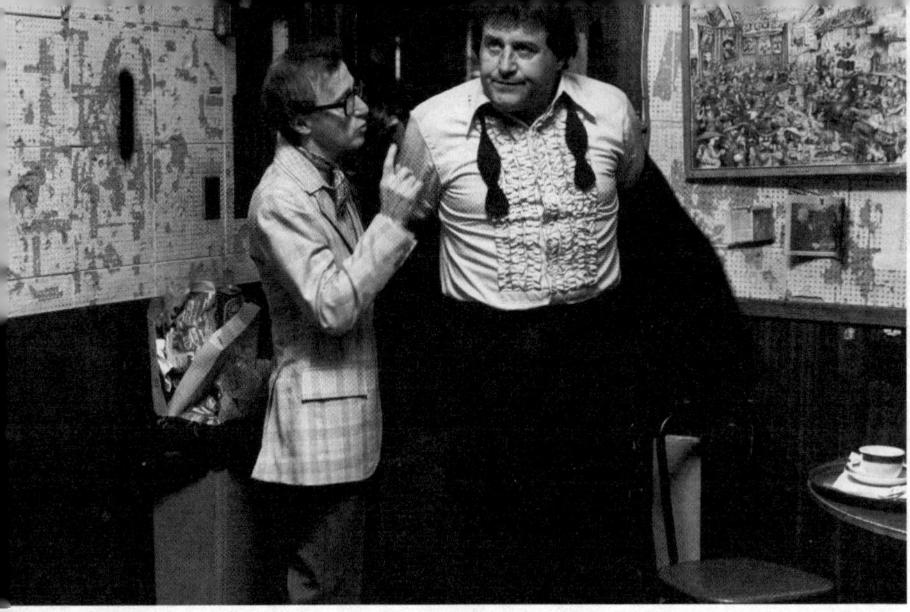

"你还记得那三个词语吗？"艾伦戏里戏外都在给饰演卢·卡诺瓦的新手演员尼克·阿波罗·福特做指导。

特的人。这位意大利裔美国低音男歌手45岁左右，脸上有着酒窝，不仅在酒吧演奏钢琴还兼职捕鱼。"就好像他一直在等待着这个机会，"泰勒说道，"他来自康涅狄格州，一直在这些小俱乐部里工作。他的试镜很出色。后来我列出了最终名单，其中有一些非常著名的演员，比如杰瑞·威尔。我将他们的试镜磁带给黛安·基顿看，她是我在这方面的指路者之一，她说'这个家伙（尼克·阿波罗·福特）最好'，而我也表示赞同。"

1982年秋天，拍摄开始，然而，福特在表演上出现了问题，艾伦不得不对这位歌手进行表演方面的指导——甚至包括过马路这么简单的表演。同时，法罗进了城去找寻饰演蒂娜·维塔莱的灵感。她发现这个角色是安妮·拉奥与汉尼[3]的混合体。为了增重10磅，她每天都喝奶昔；表演时她压着声音说话；反复观看《愤怒的公牛》（*Raging Bull*）；数小时与布鲁克林的妇女交谈并录音，以习得正确的口音。"可能我的长相会让大家觉得我与我所饰演的人物不太匹配。我很瘦，我知道大家是这样看我的。"法罗说道。正如她尖锐指出的那样，她"并非罗林斯的第一选择，甚至排不进前十五"。她发现即使自己化上浓妆，她那小鹿斑比般大大的眼睛也会出卖她，因此，她决定在电影里全程戴上墨镜，除了其中一个在浴室的场景。"这对她而言，是个极其勇敢的决定，"艾伦说，"因为这就意味着在整部电影中，她的表演将不会用到眼睛，这一点确实挺难的。"

"伍迪·艾伦没有像称赞黛安·基顿一样在荧幕上称赞米亚·法罗，"评论家詹姆斯·沃尔科特在《名利场》里写道，"他对法罗的喜爱有所保留，让人捉摸不透。他似乎在远距离宠爱着她，踮着脚尖悄悄地靠近她。我认为，在《变色龙》和《丹尼玫瑰》中，艾伦和法罗最终走到一起均是以谨慎的长镜头表现的，这一点颇具启发意义。艾伦与我们也保持着一定的距离。"对于艾伦

---

3 汉尼是弗兰克·辛纳屈（美国流行音乐家）的好友——演员吉尔利·里佐的前妻。

米亚·法罗整部电影都戴着墨镜，以免她那双大眼睛转移人们的注意力，让观众感觉与她饰演的烈性子意大利女郎蒂娜·维塔莱形象符。

丹尼假装是蒂娜的男朋友，看上去也蛮像的。丹尼要惹上麻烦了。

在戏里戏外对爱情的不同态度，这无疑是敏锐的观察。若说基顿像挑战者一样高度紧张并坚守着自己的立场——“我是说我的想法是这样，若你不能接受，就滚蛋。”她在《曼哈顿》中对伊萨克·戴维斯说道——法罗则是个温暖和善的人，是将雷纳德·西力分散的灵魂拼接起来的医生。在《丹尼玫瑰》中，艾伦给予了她曾在《傻瓜大闹科学城》和《曼哈顿谋杀疑案》中他给予基顿的赞美。这是他为所有他珍惜的“荧幕情人”所做的第一件事：和她们共同出演电影。如同平·克劳斯贝[4]与鲍勃·霍普合演了六部《路》的连集片一样，这是属于艾伦的终极浪漫。

“如果你听取我的建议，你将成为有史以来最出众的演员之一。”当我们第一次在银幕上见到丹尼·罗斯（艾伦饰）时，他对其中一位演员如是说。这位始终乐观却又前途渺茫的天才经纪人为了生活不断地努力着。“你将会在高等学府里备受欢迎！”他将一举成名的希望寄托在嗜酒的男高音歌手卢·卡诺瓦（尼克·阿波罗·福特饰）身上。卢是位五十多岁的明星，当时正准备在米尔顿·伯尔的“怀旧特别节目”中复出。卢有个怪癖，若他的情妇蒂娜（法罗饰）不坐在观众席，他就没法表演，然而蒂娜——这位常常穿着豹纹图案的衣服，头顶着蓬松而滑稽金发的烈性

4　平·克劳斯贝（1903–1977），美国演歌手。

“知道我的人生哲学吗？”“我的人生哲学是：生命中要有欢笑，但是此前必须得经历点痛苦，否则，你将失去整个生命的重心。”——丹尼·罗斯

子意大利女郎——正气恼于“卢和他的妻子合起伙来骗她”而不愿意去现场看演出。更糟糕的是，她的黑手党前男友认为是丹尼抢走了她。因此，丹尼在影片中有了双重任务——他必须把蒂娜带到表演现场，同时，一路上还要逃脱黑手党的追击。

穿着紧身裤，戴着深色眼镜，嘴里叼着香烟，法罗就以这样的形象驾驭这一角色。在浴室场景中，屏幕上终于出现了她细嫩的面庞。“褪去装饰，她看上去是那么的柔弱、那么的纯洁——如新生儿一般。”沃尔科特写道。他同很多人一样，为艾伦的表演掉了一地的鸡皮疙瘩：说话语速快，话里尽是“甜心”“亲爱的”等字眼，他的双臂挥舞着，像是空中交通管制员在指导一架747喷气式飞机降落，他脚踩一双特大号鞋子……但是老实说，他的表演并未降低其幽默度，或者说并未减弱观众的乐趣——观众的感觉是这两只温顺的老鼠扮演起了傲慢而喋喋不休的外向者，就好比看到一对情侣在周末穿着破旧的衣服。艾伦夸张的表演与丹尼·罗斯这个角色浑然一体，那种极端做作的表演以及他和法罗捉摸不定的关系撑起了整部电影。他的表演充满跳跃性，从不为自身的傲慢而感到抱歉——又一次源自于卡内基熟食店那些老顽固们讲述的荒诞故事，摘选自达蒙·鲁尼恩的小说，虽说是断章取义，却也不失其趣味性。

摄影师戈登·威利斯完美捕捉到了出租车后排的这一温馨时刻。

(1985)

开罗紫玫瑰

The Purple Rose of Cairo

在艾伦所有的电影中，《开罗紫玫瑰》是他认为最贴近他最初理念的一部。“电影中 99% 的部分与我在卧室里想到的绝妙灵感没什么关系。对于观众而言，这可能是部成功的电影，但如果他们知道了我在卧室里想到的灵感肯定会更加兴奋，要是我把那些点子加入电影该多好啊。”

艾伦和他的表亲及影迷好友丽塔在后者的卧室度过了数个漫长的下午，正是在那里，这部电影的剧本在他头脑成形。丽塔的卧室里贴着很多从《现代电影》和其他杂志上裁剪下来的明星照片。艾伦小时候没少花时间在这类杂志上。他 11 岁时几乎就能背诵所有二十世纪三四十年代喜剧电影里明星的名字——那是个有银白色的拱顶王国，里面的人都穿着晚礼服，住在派克街道的顶级豪华公寓，在炫目的夜总会一边喝着香槟一边侃侃而谈。艾伦的第一个念头便是：若一个角色从屏幕里走出来，岂不有趣？“我把这个想法写了下来，写到一半就卡住了，于是我把它搁置在一旁，开始构思其他的想法。很久之后，我突然有了后续灵感：饰演该角色的演员来到了镇上，女主必须要在剧中角色和现实演员中选择一位，她选择了后者，后来被他甩了。就这样，剧本成型了。”

“我的观点是：面对虚幻和现实，你被迫选择后者，最后被其所伤，而虚幻只不过是种疯狂的形式。”

“这部电影没有什么特别之处。故事发生的大背景是：经济大萧条时期，失业的穷苦人民边等着奇迹发生边去电影院打发时间。”

厌倦于只存在于屏幕里，与那些喝着鸡尾酒的曼哈顿人为伍（右图），戴着头盔的探险者汤姆·巴克斯特走出屏幕带着塞西莉亚进了一家豪华餐厅（左图）。

剧中角色汤姆·巴克斯特/吉尔·谢泼德刚开始由迈克尔·基顿饰演，他在《夜班》（*Night Shift*）里精彩的表现深得艾伦的赞赏。然而，在审查样片时，他发现基顿没有20世纪30年代电影明星的那种感觉——他看上去太现代了，“太酷”——因此，拍了10天后，艾伦说服奥利安（Orion，美国影片公司）选用29岁的杰夫·丹尼尔斯来替代基顿，当时丹尼尔斯刚完成《母女情深》（*Terms of Endearment*）的拍摄。“没有任何关于电影角色、动机和背景的讨论，”丹尼尔斯说，“这些仿佛是他手中握着的一根羽毛，吹一口气，羽毛便可以朝各个方向飞去。”

拍摄地点在纽约的皮尔蒙特村，这是位于哈德逊河附近的一座小镇，类似于20世纪30年代的工厂区，艾伦将整个街区包围起来，布置成电影院的外观。至于内部，他将其拍摄成他小时候最典型的电影院模样，如“童年时期最好玩最有意义的地方之一”米德伍德的肯特剧场——那里离铁路线特别近，每五分钟就可听到货运列车行驶的声音。他甚至在影片中为曾主演过《祖儿小子》（*Guy Named Joe*）与《叛舰凯恩号》（*The Caine Mutiny*）、备受女性观众喜爱的范·强生[1]设置了一个角色。艾伦过于害羞，几乎无法跟范说话。“我的意思是，我站在离他三英尺的地方！当我还是孩子的时候，

1 范·强生（1916–2008），美国百老汇明星。

范·强生使我的生活免于枯燥与单调，他时而坐在飞机的驾驶舱里，时而与埃丝特·威廉斯漫步阿根廷，威廉斯可是位美人儿。所以，或许演员本身与他所扮演角色之间的区别正是《开罗紫玫瑰》这部电影要表达的内容。”

与《变色龙》一样，这部电影也存在一些纯技术上的问题。在电影中插入黑白电影很容易，但是让演员的视线与观众对应交流却不是件易事，“这是个棘手的数学问题。”另一个问题是电影的悲剧性结局，至少对奥利安影片公司的行政官员来说是个问题，他们中有人曾打电话给艾伦问他是否可以改变结局。他指出，美满的结局可以帮助他们多赚数百万。“这个结局正是我拍这部电影的目的，”艾伦坚持道，他一直在寻找费里尼 1973 年的电影《阿玛珂德》里面“感伤、忧郁的情怀”。后来，艾伦在接受《时尚先生》杂志采访时再次重申了这一点。他被问道：为什么不设置一个美满的结局呢？“这就是美满的结局。”他这么回答道。

你可能会觉得《开罗紫玫瑰》完全是部小作品，如同时期艾伦其他最好的电影——《变色龙》《丹尼罗斯》《那个时代》一样，它是个制作精美的模型，基调感伤，既无过度的野心又无对现实的挞伐，潜藏着温和的想象手法，而这种想象模式在多年前

“什么？没有渐隐效果？”汤姆努力理解着这个恋爱场景不受电影审查法规控制的世界。

就已出现在艾伦的童年及其生活的文化中，被他像海绵般吸收。“那是你所能想到的最好的镇静剂和防腐剂，”艾伦曾这么描述他小时候观看电影的经历。这也是米亚·法罗在《开罗紫玫瑰》中观看电影时呈现的神态——镇静、沉思。在其塑造的所有角色中，艾伦说塞西莉亚是他最为感同身受的一位。沉醉在当地影院播放的各种电影中，少妇塞西莉亚（米亚·法罗饰）睁着一双浑浊的眼睛，机械地将爆米花塞入口中，她的表情与艾伦在《呆头鹅》（*Play It Again，Sam*）片头的表情如出一辙。在《呆头鹅》里，鲍嘉走出屏幕为大家普及约会小贴士；而在《开罗紫玫瑰》里，艾伦更大胆：让影片里的角色走出来与现实中的人谈一场恋爱怎么样？某个夜晚，在第无数次去电影院观看最喜欢的喜剧电影时，她惊讶地瞪大了双眼，因为剧中的男主角——方下巴、带着头盔的探险者汤姆·巴克斯特（杰夫·丹尼尔斯饰）从屏幕里走了出来，无视影片中喝着鸡尾酒闲逛的其他曼哈顿人的无聊和惊慌。“他们唯一能做的就是坐下来聊天！”一名赞助人抱怨道，仿佛他也是伍迪·艾伦电影里的人物似的。

接下来是一个喜剧版皮兰德娄[2]式故事——甜蜜温馨、意义多重、感情丰富又带有明显的艾伦式散文风格，这一点，在《库格玛斯的一段好时光》这篇文章中体现得更为明显。这篇文章讲述的是人文学科教授库格玛斯进入《包法利夫人》小说中，与书中的女主角爱玛展开了一段热恋，从而打断了这本书主要情节的故事。之后，他将爱玛带回到纽约，结果却发现自己要不断地为其高额的酒店住宿费用买单，还要忍受她无理的撒娇和莫名的沮丧。因此，库格玛斯发

2　路伊吉·皮兰德娄（1867–1936），意大利小说家、戏剧家，1934 年获诺贝尔文学奖。

“这一直是我所喜欢的，因为有了想法之后，我会按照自己喜欢的方式把它拍成电影。电影完成时，我会说，‘是的，我有想法也有剧本——瞧，这就是！’”

“作为真正的现实主义者，她接受了将不合逻辑的事物视为天经地义。”《纽约时报》电影评论家文森特·坎拜在评论中如是点评米亚·法罗的表演。

誓再也不会背叛自己的妻子，然而，三个星期之后，他又想进入《波特诺的怨诉》，结果却被投入到一本旧课本《西班牙语语法》中，被动词“tener”（西班牙语“有”）追逐着。这篇文章与《开罗紫玫瑰》的相似之处昭然若揭，同时也可窥见艾伦的文学作品与影视作品间的区别，前者富于戏谑性幽默，后者则蕴含深厚的想象力。而魔术师本身最后也做到了毫无痕迹地消失。“《开罗紫玫瑰》中的所有演员互相制约、互相影响，这在伍迪·艾伦的电影中可谓首次，”宝琳·凯尔说道，“虽然不像他其他戏剧作品那样，有性方面的戏谑和打闹，也不像他的现代电影那样直接以新闻工作者的口吻向观众述说，这部电影或许最能诠释艾伦的幽默风格。”

它无疑充分展现了艾伦作品中虚构与现实的冲突。“我遇见了一个全新的很出色的男人，”塞西莉亚说，“他是虚构的，但你不能什么都想拥有。”有趣的事情发生了，在电影院陷入混乱恐慌之际，汤姆现实中的扮演者吉尔·谢泼德（丹尼尔斯饰）出现了，他像只野兽一般在镇上寻找着汤姆；而另一边，汤姆和塞西莉亚谈着恋爱，像只拉布拉多犬一般冲击着她的坚持。“整个国家都不工作，”她指出，“那么，我们就以爱为生吧。”丹尼尔斯常常有种拉尔夫·贝拉米[3]的气质——带着酒窝，给人以信任感，汤姆·巴克斯特这一角色却是个既勇敢又有些天真的混合体。丹尼尔斯在塑造吉尔时加强了“自我”这种特质的表现，因为吉尔是个极度以自我为中心的好莱坞明星。他为寻找汤姆来到镇上，却陷入了塞西莉亚的崇拜与恭维中。

他接受赞美时的面部表情是影片中最有趣的片段之一：他高兴地露齿而笑，继而迅速装作谦卑的样子，眼神朝不远处一瞥，展现出一个严肃男人眼中的希望和梦想，接着，他眼神发亮，渴望着更多的赞美。如前面丹尼尔斯所述——艾伦从手中吹出一根羽毛——这个形容实在是太完美了，因为如果说某部电影能说明艺术本身拥有独立于艺术家的想象之外的生命力的话，这部电影就是；仅从其具有的创造性及难以控制的戏剧式对话来看，《开罗紫玫瑰》已是这个世界上最具有创造性头脑的产物之一。也许自《安妮·霍尔》以来，艾伦的电影中没有哪一部像《开罗紫玫瑰》一样真正地表现出他的天才——其特征、本质及内在性情，表现出他具有创造性的想象。那些皮格马利翁式的创作者在创作不出好的作品时，便一遍又一遍地去回味艾伦的作品。在他的独幕剧《老塞布鲁克镇》中，一名剧作家放弃写了一半的剧本，将其扔进抽屉，结果剧本中的角色反叛了，跑出剧本拉开剧作家的抽屉，还侵占了作家位于康涅狄格州的房子。“这部作品在大西洋剧院上映的效果不错，”艾伦回忆道，“多年前，美国著名喜剧片编剧拉里·吉尔巴特对我说他有时创作一部作品时会总是找不准其中的角色，我也发现了同样的问题，每每这时，大脑就处于一片混乱的状态。我认为控制好自己创造的角色这一点非常重要，《开罗紫玫瑰》就是没有控制好角色的反面教材。”

3　拉尔夫·贝拉米（1904–1991），美国演员。

(1986)

汉娜姐妹

Hannah and Her Sisters

下图从左至右：汉娜（米亚·法罗饰）和她的姐妹莉（芭芭拉·赫希饰）、霍莉（戴安娜·维斯特饰）。

这部电影先有片名，后有构思：一个男人爱上了妻子的妹妹。艾伦对姐妹之情情有独钟。拍摄《傻瓜入狱记》时，他与联合主演珍妮特·玛戈林及她的两个姐妹关系亲密；而《安妮·霍尔》的最初灵感则来自于戴安·基顿及她的两个姐妹。《内心深处》讲述的也是三姐妹间的故事。“我对那些探讨女性，尤其是聪明女性的电影、戏剧和书籍有着莫大的兴趣，”艾伦说，“我很少去关注男性角色。我的家庭里有很多女性，我是唯一一位男性。我有一个亲妹妹，还有很多表姐妹，我的妈妈有七个姐妹。我的周围都是女性。”

艾伦最近又重温了托尔斯泰的《安娜·卡列尼娜》，他很喜欢“轮流叙述一群角色”这种构思，即首先讲述一个角色的故事，接着讲述下一个。

全家福，米亚·法罗与她在现实生活中的孩子以及她的母亲（莫琳·奥沙利文）——在《汉娜姐妹》中她同样饰演汉娜（米亚·法罗饰）的母亲。

“不断有人对我说，‘这部电影太积极了，充满正能量，’于是我想，‘我在哪里出错了呢？’”

1986年拍摄期间，中央公园里的冬日漫步。艾伦在该片中饰演汉娜的前夫米基。

姐妹仨、她们的父母、一位丈夫、一位前夫、各类亲朋好友在两年的时间及三次感恩节上一一亮相，其中伴随着各种分分合合与时过境迁，而生活依然继续着。“当我们散步、工作、吃饭、睡觉，过着我们的生活时，汉娜的故事也因我们熟悉的生活细节而充实起来，”米亚·法罗说道，她与她的两个姐妹，特别是小妹妹蒂娜的关系（在《曼哈顿》中已有部分体现）给了艾伦很多启发。然而，当她拿到完整的剧本时，法罗却提出了批评，她鲜少会这样。

“剧中的角色似乎比较放纵，”她后来写道，“他是我的搭档。我爱他、信任他，可以将自己整个托付给他。可他同时又是位剧作家：这也许就是剧作家的一贯做法吧——将一切粉碎。亲戚们常常对此抱怨。他将我们生活里的普通人提升到艺术作品中。我们既荣幸又气愤。”

艾伦对法罗说她可以任意挑选哪个角色，但他本人希望她能选择汉娜，汉娜是三姐妹中最复杂最神秘的一个，艾伦赋予她《教父》中迈克所拥有的那种沉默的力量，可以说是包含了所有他对汉娜这一角色的矛盾情绪，甚至在写完剧本时还未确定具体赋予她什么美德。关于汉娜的丈夫艾略特，艾伦希望由杰克·尼克尔逊饰演，然而尼克尔逊事先答应了要出演约翰·休斯顿[1]的《普里兹家族的荣誉》（Prizzi's Honor），于是，艾伦转向迈克尔·凯恩，他是法罗20多年的好友，此次二人首次在影片中扮演夫妻。“伍迪的剧组气氛给人感觉有点像教堂，”凯恩说，“他安静而敏感，喜欢在极安静的氛围里工作，所以甚至是他的演职人员——大多数曾多次和他合作过——也是我见过最安静的。”

1　约翰·休斯顿（1906–1987），美国著名导演，以反叛和古怪著称。9次被奥斯卡提名，曾摘得奥斯卡最佳导演和最佳剧本奖；4次入围威尼斯国际电影节主竞赛单元，1次入围戛纳国际电影节主竞赛单元，1次入围柏林国际电影节主竞赛单元。

"这部电影的故事情节比较简单，讲述的是一个男人爱上了他妻子的妹妹……但是在重温了一遍《安娜·卡列尼娜》后，我觉得托尔斯泰通过逐条讲述，将很多故事同时推进的做法很有趣。我想尝试一下这么做。"

"我不知道你还记不记得我，反正我有生以来最糟糕的一晚是和你在一起度过的。"米基与霍莉在一家唱片店偶遇，两人将他们第一次糟糕的约会抛诸脑后。

这也是他首次与安东尼奥尼的电影摄影师卡洛·迪·帕尔马合作。艾伦于 1984 年秋在纽约开拍这部电影，将法罗位于中央公园西路的朗庭公寓作为影片中汉娜的家，而法罗的孩子在感恩节家庭聚餐场景也有出演。他们早上八点半过来开始一天的拍摄，有时候直到晚上八点才开拍，因为调光非常耗时间。"公寓里一片混乱，"法罗说道，有几个晚上她甚至找不到自己的床在哪儿，"房间里堆满了设备。天一亮，40 号人马挤入一切可落脚的空间，鬼知道我们的个人物品被扔到哪了。厨房数周来充当着摄影棚的角色……在自己的房子里拍摄各场景，让我有种怪怪的感觉——我的厨房、我的锅碗瓢盆、我的孩子在剧中说着台词；迈克尔·凯恩穿着睡袍在我的浴室翻着我的药箱；我在自己的床上与迈克尔接吻，而伍迪就在旁边看着……一片狼藉的场面、找不到自己的物品，有时候我感觉自己都要被逼疯了。但是孩子们却挺喜欢的。"

与往常一样，艾伦对演员的唯一要求是舒适自在地表演，为此甚至可以更改剧本台词。"他说的第一件事就是，若台词让你不舒服了，你就改了它，"戴安娜·维斯特说，"像更改动词和名词或增加'你知道'这类的小变动。"他还鼓励大家同时说话，打断彼此的台词或对彼此的台词做出回应。"伍迪会站出来说，'不要只是被动地听。你要开口回应，'"法罗说道，"其他导演不喜欢演员的声音重叠在一起，因为通常这样会给他们剪辑（特写镜头和过肩镜头等）带来难度。而伍迪则习惯用长镜头拍摄一连串动作或是整个场景，也就是说重点在于营造对话的氛围而非相关谈话内容。一位摄影师称之为'在那里放置一些无关紧要的绒毛'。"

艾伦只有在听到虚假做作的台词时才会出面干涉。有一次，凯丽·费雪模仿戴安·基顿吞吞吐吐的说话方式，艾伦告诉她："不要这样，要一次性说完整的台词。"而当费雪在一场派对场景上打着粗鲁的手势，他告诉她："你进来的样子像极了我的维尔玛姨妈。"他还亲自为每位女演员挑选服装和发型，一遍遍检查她们的妆容，若发现她们的外观有一丁点出错，他甚至会重拍相关镜头。有一次，芭芭拉·赫希穿着她最喜欢的一件蓝色毛衣来到剧组，并希望穿着它出现在电影中。"艾伦对我说，'在你有生之年不要再穿这种颜色的衣服了。'自那以后，我再也没有勇气穿那件毛衣了。"

原始剧本中只有约 20% 的内容出现在了电影里。很多场景拍摄完就被删除了，例如托尼·罗伯茨艺术展、赫希与凯里的发生关系的场景。电影中还一如既往地会重拍场景，包括结尾，刚开始的结尾是：艾略特依然纠结在与汉娜的婚姻里，并绝望地爱着莉。"但当我看到拍出来的效果时，我有一种什么东西从桌子上滑落下来的感觉，很悲观、很沮丧。因此，我把它改成了圆满结局，影片也因此获得了很大的成功。但我从未觉得这是部积极乐观的电影。我感觉自己赋予了这部电影深刻尖锐的思想，最后却没有达到我想要的效果。"

从这点来看，艾伦可能会将自己与电影完全剥离（"我感觉自己彻底搞砸了《汉娜姐妹》这部电影"），正如他曾对待其他成功的电影；但是，很多人不这么认为，包括芭芭拉·赫希。"回头来看：我们都将会死，可是我们却如此执着地卷入各种关系中，这是多么的愚蠢与悲哀，又是多么的有趣而可爱啊。可是，我们还能做些什么呢？它告诉我们生命的重要性，告诉我们在有限的生命里，除了将自己变成只会努力生活的傻瓜外，我们还可以做很多其他更有意义的事情。这种温馨的结局深深地感动了我。"

电影一上映就备受电影评论家的追捧。"这是伍迪最成功的电影。"《纽约观察家报》的美国著名电影评论家雷克斯·里德写道。"艾伦的创作及导演风格在这部电影中表现得如此淋漓尽致，以至于电影制作过程就是一种叙述的声音。"《芝加哥太阳报》的罗杰·埃伯特[2]写道。甚至宝琳·凯尔也被其吸引，称之为"一部巧妙的、令人愉悦的电影"。这部影片在伦敦西区打破了影视界记录；在法国戛纳广受赞誉，法国著名电影导演让·吕克·戈达尔还为专门为艾伦拍摄了一个访谈节目；这部电影斩获了三项奥斯卡奖：最佳原创剧本，最佳男配角（凯恩）及最佳女配角（维斯特），所有这些都打破了艾伦对于这部电影的悲观看法。"我不认为《汉娜姐妹》比得上《蓝丝绒》（*Blue Velvet*，大卫·林奇执导的一部美国电影），"艾伦说，"在我看来，年度最佳影片是《蓝丝绒》，我喜欢它的一切。"当大卫·林奇获得奥斯卡最佳导演提名时，他向媒体打趣道："我得感谢伍迪·艾伦。"

对于艾伦这样对现实如此敏感的创造性天才来说，最大的问题是素材。正如他的那句老笑话，他讨厌现实，但是现实才是我们生活的地方。若一名作家不愿陷入苍白无力的自我娱乐中，他就必须去体验生活、经历磨炼、收集素材。然而，艾伦却具有

2　罗杰·埃伯特（1942–2013），美国影评人、剧本作家，普利策奖获得者。

疑神疑鬼的米基担心自己患了新的病，于是打电话给他的医生。

强大的“自我娱乐”能力。70 年代的功成名就让他感到厌倦，于是 80 年代他大多时间处于退隐中，沉浸于充满想象力的田园生活：从贝比 · 鲁斯第一个全垒打到马克斯兄弟的最后一部电影，因而造就了《变色龙》和《开罗紫玫瑰》等作品——这些电影如法贝格彩蛋般错综复杂、自成体系而又赏心悦目。与此同时，他也像当初学习基顿一样学习着法罗，学习她的习惯、她的节奏、她与家人的交往。影片第一个场景便是感恩节晚餐，饭桌上汉娜（法罗饰）与她的妹妹霍莉（戴安娜 · 维斯特饰）及莉（芭芭拉 · 赫希饰）叽叽喳喳地说着话，通过这一场景，我们知道了汉娜丈夫艾略特（迈克尔 · 凯恩饰）对莉的欲念以及莉在回家的车上所思所想（“难道是我的想象吗？艾略特对我有点着迷？”）。《汉娜姐妹》充分利用电影艺术的自由，像部小说般娓娓道来。这是艾伦继《安妮 · 霍尔》之后最丰富的剧本，代表着他全身心投入时智慧的最高境界。

（上图）弗雷德里克（马克斯·冯·西多饰，左二）拒绝了汉娜的丈夫艾略特（迈克尔·凯恩饰，右一）介绍的潜在赞助商。

（下图）“哦，没错！你就住在这儿，不是吗？”陷入爱河的艾略特遇到了汉娜的妹妹莉。

他从来不去想汉娜是否是个值得同情的角色，法罗细致入微的表演给出了答案。他从法罗的表演中看到了某种隐藏的东西；汉娜的温暖与完美（“装出来的完美”）使她成为了一个光辉的存在，她仿佛没有任何缺陷，而这种缺陷是大家彼此得以互相了解的基础，最后也是由她结束了整个故事：她和财务分析师丈夫共同抚养着几个孩子。“汉娜非常可爱，非常真实。她让我有一种深深的安全感和归属感。”与莉发生关系的第一个晚上，艾略特这么想道。他很内疚并决定结

午餐沦为霍莉与汉娜的争吵，而莉坐在一旁，因与爱略特的关系而陷入内疚之中。

束与莉的关系，不料却接到莉深夜打来的电话，于是又动摇了决心。凯恩的表演完美地体现了陶醉（“我高兴得飘飘欲仙！”）与痛苦间的摇摆，他像只虫子般挣扎在自己所设的钩子上。艾伦影片中的男性角色往往有着鲜明的“伍迪·艾伦式”多面性，那些杰出的演员们努力模仿着艾伦的习惯性动作及吞吞吐吐的说话方式，但凯恩表现出的英式绵绵腔完美地承载了所有艾伦想表达的感情方面的矛盾心理——他的抢夺心理、投机主义以及崩塌的道德观在凯恩的脸上一览无余，它们像接触不良的灯泡般在他的脸上不时闪现着。

另一方面，艾伦将他所有的清高和愤世嫉俗注入马克斯·冯·西多饰演的弗雷德里克——莉的艺术家情人身上。这位忧郁的艺术家坐在其商住一体式住宅里观看着灾难纪录片，最后他对20世纪的批判终结于莉对他的背叛。他敲着自己的脑袋，似乎在诅咒自己的聪慧，弗雷德里克的痛苦来自他与莉的关系——从第一次见面到结束的整个过程贯穿着巴赫的乐曲而非爵士乐——增添了一份真正的道德庄严感。“心脏也是一块有弹性的肌肉。”艾伦说。于是便出现了汉娜的前夫米基这一角色，他为整部影片带来了轻松的插曲。米基杞人忧天地认为自己长了脑瘤，因此他辞去电视台编剧的职位，如《曼哈顿》里的艾萨克·戴维斯一样，此后，他开始尝试一系列自己感兴趣的事物：慢跑，玩朋克摇滚，投身克里希纳派等等。这是艾伦的又一个第一次：他首次作为配角出演而没有抢尽风头。每位演员都有各自的角色特征，片中出现的画外独白不仅为观众提供艾伦所饰演角色的内心私念，还提供凯恩、赫希、维斯特及法罗饰演角色的心理活动，仿佛进入

了广播台的感觉。当三姐妹聚集在一起吃午饭时，电影摄影师卡洛·迪·帕玛将摄像头从一个房间转到另一个房间，镜头从一个人的脸扫向另一个人的脸。

时间往往能证明戴安娜·维斯特是艾伦所要的电影女主角之一——同基顿、法罗一样。她饰演的霍莉有些神经质，总是做一些错误的选择，但是观众很容易原谅这些，因为她全程似乎都是柔焦镜头，观众很乐意看她——她是艾伦自《安妮·霍尔》以来塑造的最迷人的角色。这一次，那些电影评论者说得没错：《汉娜姐妹》是艾伦作为剧作家及导演最成功的一部作品。影片时长107分钟，是艾伦迄今为止最长的影片，但是全程欢快热闹，每个镜头都很精彩，剧中每个角色都有自己神经质及悲伤的一面。所有一切都在艾伦的掌握之下，他就像一位慈祥的父亲，温柔而直率地对待每一个角色。从各方面看，这部电影都是一个大家庭。

(1987)

那个时代

Radio Days

左图：乔（塞思·格林饰演，右二）与朋友一起看德军战机，不过很快就被某种音乐所吸引住了。

右图：乔拥有的一个拥挤、嘈杂的大家庭，很像艾伦自己儿童时期家庭的扩容版。

艾伦谈到影片《那个时代》时说：“它是一部绝妙的彩色‘卡通片’，里面虽有很多音乐，但是，却不能算是音乐片。”该影片缘于音乐，剧情也是围绕着音乐而展开。艾伦在影片刚开始时就配了一组自己成长过程中意义非凡的音乐，包括亚蒂·肖（Artie Shaw）版的《Begin the Beguine》、平·克劳斯贝（Bing Crosby）和安得烈姐妹（Andrew Sisters）的《Pistol Packin' Mama》以及玛丽·麦克斯（Merry Macs）的《Mairzy Doats》。每首音乐，都能勾起人们或淡或浓的某种记忆。艾伦曾回忆说：“有些事情，感觉就像是在昨天，而有些事情，感觉却已久远。我对教过我的老师们，感觉是这样；对无线电时代，以及希伯来学校，感觉都很类似。那时候，我们经常去海边，去看德军的飞机，还有德军舰船。我还记得，我有一个姑姑，男友处了一个又一个，最后还是没能走入婚姻，一辈子都没结婚。我们有些邻居，信仰共产主义。这些都是真事儿。后来，我到了纽约，见到了自动售货机，还有广播节目。当时我和一个表哥住在一起，住的地方有电话线，我们还通过电话线窃听到邻居的通话。所有这些，都是真真切切发生过的事儿。”

影片《那个时代》是1985年冬在长岛一个名叫洛克威的度假区里拍摄的，当时是淡季，人不多，略显荒凉，摄影师卡洛·迪·帕尔马所选的独特色调与洛克威海滩那灰色的背景形成了鲜明的对比。不过，艾伦对所拍的很多镜头都不太满意，有些拍过后直接就不要了，他觉得光线不太好。艾伦曾表示：“只要是在海滩拍摄，我都是等灰蒙蒙的天气再拍。当然，很多人都是想把美丽的景色拍下来，但是就我个人的偏好来说，我喜欢在灰蒙蒙的天气里拍摄。”

“我觉得《那个时代》基本上算是个卡通片，而且，我选演员的时候也是根据他们所具有的卡通特征来挑选的。”

最初，艾伦的想法是，把每首歌与第一次听到时自己的相应经历都一一对应联系起来，但很快艾伦就发现，那样会显得有点单调乏味。因而，除了自己的经历外，艾伦还纳入了其他人听广播的经历。杰夫·丹尼尔斯饰演20世纪40年代一位名叫毕夫·巴克斯特的广播明星，另外，丹尼·艾洛、戴安·基顿、华莱士·肖恩、米亚·法罗、朱莉·凯夫纳、托尼·罗伯茨等演员全数登场，这也是法罗和基顿唯一的一次同时出现在艾伦的电影中。为了请基顿参演这部具有犹太背景的影片，艾伦还费了好大的功夫，不过，最后基顿还是出演了，在新年除夕夜唱了 Cole Porter 的歌曲《You' d Be So Nice to Come Home To》。法罗所饰演的角色莎莉，拍了有 35 个镜头，而且每个镜头用的都是不同的声音，直到最后开始编辑整部影片时，莎莉这个角色才最终定了型，然后才从中挑选出来最合适的镜头。

和现在拍摄电影一样，当时，镜头重拍很是常见。有台词的部分拍了足足有 200 多个片段，按照艾伦的说法，“这是我们拍过的最多的一次”，而到最后，削减到 150 个。最初决定，准备用家里内饰的暖色与演播室酷酷的装饰来形成反差，不过后来放弃了这个决定，所以很多东西就得重拍。

法罗饰演的在夜总会卖
香烟的女孩莎莉。莎莉有着
远大的梦想——要搭上无线

基顿饰演的一位无名配角——新年夜歌手。《那个时代》是基顿和法罗一同出现的唯一一部艾伦的影片。

“赛尔，我回来啦！赛尔，我抓了条鱼！赛尔，今天我抓了条大鱼！”叔叔亚伯（乔希·莫斯特尔饰演）又一次收获满满。

"不过，我觉得那有点太快了。如果我想打嗝的话，那么快可能会有帮助。"莎莉与好色的罗杰（戴维·韦恩饰演）在酒店楼顶约会。

戴安娜·维斯特参加父亲的葬礼，这让艾伦想到些其他场景，艾伦让莎莉碰到一个可能对她造成伤害的混混，没想到后来这个混混带她回家去见自己的老妈。艾伦拍电影很是省钱，加上重拍的部分，影片《那个时代》的成本总共只有1600万美元，说不定，艾伦其实可以一笔一笔画出来，然后加上所需细节，以及相应的情节，然后就可制作出一部卡通片。在业界历史上，还没有谁能像艾伦那样在影片拍摄过程中如此灵活地一会儿减戏、一会儿加戏，即使是卓别林或普雷斯顿·斯特奇斯也做不到。

影片《那个时代》拍摄时使用的这种方式很是奇特，不过，也正是这种方式成就了这部影片。艾伦把这种方式称为"纯粹个人沉醉式"怀旧，像是对"卡通片"的怀念。该片确实由有点互不搭界的片段组成，只是通过歌曲把它们串联起来了而已。你能感觉到，音乐在整部影片中所起的作用有多么重要，以及艾伦自己的经历与那些老歌联系是多么紧密，以至于艾伦通过音乐表达出来的那份怀旧之情，溢满了他的整个世界，盖过了童年时期的点点滴滴，淹没了那些吵闹嘈杂的叔叔阿姨，还有他那总是胸怀伟大梦想却从没半点行动的混日子的父亲。所有的镜头中，最具有重要意义的镜头就是，年轻的乔慢慢穿过

艾伦在纽约皇后区的洛克威海滩。

“广播城音乐厅”那充满艺术装饰的走廊，看到詹姆斯·史都华和凯瑟琳·赫本在影片《费城故事》（*The Philadelphia Story*）中的深情拥抱。艾伦旁白道：“我像是走进了天堂，这是我生命中第一次经历如此美好的感觉。”这也许是艾伦遇到的属于他的“神灯”，就像瑞典电影大师伯格曼在9岁时用一整套玩具换得一个改变了他一生志向的“神灯”摄影机。

众所周知，艾伦会对自己所经历的故事进行创意改编，并给故事添加有趣的桥段，《那个时代》也不例外。因此，如果说“怀旧”这个词意味着对过往的一种赞美或者歌颂的话，那么，《那个时代》则完全算不上“怀旧”类型的影片，与艾伦20世纪80年代的其他作品一样（包括《变色龙》《开罗紫玫瑰》以及《丹尼玫瑰》），它有点口述历史的感觉，但同时也充满了夸张的说法。因此，影片最后莎莉与好色的罗杰（戴维·韦恩饰演）在酒店楼顶约会的那个桥段，艾伦设置了三种结局，而且，三个结局中一个比一个显得人多拥挤，到最后，艾伦像是在搞一个全明星聚会，法罗来了，杰夫也来了，还有华莱士以及托尼等，所有这些人都在庆祝新年的到来，衣香鬓影，灯红酒绿，仿佛胜过百老汇大街的恢弘壮阔。电影无论何时，都是艾伦表达自己内心的最好方式，《那个时代》也不例外，也是艾伦表达自己内心的杰作之一。

（1987）

情牵九月天

September

法罗饰演焦躁不安、犹豫不决的莲恩。与影片《丹尼玫瑰》《开罗紫玫瑰》以及《那个时代》相比，《情牵九月天》一改以往“观众友好型”风格。

影片《情牵九月天》从一开始就显得有点乱糟糟。最初打算在米亚·法罗位于康涅狄克州的家里拍摄，因为那边比较偏远安静，静静的湖水周围垂柳依依，艾伦也曾在那里待过，百无聊赖之时，一个念头突然击中了艾伦：怪不得有些人会自杀。家庭生活的不幸以及过往的创痛，一时间涌上艾伦的心头。拍完影片《那个时代》，艾伦已感到有点筋疲力尽。1986 年 10 月，艾伦才完成剧本的写作，当时已到初冬，完全没有了早秋的味道，更没有夏末的踪影，因此，整部电影都是在纽约的一个影棚里拍摄完成的。艾伦不太容易适应陌生环境，在同一个影棚里拍摄正合了艾伦的胃口，“我想把影片的所有关键点都展现出来，我们大家越集中精力、团结一致，我就越觉得有信心。”不过，有时某个桥段，刚开始想法确实不错，但没过几分钟，可能就需要修改了，而且修改时不费吹灰之力，因为，艾伦始终都是非常关注自己内心的想法的。

如果说影片《汉娜姐妹》和《那个时代》显示的是艾伦的拍摄方法的创意水平的话，那么，《情牵九月天》则显示了艾伦的完美主义特质。饰演关键角色莲恩的法罗就曾说：“我们拍摄时，每个镜头都重拍过，有些甚至重拍四五次之多。很多主要场景，艾伦都是在夜里或午饭时就会修改，然后，演员们就得在收到修改稿后第一时间重新熟记台词，而且有些台词还特别长。因此，个别演员受不了这个，拍摄过程中就退出了，比如我的母亲就中途退出了。这样，有些镜头就要换人，然后又要重拍。拍摄时，空气中始终弥漫着一种紧张的气氛。”

最初，本来是要由克里斯托弗·沃肯饰演彼得，但艾伦认为沃肯饰演该角色太过性感，然后就换成了山姆·夏普德。不过，换演员后也没能让艾伦多么满意，当夏普德对蒙塔娜的魅力即兴创作了一段颂扬之词时，艾伦就带有怒气地反问：“蒙塔娜？蒙塔娜？”艾伦看到丹霍姆·艾略特饰演莲恩继父（医生）的表现后觉得丹霍姆来演丧偶的霍华德（原本由查尔斯·德宁饰演）更为合适，因为，艾伦对查尔斯的表现也不太满意。还有饰演影片中法罗的母亲、同时也是法罗现实生活中的母亲的莫琳·奥苏利文。第一版样片一出来，艾伦就觉得不太满意。

影片要拍两遍。艾伦修改了剧本、更换了演员、对整部影片进行重拍，这让其他人全都感到有点不可思议。图中显示艾伦与新加入的演员萨姆·沃特森和伊莲妮·斯楚奇在拍摄现场。

艾伦曾表示："看过样片后就觉得需要从头再来，然后我就想，这样也好，重拍镜头的话需要四周的时间，那我何不把整部影片都重拍了，然后再做得更好些呢？"制片公司奥利安总经理埃里克·普莱斯科听到这个消息后就愣住了，然后这个消息传到管理办公室后又引起一阵躁动。重拍没有问题，问题是有些已经做好的再重拍，这是从来没听说过的。不过，埃里克表示："我们就按艾伦的想法来吧，我不想因为这件事把关系搞僵。"因为夏普德在加州已有片子要拍，莫林因得了肺炎没法再拍，艾伦就对整个剧本重新进行了修改，所有主要桥段的演员几乎也都做了变更，然后就对整部影片进行了重拍。这次，由萨姆·沃特森饰演之前由夏普德饰演的角色，伊

莲妮·斯楚奇饰演之前由莫林饰演的角色，丹霍姆改演之前由查尔斯饰演的角色。丹霍姆曾笑说：“一样的表演，但钱却花了更多。”同时，杰克·瓦尔登也加入了进来，饰演继父角色。这样下来到最后，制作成本不止翻倍，时间也远远超预期。后来艾伦表示：“我早就预料到，这部影片赚不了一分钱，一分钱都赚不了。”

影片《情牵九月天》票房收入仅有 48.6 万美元，是艾伦票房收入最低的影片。不过，票房收入如此之低，原因也不难发现。影片中，各个角色模糊不清，基本上都是自说自话，而且，每个角色都是犹豫不定、飘来飘去、模模糊糊的。莲恩（法罗饰演）对她那傲慢粗鲁的母亲厌恶至极，也为自己的职业方向焦虑不安，把自己蜷缩成一团，好像稍有一丁点儿动静，自己就会马上爆炸一样。而她的母亲（斯楚奇饰演）总是在各个房间跑来跑去，像是在组织一场鸡尾酒派对，需要向到来的每位宾客打招呼。此外，演员阵容的变换，也没能让整个阵容的契合度提高多少。有场爆发的桥段，彼得、霍华德、莲恩以及她的朋友斯蒂芬妮（戴安娜·维斯特饰演）都因自己付出却没得到任何回报而大发牢骚，而且，牢骚刚说完，立马就会有人进行反击。莲恩的母亲或许是最幸运的，她只需要通过一个灵盘就能与逝去的爱人进行沟通。不过，整个影片中也确实带有一种与精灵世界沟通的色彩。这部影片是如此的平淡、灰暗、忙乱地从观众身边飘然而过，就像是一部幽灵电影。

《情牵九月天》是艾伦和法罗合作的第 7 部影片，而且这种合作风格某种程度上可以说已开始定型，艾伦把法罗定型为那种总是挣扎在怨恨边缘的角色，而法罗也总是努力把每个角色都融入自身。影片中，法罗饰演的角色与因演艺事业不振而嗜酒成性的母亲矛盾不断，这样看来，就《情牵九月天》本身来说，艾伦设想的重点在于剧情的发展，而不在于对角色进行性格分析。该影片具有内省性，但同时却又显得有点令人感到茫然，这点和影片《内心深处》有点像。不过，某种意义上的模式确实已经定型，艾伦应对来自观众的批评声音，就像影片中的角色应对艾伦所进行的性格分析一样，都是越来越封闭自己，《安妮·霍尔》后是《内心深处》，《汉娜姐妹》后是《情牵九月天》。这样看来，艾伦对《汉娜姐妹》的某种误读，为我们认识这位导演提供了重要的信息。若你能把在汉娜公寓里举行的感恩节晚宴视为艾伦给予大众口味的一种积极回应（艾伦其实也是这样做的），而不是把它视为艾伦因受他人影响而对自己世界观、价值观的某种调整，那么你就能认识到，影片《情牵九月天》之所以如此阴郁、如此单调、如此乏味的原因，就在于，艾伦没有迎合大众的口味，而只是坚持了他自己。

与吉娜·罗兰兹（玛丽恩饰）指向同一方向。

“准确地说，这不是我坐下来写出来的。它更像是‘挣扎’的产物。”

（1988）

另一个女人

Another Woman

《另一个女人》中有一个玛丽恩潜意识生成的十分钟梦境。梦里，她的丈夫肯恩（伊安·霍姆饰）和她的朋友克莱尔（桑迪·丹尼斯饰）演了一出戏。

《另一个女人》以“一个卓别林式的喜剧”开场：一个男人无意中听到了一个女人和她的心理咨询师的谈话。当发现她很漂亮后，这个男人便根据谈话中的信息，改变自己，让自己化身成为她的梦中情人。艾伦并不想制造这样一出爱情诈骗，这种偷听行为似乎有着浓重的希区柯克式色彩，但这个念头一直困扰着他。最终它演变成他对于抑制研究的另一个案例：一个女人，一直压抑着自己的情感，但是现在她五十多岁了，再无法克制自己的感情。

“这部电影讲述的是一个冷漠无情但聪明知性的女人的故事。她不想知道自己生活的真实面，对那些真相毫无兴趣，充满抗拒。”他说，“她的丈夫对她不忠。她当作不知道。她冷漠无情。她和兄弟不亲近，与父亲也是如此。所有这一切，她都不想知道也不想面对。最后，当她步入中年，不得不面对这些真相。”

这是他第一次与摄影师斯文·尼奎斯特合作拍摄。斯文·尼奎斯特与英格玛·伯格曼一起创造了一种亲密的、特写驱动的拍摄风格，他称之为“两副面孔和一个茶杯”。艾伦并不像伯格曼那样迷恋于特写镜头，他更喜欢那种需要一些时间适应的暗色。“在泥泞中作画是很困难的。”服装设计师杰夫·库兰打趣道。尼奎斯特也抱怨说：“尤其是，

玛丽恩想起她与拉里（吉恩·哈克曼饰）的关系。

他们的脸看起来像西红柿。”“他会喜欢它的。”艾伦说，“但即使是现在，摄影工作室也不相信我希望这部电影有多黑暗。”

挑选演员就像走马灯，和《情牵九月天》的选角过程一样曲折。本来米亚·法罗会扮演主角玛丽恩，但是她怀孕了，因此艾伦把这个角色给了吉娜·罗兰兹。而原先扮演玛丽恩丈夫肯恩的是本·戈扎那，但是艾伦最终选择了伊安·霍姆。黛安娜·威斯特应扮演霍普一角，但是因病放弃。艾伦打算把这个角色给简·亚历山大，但她没有接这个角色，所以艾伦最终选择了米亚·法罗。影片中可以加入她怀孕的内容。拍摄期间，制片人罗伯特·格林赫特和制片主任乔·哈特维克被艾伦的剧本重写折磨得精神涣散。原先，这部电影的开场是玛丽恩拿着要放到新公寓的杂物走在大街上。工作人员对此进行一个单一的跟踪拍摄。在工作人员花了两个小时布置好场景后，艾伦改变了主意。“不行。”他说。于是工作人员着手取消拍摄。制作的最后一天，艾伦坚持重写重拍另一个场景，但最终成品中并没有这一场景。

这部电影比《情牵九月天》更引人入胜，但艾伦认为只有一半的突破——具体来说便是悬念，这为他的作品增添了一丝陌生感。高冷美丽的玛丽恩（罗兰兹饰）独自一人在租来进行写作的公寓中，无意间听到一个想自杀的女人（法罗饰）向她的心理医生倾诉自己对婚姻的恐惧。“自我欺骗。”她分析道。“有点普遍，是不是？”医生说。这部电影也是如此，遭受着发展不足的困扰。无意间听到的谈话让玛丽恩回想起自己的生活：她的第一次婚姻；她与成功的心脏病医生（伊安·霍姆饰）失败的第二次婚姻；曾疯狂爱过她的一个男人（吉恩·哈克曼饰）……这些内容被巧妙地勾勒出来。但当观众期待着情节进一步发展时，艾伦仿照伯格曼，展现了一个生硬的十分

“我将此视为旅程的高潮部分，我以为可能需要 10 年的时间，但是已经过去了 25 年。”

“然后呢？”伍迪·艾伦和罗兰兹以及扮演玛丽恩第一任丈夫山姆的菲利普·博斯科一起解决问题。

钟的梦境。梦境中，玛丽恩用僵硬的文学语言试图远离各种幻影，而埃里克·萨蒂[1]的《吉诺佩第第三号舞曲》作为背景乐不断演奏着。浴室清新剂的广告很有品味。“我猜我们都会想象发生了什么，但那是很久以前了。”在与玛丽恩偶然相遇后，霍普说道。那也在戏剧的可能性中短暂地闪耀过，然后熄灭在遗憾的交流中。

如果这是一部喜剧片，几乎可以肯定的是，艾伦会模仿老丹尼·西蒙的口问问自己：“然后呢？”但他这一时期的电影似乎都很松弛，很容易让人疲惫，特别是《情怀九月天》《另一个女人》《影与雾》。它们探索着处于困境的人生，它们会有意无意地模仿那些生命时断时续、毫无成效的能量。曲高和寡的抱负如皮疹一般，刺激着艾伦完美主义者的冲动，削减着为他的喜剧带来生命的能量，将他的剧作用技术包裹，抑制着它们中心的情感。它们令人着迷但也很磨人，如隔靴搔痒。鉴于这些关于厄运将至的种种幻觉，再加上那些关于出轨的情节，人们不由自主地联想到艾伦家庭生活中即将到来的“火车相撞事故”，已经可以察觉到“铁轨上的轻微振动”了。并没有那么多的艺术模仿生活，因为在艺术诞生之前，它们就以现实生活的情节孕育着。

1 埃里克·萨蒂，法国作曲家。代表作品有钢琴曲《玄秘曲 3 首》《3 首萨拉班德》，交响戏剧《苏格拉底》，舞剧《游行》《炫技表演》和《松弛》等。

克里夫（伍迪·艾伦饰）发现他已经把哈雷（米亚·法罗饰）“输给了”他厌恶的妹夫莱斯特（艾伦·艾尔达饰）。

（1989）

爱与罪

Crimes and Misdemeanors

艾伦是1988年夏天在欧洲度假时，在酒店里创作的《爱与罪》。他用碰巧发现的酒店的信笺（科莫湖东方别墅酒店又长又薄的纸张；威尼斯格瑞堤皇宫酒店又宽又白、有着金色浮雕图案的信笺；伦敦克拉里奇酒店优雅的蓝色信笺）写下了草稿。他到伦敦时，存放草稿的上衣口袋鼓得好像里面放了法棍面包。他的助手简·马丁劝他把草稿放到酒店的保险箱里，以免在餐馆吃饭时把汤泼到上面。每天艾伦都会有更多的纸张。他会将它们对折，锁起来，然后去伦敦西区散步。

回到纽约，他把第一稿的题目暂定为《兄弟》，讲述了两兄弟的故事。兄弟之一是一名杰出的外科医生，他被情妇勒索，所以让另一个人替他去杀掉情妇。“他侥幸成功了！后来大概过上了幸福的生活。如果他不选择惩罚自己，他就能逍遥法外。”艾伦说道。“别人拍摄《爱与罪》可能会有一个杰出的谋杀场景，例如阿尔弗雷德·希区柯克或马丁·斯科塞斯[1]：一个家伙手捧鲜花敲了敲门，她去开门，随之而来的便是一分半钟的精彩电影。我唯一能给的解释便是，对我来说，比起其他，我更是一名作家。所有的东西都只是用来

1　马丁·斯科塞斯，美国导演、编剧。

犹大（马丁·兰道饰）和他讨厌的情妇德洛丽丝（安杰丽卡·休斯顿饰）在海滩上奔跑的闪回。他们拍戏时，扮演犹大家人的演员们根本不知道休斯顿的演出部分。

让我表达自己观点、讨论观点、进行哲学思索的素材。我对杀害本身并没什么兴趣。杀害发生是为了让人们能够讨论罪恶感和上帝。”

马丁·兰道参加了犹大一角的试镜，他很想扮演这一角色，但是又担心是否会因此失去观众。“为什么人们会愿意花时间看这破玩意儿？”他问。但艾伦当场就选择了他，并且同意对剧本进行改动，特别是对他与情妇幽会的场面。情妇由安杰丽卡·休斯顿扮演，但她拍戏时，只收到了部分剧本。同样，扮演犹大家人的演员们也不知道休斯顿的角色，只知道兰道扮演的角色经常消失去打电话的内容。原先，艾伦并不打算出现在自己的电影中。但是应试金石影片公司的邀请，他为自己写了一个小角色：一个名叫克里夫·斯特恩的纪录片制片人，正在拍摄一部关于年老的杂耍演员的影片，与助手米亚·法罗陷入爱河。“好吧，”艾伦在看了第一个片段后说道，“好消息是它比我想象的好得多，除了一些明显需要删减和调整的内容。坏消息是米亚和我的故事不怎么样。”接下来的几个星期，他删掉了整整三分之一的剧本，包括杂耍演员的纪录片，改进了情节，最后重拍了影片 139 个场面中的 80 个。即使按照艾伦的标准，这也是一次大刀阔斧的修改，这使得它成为《情牵九月天》之外，重拍最多的电影。随着制作的开展，那些不再出现在影片中的角色的胶卷盒在放映室里逐渐堆积：肖恩·杨的镜头被剪掉；达丽尔·汉纳的戏份被减少到只是简短的客串。同时，艾伦·艾尔达扮演的克里夫爱吹牛的妹夫莱斯特一角，原本只是彩排中即兴创作的一个小角色，只用在晚会上挽着达丽尔·汉纳出现一下，但是现在戏份却被大大增加了。艾伦意识到自己有了一个值得尊敬的对手。艾伦说：“在第一版中，13 频道正在制作一部关于他的电影，所有这些合法来源都是因为他的魅力，我（克里夫）对此感到厌恶。”“所以我想‘为什么我不拍部电影，整合更多的故事呢？’，然后它就出现了。”

“我想问你一些事。我是一个骗子吗？”莱斯特向他的妹妹、克里夫的妻子温迪（乔安娜·吉里森饰）吐露心声。

艾伦认为克里夫是他最忧伤的演出。在《爱与罪》中，这个饱受沮丧的纪录片制片人在莱斯特（艾伦·艾尔达饰）成为爱卖弄的电视制片人后，对周围一切充满愤恨。克里夫的脸也因为上了年纪开始下垂，神情谦卑，一副卑躬屈膝的模样。他的正直注定他会成为圣徒般的失败者。他表演了很多有恶作剧倾向的行为，尤其是莱斯特背后一连串无声的讽刺笑声，但这部电影是他对人们渴望美国式成功而不可得这一观点的公开论述：在这两个情节中，胜者靠蛮力和激进的行为“脱颖而出”；品行端正的人却失败了。《情牵九月天》也是同一主题，米亚·法罗被她咄咄逼人的母亲碾压。艾伦的世界中，这一时期温柔的人不会成为地球的主人。他们被有着“犀牛皮肤”的胜利者们挤在一边，踩在脚下。

艾伦被扮演犹大的兰道的演技折服：他的脸上雕刻着内疚，他低沉悦耳的嗓音给艾伦对于罪恶感和上帝的思索带来大提琴音色般的共鸣。“我们从小的不忠行为出发，探究存在的意义。”萨姆·沃特森扮演的拉比如是说。但兰道的表演实际上违反了艾伦的中心论点：他是良心受到谴责的化身。最明显的便是在不得不仔细思考他的行动所涉及的道德和哲学问题时，尤其是当犹大想到童年时与家人谈论纳粹的邪恶的部分——一位阿姨说：“历史由胜利者书写。”嗯，是的。但纳粹输了。希特勒在柏林沦陷后死在了地堡里。正义的一方肯定胜利了。

艾尔达和油腻的、八面玲珑的莱斯特一样了不起，他的双臂环绕过每个女人的腰，能对艾伦所有的主题高谈阔论，从纽约城到政治再到喜剧（“喜剧就是悲剧加上时间”），而克里夫难以置信地转动着眼珠。“成功也肤浅得可怕”是《纽约书评》广为流传的

当犹大和克里夫最终相见时，两条线索在结尾开始纠缠。

安慰人心的表述，尽管有人很可能会问，艾伦在他职业生涯的这一刻，发现了成功的哪些方面是华而不实的？蜚声国内外、获过所有电影创作者都梦寐以求的奖项，比起愁眉苦脸的克里夫，艾伦更像是这个世界的莱斯特。莱斯特是哈哈镜中的艾伦，摆脱了自我怀疑，欣然接受掌声，享受成功的喜悦。这些艾伦从未能做到。

“当我拍出一部电影，被大家喜爱接受，观众表现得既不够温和也不是极不情愿，我会立即对它持怀疑态度。”他说，“一定量的积极的回应让我觉得舒适和自豪。然后，我就会开始认为，一部真正结合了技巧、精妙以及深刻内涵的作品不可能像它这么受欢迎。”似乎是为了证明他是对的，《爱与罪》一经发行，就被过度夸奖了，部分是因为评论家们看到艾伦重回大屏幕，感到十分欣慰，就像1977年那时的心态一样。影评人约翰·西蒙在《纽约时报》上将它称之为“艾伦第一次成功地融合了戏剧、喜剧情节以及次要情节”，而这完全是在胡说八道。事实上，这部电影的两个故事几乎是完全独立的，它们仅仅由主题相连，直到影片最后克里夫和犹大相遇：想要消除罪恶感的罪人和品行端正但自我鞭挞的失败者肩并肩地坐在钢琴凳上，思考世界的不公正。在剧本中，这一场景本应是犹大和拉比本对戏，但沃特斯顿无法参演，所以艾伦出演了。当然，现在很难想象如果沃特斯顿参演了会怎样。这个场景是如此温柔，艾伦的脸印刻在尼奎斯特巧妙的木炭阴影中，他可以和自己对话，而事实上，他是在超我和隐秘的潜意识后，与另一人进行了低沉但专注的对话。

“它会给我一段距离。”“大约 3000 英里，确切地说。”
克里夫对哈雷宣布她要去伦敦的消息大吃一惊。

“我把我的一些电影称为‘小说电影’，而《爱与罪》就是其中一部，许多角色被剖析，许多故事同时发生……秘诀就是在同一时间讲述所有故事，并且陷入其中，不会厌倦。”

米亚·法罗扮演爱丽丝·泰特，一个患有忧郁症的上层阶级家庭主妇，奏响了中年重生的迷人幻想曲。

（1990）

爱丽丝

Alice

艾伦和法罗、亚历克·鲍德温交谈。

当艾伦在为麦粒肿寻找替代治疗方法的时候，他有了《爱丽丝》的灵感。“我记得当时朋友们去了唐人街一个江湖医生那边，服了些草药，花了一笔钱。而此时我眼部有疾病，无法彻底痊愈，所以我尝试了各种各样的药。最后我的朋友说，‘你去这个医生那里看一下，我付钱，他一定能治好你，我保证。’我说，‘我不去唐人街。’她说，‘他会到你家来，接受一次他的治疗吧，如果他治不好你，也没什么害处。’于是我答应了。那个家伙来到了我家，他拿着小猫的猫须放到我的泪腺，然后就走了。当然，一点效果也没有。当我把这件事告诉我的眼科医生后，他说，‘不要让任何人往那里放任何东西！你可能会感染的！天知道会发生什么！’”

猫须的故事在《爱与罪》中已经出现过了，它被犹大宴请的一个客人重述了一遍，而《爱丽丝》中的故事，猫须变成了杨医生具有魔法效应的草药，更像是对艾伦上一部电影的重新制作。“《爱丽丝》是《另一个女人》的喜剧版本。”他说。“《另一个女人》中，主角玛丽恩透过墙偷听了对话，而这些对话促使她改变自己的生活。而这个故事则以幽默的方式促进改变。同一种女人用不同的方式重新审视她的生活，但有着相同的目的。”故事讲述了一个患有忧郁症的上层阶级家庭主妇爱丽丝·泰特（米亚·法罗饰）的故事。有钱老公道格（威廉·赫特饰）忽视她，于是她服用了中医的处方。借此艾伦可以根据自己的怀疑态度掌控《爱丽丝》的剧本。反转便是药物起了作用，使得爱丽丝能隐形去窥探丈夫的不忠行为，使她回想起了旧时恋人，与另一个男人有了外遇，也促使她有了成为一名作家的渴望。江湖医生见效了。

上图和右图："告诉我，虽然我死了，但是我看起来也不差。""哦不，虽然你已经死了，但是你现在看起来棒极了。"医生的处方召唤出爱丽丝前男友埃德的灵魂。

左图：爱丽丝的魔法体验揭示了她的丈夫道格（威廉·赫特饰）的失败。

艾伦说："《爱丽丝》有着完美的'卡通片'的质量，某种程度上有点像《那个时代》。"从这部影片的拍摄也可以看到导演完美主义的复兴，并且重回巅峰。1989年11月，仅拍摄了6天后，艾伦觉得没有可用的连续镜头，就开始重新拍摄，重拍原因可能是因为错误的相机角度，或者是当法罗走过中央公园时，突然瞥见了她红色外衣下的白色裙子。"这是痴迷，并不是完美主义。"他说，"它是一种强迫行为，而这并不能保证这部电影会是部好电影。"

也许就是这些在外人看来毫无必要的改动，使得这部奏响了中年重生的迷人幻想曲的影片确实成为了一部优秀电影。饱受评论家赞赏是一小部分，《爱丽丝》延续了《爱与罪》的深刻主题，导演通过魔幻现实主义展现了《另一个女人》和《情牵九月天》的悲剧故事。似乎出于自负，电

影时长达到了异常冗长的102分钟。爱丽丝服用医生的草药后，消失并且隐形窥探了她演奏萨克斯管的情人乔（乔·曼特纳饰）；召唤了已经去世的前男友埃德（亚历克·鲍德温饰）的灵魂；神奇地飞越了曼哈顿的摩天大楼；听从街头缪斯（伯娜黛特·皮特丝饰）的建议，让母亲和姐姐面对了笼罩着她们一家的谎言。魔法，一个太过广泛性的定义，似乎很难成为连接起剧作家作品与渴望的“桥梁”。

但这部电影成功了。作为推动法罗前进的“车辆”，整部电影似乎都与她惊讶的家鼠般的低语声相协调。你会想要来看它。她的轻信一直是她最好的礼物，她是荧幕的最佳信徒之一。当法国导演罗曼·波兰斯基在《罗丝玛丽的婴儿》中第一次让那眼睛看到恶魔的勾当时，他便意识到了这一点。那种单纯对于像艾伦一样的喜剧性寓言家来说，是有着特殊作用的。他们的故事情节充满了魔法般的元素，例如电影演员离开屏幕，人们像变色龙一样随意改变形状等。法罗的反应，是质疑与好奇的奇妙混合，但却从未被怀疑，使得《开罗的紫罗兰》和《变色龙》都能够展现它们的中心奇想。在《爱丽丝》中，她的眼睛睁得大大的，似乎它们能吞下整个世界。在她诱惑曼特纳的场景中，她声音低沉地用萨克斯芦苇煎熬着他（“……芦苇，乔，双唇之间……”）。这可能是她拍过的最有趣的场景。她是魔术师模式下的艾伦的完美助手。《爱丽丝》是他消失之前送给她的离别礼物。

《影与雾》是一次纯电影的尝试，是向德国表现主义电影的经典作品的致敬。

（1992）

影与雾

Shadows and Fog

马戏团小丑保罗（约翰·马尔科维奇饰）和走钢丝者玛丽（麦当娜饰）热情相拥。

《影与雾》基于艾伦的独幕剧《死亡》，是弗兰兹·卡夫卡[1]《审判》的仿作，是一次电影摄制艺术的尝试，它使得艾伦的摄影导演卡洛·迪·帕玛和制片设计总监师桑托·罗奎斯托能够通过雾化效果和暗色调的光影效果展现德国表现主义的灰色阴影，从美妙的若隐若现中发现动人的剪影。"向卡洛致敬。"艾伦说，"电影的部分隐喻在于一旦你在夜晚出去，你就会有种文明消失了的感觉……城市生活不过是人类强加于自身的一种'协议'，是人类内心世界的一种外化。你实际住的是一颗行星。这是自然的疯狂。所有保护你、使你能够欺骗自己的生活文明都是人造的、叠加的。"

作为他成本最高的电影之一，《影与雾》原先打算用模型拍摄，但是在证明了这并不可行之后，艾伦让他的团队在皇后区的考夫曼阿斯托利亚工作室搭建了原尺寸的26000平方英尺的布景。

---

1 弗兰兹·卡夫卡，生活于奥匈帝国统治下的捷克小说家。卡夫卡是欧洲著名的表现主义作家。

2 魏玛时代源自于1919年出现的国名德意志国家或德意志帝国，魏玛时代是德国有史以来第一次走向共和的尝试，因十一月革命而生，因阿道夫·希特勒与纳粹党在1933年上台而结束。魏玛共和国之名词，是后世历史学家的称呼，从来不是共和国的官方名字。

3 茂瑙，德国电影先驱，著名默片导演，是20世纪20年代德国表现主义电影代表人物。

艾伦的卡夫卡式的小人物克莱门撞见了保罗的女友、另一个马戏团的演员艾米（米亚·法罗饰）。

“在现代纽约的布景下很难拍摄出合适的氛围。而且，我也不想大冬天从晚上七点在外面待到第二天早上七点，也许还会感冒。”

“我只是指出这些可爱的女士们隐喻的反常行为。”杰克（约翰·库萨克饰）发现谈话服务和这些高雅妓女们（莉莉·汤姆林和朱迪·福斯特饰）提供的其他服务一样趣味盎然。

学习了法国摄影家尤金·阿杰特复古巴黎的图像，以及经典的魏玛时代[2]的电影后，例如茂瑙[3]的《诺斯费拉图》（1922）、派伯斯特[4]的《没有欢乐的街》（1925）以及弗里茨·朗[5]的《M》（1931），他们重建了一小部分的古老的东欧城市：险恶的死胡同；看起来像监狱的教堂；雾气弥漫的潮湿的鹅卵石街道。事实上隐藏的油桶中翻腾的大豆混合物曾让患有忧郁症的艾伦担心自己得癌症。它是纽约有史以来最大的布景，但当时他还担心这个布景不够大。“布景完成后，我们不知道会不会拍了一个星期后，我们会用完所有的布景，然后想着‘天哪，我们还需要十个像这样的布景。’”

这是他在奥利安电影公司的最后一部作品。1991年5月，公司宣布亏损4800万美元，到11月份债务可能达到6.9亿美元，公司只能申请破产保护。奥利安电影公司的总裁埃里克·普列斯科夫原先希望艾伦可以用一部大热电影拯救处于危机中的公司，但是当他看到完成的电影后，他的希望破灭了。“他看了之后，好像被木槌击中了一样。”艾伦见证了主管尽力想要给出赞赏的模样。“我不得不说，每当我看你的电影时，我都异常惊讶，因为它们是如此与众不同。”他最终尽量用不颤抖的平静的语气说出了这些话。“他摸索着想要说些什么，”艾伦回想道，“但还是那样，这是我想做的事，我希望有足够多的人能够看到它，所以工作室的人没有再打扰我。”

4 派伯斯特，德意志联邦共和国电影导演。

5 弗里茨·朗，出生于维也纳的德国人，知名编剧，导演。因其贡献而常与希区柯克、卓别林等人并列于电影百人之列，被认为是电影史上影响最大的导演之一。

艾伦与马尔科维奇、法罗和麦当娜的现场会议。

因为奥利安电影公司的财政问题，这部电影的国内上映延迟至 1992 年 3 月，因此少花了 275 万美元。这是一个奇怪的产物：它是浮夸典故的夸张融合，带着一种混沌的氛围。艾伦扮演了一个叫做克莱门的小人物，被怀疑是一个连环杀人犯，就像另一版本的卡夫卡的 K.。他是个笨手笨脚的人，搓着冒汗的双手，踮起脚尖走过阴森蜿蜒的街道时，会吓得大口喘气。滑稽之处在于他好像走进了别人的电影。在被无能的好像来自弗里茨·朗电影中的警戒队追踪之前，他遇到一个马戏团女孩（米亚·法罗饰）、一个小丑（约翰·马尔科维奇饰）、一个疯狂的科学家（唐纳德·普莱森斯饰）、一个超自然的魔术师（肯尼思·马尔斯饰）和一群达观的妓女（朱迪·福斯特、莉莉·汤姆林、凯西·贝茨饰）。

甚至连环杀手的情节都没能将它们全部联系起来。《影与雾》这部电影纯粹的典故引用，最像《爱与死》，但是制作了那部电影的伍迪·艾伦自然会在这种忧郁的氛围中展现一些笑料：所有这些雾化似乎都像是闹剧，但是艾伦展现了德国表现主义[6]的艺术元素以及与幽默对抗的高端的摄影作品。

《影与雾》非常切合它的标题。它所有的布景、灯光、完美的摄影，好比是 1400 万美元的涂鸦，不仅很无聊，而且是一个无聊的电影制片人的作品。挑剔的完美主义走到顶点后，开始走向尽头。

6　表现主义原为艺术史与批评的专用语，意指不再把自然视为艺术的首要目的，以线条、形体和色彩来表现情绪与感觉作为艺术的唯一目的。此种电影中的演员、物体与布景设计都用来传达情绪与心理状态，不重视原来的物象意义。

朱迪和加贝夫妇（米亚·法罗、伍迪·艾伦饰）与萨利和杰克夫妇（朱迪·戴维斯、西德尼·波拉克饰）。

(1992)

丈夫与妻子

Husbands and Wives

杰克向他的新女友（吕塞特·安东尼饰）介绍加贝。

“《丈夫与妻子》只是一个有趣的实验。”艾伦说，“我想创作一个与美或任何规则都没有关系的画面。我只做我想要做的事，例如中断画面。它会是充满魅力的一部电影，因为我在拍摄之前就决定了，它看起来虽然原始，但是什么事都有可能从中发生。我不关心剪辑，不在意角度，不考虑匹配的问题。我们所做的只是拍摄。可能起先拍摄场景很好，然后渐渐地它也许有点无聊了，再然后它又变得有趣起来，这时我们就把中间无聊的片段删减掉，把剩下的片段连接到一起。”

他想用 16 毫米摄影机拍摄由他自己、米亚·法罗、西德尼·波拉克和朱迪·戴维斯扮演的两对夫妻的故事，使画面展现出纪录片式的质朴感，但是他新的赞助商三星影业希望他用传统的 35 毫米摄影机拍摄。即便如此，他还是在框架内给了演员们最大的自由。他让卡洛·迪·帕玛照亮了全部的布景区域，这样一来，演员可以走到任何想去的地方。他告诉演员们：“去你想去的地方，任何地方都可以。走进黑暗，走进光明，全凭你们自己的感觉决定。”所有人，无论是从物理的角度，还是从技术的层面，都在这部电影中收获了更多的乐趣。

如果那些条件（“从物理角度以及技术层面”）不露出马脚的话，“有趣”这种明显不是艾伦风格的词如果出现过多大概会被警告已经足够了。他与法罗的养女宋宜·普列文的关系被爆出来后，不仅家庭生活被影响，他的私人生活也成了小报的专栏内容。而《丈夫与妻子》就是他当

“如果《丈夫与妻子》这部电影的内容是高度交错的、神经质的、快节奏的，是一部紧张的纽约电影，那么拍摄、编辑和表演都需要具备这样的特质。”

杰克和萨利和解的开始。

时正在拍摄的电影。即使是在新闻爆出前，在哥伦比亚大学巴纳德学院的校园进行的长达 10 至 12 周的拍摄也已经让许多人不满。迪·帕尔玛说，这是拍得“非常紧张的电影”，“一次情感体验”。剧本中，西德尼·波拉克把吕塞特·安东尼从晚会拉出来，并试图让她上他的车的场景原先应是搞笑的，但是这个场景拍好后，艾伦并不是很喜欢。安东尼说：“他说，‘我们要重拍这个场景，让她尽可能地惹人厌烦。’”

“我说，‘伍迪，我不知道我该说什么。你得帮我。’所以他说，‘水晶，豆腐，这个，这个，这个。’我真的不知道说了什么，但是我照做了。”

由此产生的冲突的现实主义和丑陋是毋庸置疑的。“它变得难以置信的暴力。不夸张地说，接下来三天我都睡不着。”安东尼说。“后来总有人张着嘴巴说着‘天哪，我们从来没在伍迪·艾伦的电影里见到那么多的暴力画面。’”

1992 年 1 月 13 日，黑暗事件最终爆发了。在制作快要完成的两三天前，艾伦接到了当天没有参加拍摄的法罗的电话。“我记得他在接电话。”制片人罗伯特·格林赫特说。“我们在等他继续拍摄。我能感觉到电话那头发生了令人不安的事情。”法罗发现了艾伦与宋宜不当关系的证据。

加贝和朱迪意识到他们的婚姻结束了。

十天后，她重新开始拍摄。她说，艾伦的行为是“温柔的、充满歉意的、满含关怀的”，但是这些场景本身就是一种折磨。“我不知道我是怎样回去拍摄了这些场景。”当她的角色朱迪告诉伍迪的角色加贝他们的婚姻结束了的时候（“结束了，我们都知道的。”），法罗看起来就像幽灵一般，极其憔悴。

预测到丑闻的爆发，三星影业将影片的上映日期提前到 9 月 18 日，它的放映范围也从仅仅 8 个城市增加到全国 865 家影院，这是伍迪·艾伦上映最广泛的一部电影。他们在宣传方面还花了 600 万美元，是艾伦之前几部电影的三倍多。“无论投入了多少，收益都会有两到三倍。”一个羡慕对手的工作室首席主管如是说。记者挤满了通常会严格控制的媒体放映会的现场。“天哪，进现场比进耶鲁大学还难！”洛杉矶排队买票的队伍中一个人叫嚷道。他们需要通过公关人员的四轮检查。一个关于这部电影其他明星连姆·尼森的打印文件在被送至达拉斯的途中被劫，甚至引起了联邦调查局的注意。盗版电影相继出现，售价 200 美元。在电影上映之日，三星影业首周周末票房达到 350 万美元，创下了伍迪·艾伦电影的新纪录。

再来看影片展现了什么场景——相机闪光灯在房间内不断闪烁，四处移动；未化妆的演员们

朱丽叶特·刘易斯扮演的雷恩，一个有天赋有创意的学生，是加贝婚姻破裂的导火索。

暴露在刺眼的灯光下；粗俗的语言尖利得可以刮掉油漆；剪辑的跳动画面和主角疲惫的神经相配……这不是那个一度被选为可爱的女权主义吉祥物的伍迪·艾伦，那个詹姆斯·沃尔科特所形容的“有思想的女性的抱抱熊”——在许多方面，这是艾伦对伯格曼《婚姻生活》的回答。《丈夫与妻子》有一种透明却混乱的坦率，让人不会对无聊的中年危机的探索（如《情牵九月天》《另一个女人》）感到昏昏欲睡，而艾伦似乎一直与法罗一起进行着这些探索。她似乎在那些电影中展现了自己的缩影，似乎感应到了受伤害的自己，她塑造的恨意越来越多地将她包围。《丈夫与妻子》中，她和大家一样放开了。沉默的氛围以及消极对抗的行为都给公开的敌意和咆哮的脏话让路，艾伦的獠牙终于找到了狠狠下嘴的肉。

这是他自《安妮·霍尔》后，最放松、最具文体创新的电影，使用了伪纪录片的形式：一个叙述者手持相机接受采访，传达了新闻的即时性。这是一类我们可以很轻松观看的、类似于灵长类动物野外交配习惯或曼哈顿中产阶级的中年危机的纪录片。衣衫褴褛的外表下隐藏着坚不可摧的戏剧性的自负。当杰克和萨利（西德尼·波拉克和朱迪·戴维斯饰）向他们的朋友加贝和朱迪（艾伦和法罗饰）宣布他们正在办理离婚手续时，他们的反应是震惊、悲痛、难以置信的。“你遇到其他人了吗？”加贝问道。“我只是觉得累了，都结束了。”朱迪说道，就像情侣间的分手一般。这便是电影令人深思的中心问题：如果分手是会传染的，那么轻率的承诺是不是也会像疾病或者森林火灾一样传播给周围的人？

事实证明，萨利新开始的单身生活，特别是她与帅气的编辑迈克尔（连姆·尼森饰）的约会，让挑剔的朱迪出乎意料地受到了吸引。同时，杰克与健身教练萨姆（吕塞特·安东尼饰）的关系也促使加贝产生了想与他一个 20 岁的名叫雷恩（朱丽叶特·刘易斯饰）的女学生在一起的想法，这影响了加贝对妻子的长期关注。“也许因为我是一个作家，受到了审美观或戏剧性因素的影响。”加贝自我安慰道，“一定有戏剧性氛围的原因，我现在似乎爱上了那个人，也爱上了现在的状况。”戏剧家会沉迷于自己戏剧中的激动情节。这个想法是个强烈的自我诊断，这也许也很接近当艾伦演出自己的电影时，他内心的真实想法。正如他耸耸肩，提到他在雷雨中轻吻雷恩的那一晚，“需要出现这个场景。”

不用说，这部电影狂热的情感机会主义氛围是给全体演员的礼物。法罗以消极抵抗的状态继

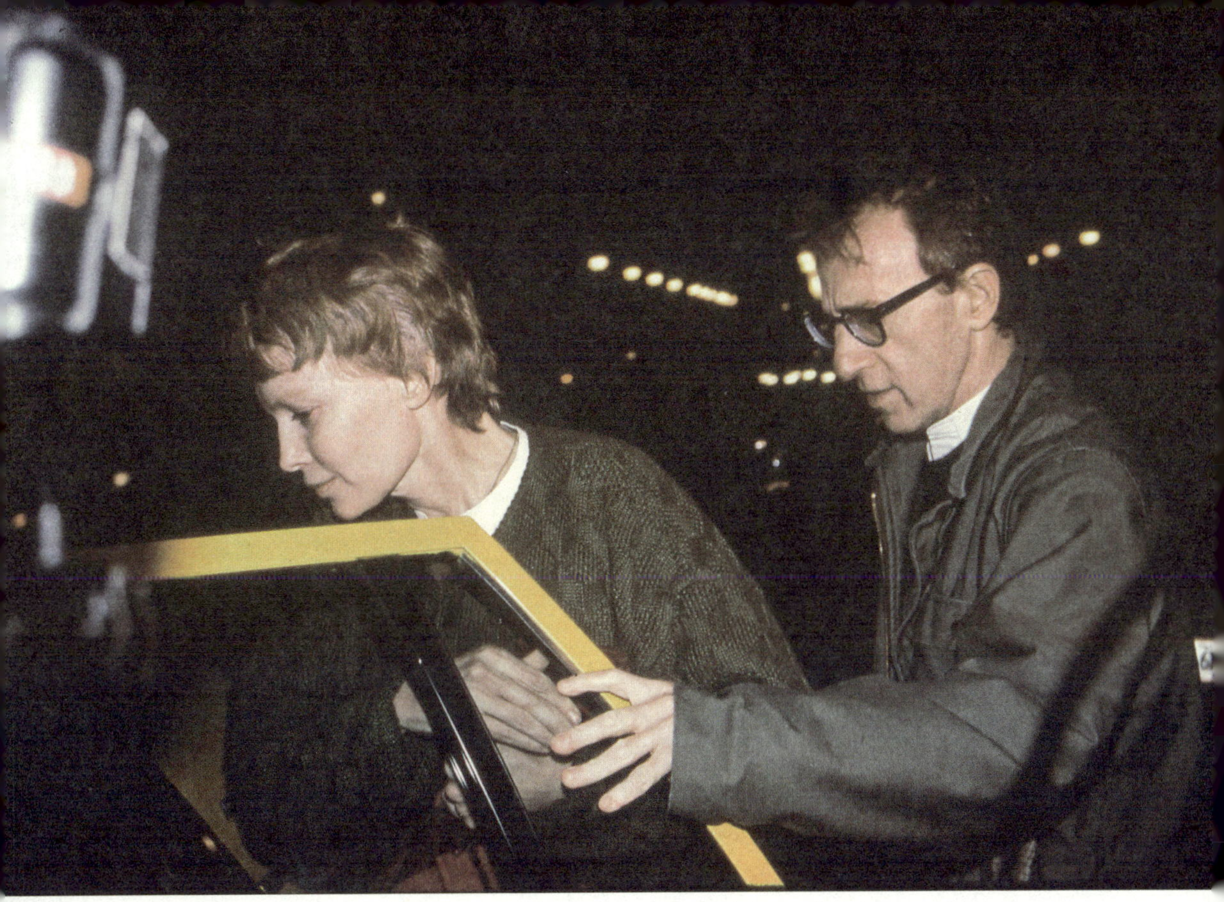

《丈夫与妻子》拍摄即将结束的时候，艾伦与米亚·法罗的关系决裂。

“当我完成《丈夫与妻子》的剧本的时候，它只是想象的行为。我很早就完成了这个剧本，比你们在报纸上看到的所有事情的时间都早。它和这件事没有任何关系。”

续闪耀着；朱丽叶特·刘易斯继续着她在《恐怖角》中作为渴望关注的新人的演出；而朱迪·戴维斯则将演技发挥到极致：无论是在约会时打电话不停咒骂她的前夫，表达恨意——她用《唐·乔瓦尼》里的台词怒吼“他们应该阉了他！”；又或是用“这不是我的风格”的借口躲避亲吻，在这个女人高度紧张的神经上演奏起小提琴协奏曲。最后，她与杰克重归于好，而这毁灭之火却转移去摧毁加贝和朱迪的关系。通常情况下，艾伦越黯淡，他的戏剧就越无聊，因为他被误认为对情感的微妙缺乏兴趣，或者对生命的原罪这一真正的悲剧进行过多病态的思考，但《丈夫与妻子》不一样，它展现出了本质，不带任何假象或者出于审美而做出的修饰。这就是给人灵魂上的电光一击：艾伦处于最黑暗的时刻，但却最令人信服。

(1993)

曼哈顿谋杀疑案

Manhattan Murder Mystery

艾伦很久之前就想拿《安妮·霍尔》中的角色重新写戏，看看现在的他们是什么样子。“我保存了一些原来电影的连续镜头，他们可以看出角色年轻和年长时候不同的样子。”他曾沉思道。但是《曼哈顿谋杀疑案》对他有一种说不出的亲近感。这部电影改编自1977年一个故事的边角部分，安妮和艾尔维戴上她们的侦探帽，去解决她公寓大楼走廊上的谋杀案。那时，艾伦告诉他的写作搭档马歇尔·布理克曼，他写了这个故事，做了他想做的，但什么都没发生。15年后，当他四处寻找新的灵感时，艾伦打电话给布理克曼，问他：“为什么我们不尝试把那个故事塑造成型？”

所以艾伦回到会让他回想起与米亚·法罗分手的办公室场景和关键的胜利场景，这并不令人惊奇，电影最初就是把法罗当做卡罗尔的扮演者来编写的。1992年8月，他们开始在法院争夺孩子的监护权。那个秋天，他给黛安·基顿打了电话，邀请她扮演那个角色。她答应了，然后飞回了纽约。“她接到了我一百万通电话，在我的恳求下同意了。”艾伦说，“和她一起工作很愉快。这对我来说是一个很好的治疗，一副绝佳的缓解剂。”

基顿扮演这个角色的话，影片的主旨和方向都要有所改变。“她是一个厉害的喜剧女演员，一个充满活力的喜剧女演员，所以整体的重心都要有所转移。”“她成为了这部戏的喜剧中心。米亚可以演喜剧，并且有一种绝佳的喜剧感。但在喜剧方面，我比她厉害。而基顿比我更厉害。她有着更吸引人的滑稽的荧幕个性。我可以全年辛

在这部《安妮·霍尔》的衍生片中，伍迪·艾伦和黛安·基顿扮演夫妻，成为卡罗尔和拉里·利普顿。

安杰丽卡·休斯顿第二次参演伍迪·艾伦的电影，但这次她不再是扮演谋杀案受害者。

苦工作，给我自己写出1000条有趣的台词，但是当镜头对准她的时候，她表现的就是你期待的。我认为除了朱迪·霍利德，她就是荧幕上最伟大的喜剧女演员。”

基顿需要克服对扮演刚刚离婚的名叫泰德的朋友的艾伦·艾尔达的一些原始的恐惧。拍摄一个星期后，基顿回忆道，艾伦说“不怎么样”，让她下决心重新回到现场。“当然，我是特别害怕的。但是伍迪很聪明。他说，‘你能重拍一次的。’这就是他最棒的地方。他完全诚实，不会感情用事。他用他一贯的方式回应了我，好像我是个小妹妹一样。”

安杰丽卡·休斯顿扮演了穿着黑色皮衣的性感作家。她帮助基顿和艾伦这一夫妻组合，即卡罗尔和拉里·利普顿解决谜团。她评价这个团队完全不会让人觉得焦躁、愧疚或者痛苦，至少与拍摄《爱与罪》时，艾伦极其安静和疏远的状态相比，确实是这样。“这部电影中，他以预告片中的妆发造型出场，取笑黛安的发型和她认真地用黄色贴纸做了记号的大摄影书。在黛安身边，他是开放，易接近的。”

结尾很长时间都是留有疑问的。凶手原来设定是邮票经销商，后来艾伦将它改成了一家电影院的主人。这样就可以提供一个破旧的电

卡罗尔和拉里让我们知道了如果安妮和艾尔维在一起的话，现在会是什么样子。

影院作为布景，用《上海小姐》的镜子加以完善。电影结尾的笑话原本是中间出现的。艾伦认为它是一个“不错的笑话，但还不是那么完美。在我第一次剪辑电影后，我意识到这个笑话在片尾会更有效果，所以我们出去把它拍了出来。”谋杀案解决后，卡罗尔和拉里不再担心受害。他们两人沿着大道慢慢走着，谈论着发生过的一切。原来卡罗尔和泰德之间并没有爱情的火花。拉里轻蔑地说道：“如果没有增高鞋、假的晒黑的肤色和戴着牙套的牙齿，你还有什么？”卡罗尔毫不迟疑地回答道：“你。”屏幕切成黑色。

如果安妮·霍尔和艾尔维·辛格结婚了，一起步入中年，买了健身自行车，他们也许也会像卡罗尔和拉里·利普顿一样，成为《曼哈顿谋杀疑案》的主角夫妇。“你觉不觉得我们好像太过舒适，慢慢地变成了一双舒适的旧鞋了？”在与楼下两个邻居保罗和莉莲·豪斯（杰里·阿德勒和林恩·科恩饰）相处一晚后，卡罗尔问道。豪斯夫妇似乎很甜蜜，但他们的邮票收藏和双墓地计划好像也有点无聊；仿佛能让人看到婚姻未来的幽灵。第二天，豪斯太太去世了，死于心脏衰竭。不过豪斯先生似乎并没有很伤心。它只能说明一件事，卡罗尔推断：这个甜蜜的老男人谋杀了他的妻子，还打算和别人逃走。这双旧鞋准备扮演侦探的角色。

“我觉得我才完成了22或23部电影，我也不太清楚，我会继续做一年，把这件小事当做乐趣。就像甜点之类的。不是正餐。”

卡罗尔对他们老邻居的神秘死亡着了迷。

这便是艾伦婚姻文艺复兴性质的喜剧设置，就像《后窗》[1]与退休人员有关，他们既混乱又老练。演员们在发现老的化学物质依然能起作用时，无法隐藏内心的喜悦，完全表达了出来。这个电影的主题，很像它的主角夫妇，好像会随着年龄的增长有所改善。布里克曼和艾伦都不能将这种神秘谋杀案的情节安排在艾尔维·辛格和安妮·霍尔热恋时，因为那太过于神秘了，于是放弃演绎马普尔小姐的机会，将它变成了一对中年夫妇的故事。对中年夫妇来说，两张大都会歌剧院的月季票就能让他们的肾上腺素猛增。这一点着实可爱，还很大方热情。卡罗尔和拉里都有了情敌：泰德（艾伦·艾尔达饰）是一位并不隐藏他对卡罗尔喜爱之情的老朋友，他放任卡罗尔关于她邻居的阴谋论；玛西亚（安杰丽卡·休斯顿饰）是拉里出版社的一位作家，很快就有了自己的理论和战略。这四方的微妙关系让卡洛·迪·帕玛的镜头十分忙碌，它快速地摆动，不断地穿行，甚至还一度上升到令人眩晕的高度，飞越了曼哈顿大桥。没有什么能比这些更有效地传达艾伦的意图：我回来了。

惊叹于基顿的表现，他也把这当作是最后一次专注的喜剧表演，尽力做到最好。这就像是他整个职业生涯的延时摘要，只不过反了过来。我们从唠唠叨叨、爱发牢骚的专业反对者开始，试图将他当做一般家庭里的男人。“我是你的丈夫，我命令你睡觉。睡觉！我命令你。我命令你。快睡！”但是随

1　《后窗》是一部由阿尔弗雷德·希区柯克执导，詹姆斯·斯图尔特、格蕾丝·凯利、瑟尔玛·瑞特等主演的悬疑片。

玛西亚（休斯顿饰）给拉里上了关于扑克的一课，这便是艾伦卓别林式的辉煌。

着剧情不断发展，拉里的怀疑态度消失了，艾伦的喜剧恢复了活力，他展现了一些绝妙的滑稽场面：一副扑克牌，一卷还能播放的磁带，还有在卧室中，对最稀有的海洋哺乳动物的短暂一瞥，再加上艾伦式的微笑。最后，冒充警务人员（“他们降低了身高要求”），他和基顿收获了在一起工作时那种愉快轻松的节奏，就像在《爱与死》那时一样。他们都能再次入侵拿破仑的宫殿了。最后一个笑点很棒，但艾伦在基顿说出她的妙语的那刻，对着镜头的咆哮似乎更有趣，它仿佛在说：你能相信我要和这个人一起回家吗？他看起来好像只有 12 岁。

这部电影一经发行，评论指向这样一种趋势：拍拍它的头，把它放走了。影评人欧文·葛莱伯曼在《娱乐周刊》上评论道：“成功的轻量级伍迪——不多也不少。”影评人珍妮特·马斯林在《纽约时报》上写道，一部“温和的、中年的、典型的欢乐喜剧”，“令人满意的温柔和简单”。法罗的骚动似乎让所有人都和艾伦自己想的一样，要慢慢地忘记这些事，因为“没

“有人一直用叙事型的线性模式思考，并用这种方式创作了精彩的电影；有人思考的方式不是那么线性，更偏向于枝蔓式——我更喜欢这么做。我有时候喜欢走来走去，不是故意的，只是出于本能而为之。”

有隐藏的意义，甚至没有意义”。通过这一方法，都不需要马克斯三兄弟。它也是胡扯。《丈夫与妻子》之后，他画了一幅如此温暖的关于婚姻的肖像。这部作品似乎是由某个受到婚姻激励的人创作的，就像从西班牙宗教裁判所获得的感受一样。这部作品是艾伦挣扎于完全成熟的文艺复兴时期的标志。他创造性的单身生活的第一个成果便是开始了一段时间的艺术开放。作为十年多来第一次创造性的单身生活，艾伦发现自己满足了对于合作的渴望，开始是和可以信赖的老朋友们，例如布里克曼、基顿、艾尔达等，然后便是和新一代的演员们，例如肖恩·潘、朱莉娅·罗伯茨、莱昂纳多·迪卡普里奥等。他们都在艾伦高度严肃的冒险中逐渐成熟。

“‘解放。’1999 年当我让他描述分手给他的作品带来的影响时，他告诉了我这个。因为我感觉不需要特地坐下来进行创作，脑海中就能自动生成一个形象。这便是解放。我觉得我可以先写，然后再选角；而不用为了演员写下角色。现在，我并不介意和黛安·基顿合作，但是我确实和米亚合作了太久，她确实是一个很棒的女演员。我拍了太多她主演的电影。她也从来没有让我失望，但你制作了十二三部这样电影后，你会想要不同的化学反应。”

迈克尔・奥尼尔
摄于 1994 年。

“这是拍摄一部 20 世纪 20 年代百老汇作品时的一张幕后布景照片。艾伦后来把这部作品改造成一部舞台音乐剧，该剧于 2014 年 4 月在纽约圣·詹姆斯剧院上演。”

（1995）

子弹飞越百老汇

Bullets Over Broadway

这部电影写于艾伦处于监护权争斗的动荡的一年，《子弹飞越百老汇》是对他能力的最大考验，这取决于他能否从工作中找到避难所，得到救赎。1993 年 1 月开始，艾伦与合作的作家道格拉斯·麦克格拉斯每天都在公寓中见面。他们相对而坐，把长沙发椅放到一起讨论电影。一天，艾伦正来回踱着步，叙述着情节，像希腊人佐巴一样挥舞着双臂，他突然停了下来，咬着手指，暗示着表演开始了。“在繁荣的二十年代，有一个剧作家认为自己是一个伟大的艺术家……”

然后，根据麦克格拉斯的描述，电话响了。艾伦举起一根手指，等了一下，然后接了电话，低声地说着。“长时间的心理问题……”麦克格拉斯无意中听到，“……尝试了所有的药物……私家侦探……”

艾伦挂了电话，调整了呼吸，然后转向他的合作者，笑了笑，抬起胳膊，又开始掰起手指。

“好……繁荣的二十年代……剧作家……伟大的艺术家，然后他去找了一个制作人，想要让制作人制作他的作品，但是他想自己做导演，以保护作品的艺术完整性——”

电话又响了。艾伦接了起来。“严重的幽闭恐惧症患者……”麦克格拉斯听到他低声接着电话，“窗口两只红眼睛……把她的孩子送到邮局……毛发在玻璃纸信封里。”

最后，当第三个电话打断了他们的创作时，他挂了电话，羞怯地笑了。

“好吧，”他边说边扬了扬眉毛，“让我们重新开工，创作我们的小喜剧……”

法罗丑闻之后的那段时期是艾伦原本安静的世界快速重组的时期。当他找到值得信赖的合作者麦克格拉斯时，其他人都已经离开了他，包括三星影业，在《丈夫与妻子》《曼哈顿谋杀疑案》的票房成绩不佳之后，也撤走了三部电影的合约。震惊于朋友的遭遇，制片人珍·道曼尼安向艾伦提供了一笔交易，她的新公司斯威特兰电影公司能给他超过 25% 的制作预算，慷慨的超过 7 位数的导演报酬，以及当斯威特兰公司收回投资成本后，艾伦还可以享受利润分成。道曼尼安在发行实际上是艾伦的第一部独立电影时，收到了四份标书。他们最终选择了米拉麦克斯公司，但其出价未可见。

尽管道曼尼安已经裁减了艾伦制作团队中的很多人——这个团队从《安妮·霍尔》开始就已

“它只是一个伟大的多彩的时代。一切都很迷人。所有人都抽烟，再打扮正式地奔赴晚宴，然后去夜店。它真的非常复杂。我喜欢将我的一些电影设置在那个时代，因为那很有趣。”

“不要说话！”

经建立，但是《子弹飞越百老汇》最终还是成为了他最贵的一部电影，花费了2000万美元。这主要是由于时代背景使然，它需要租用纽约客酒店的古老的宴会厅、曼哈顿都铎之家套楼公寓22层上的艺术装饰合作商店、第四十八街上的科特剧院作为拍摄地点。“纽约取之不尽，用之不竭。”艾伦评价道。对他来说，电影里那充斥着非法秘密酒店和报亭的泛黄世界，是对达蒙·鲁尼恩作品的另一种致敬。“我很久之前就有这样的想法：黑帮老大的保镖实际上是一个真正的编剧天才（他不能忍受自己的创造有一点瑕疵），但是如果不是道格拉斯·麦克格拉斯对这个想法兴致高昂，我可能会放弃这个点子。”他说。“《子弹》这部电影真正主旨的显现是在黑帮老大的保镖决定要杀了老大的情人奥利芙（因为其蹩脚的演出），拯救他的戏剧的时候。在此之前，它只是一个有趣的观念，实现了一部分，但没有完全展现。那个杀了她的决定完整了这个信念。”

“我是谁？虚荣的百老汇传奇！”黛安娜·维斯特凭借海伦·辛克莱尔一角获得了奥斯卡奖，这是艾伦引以为傲的事件之一。

他曾想过自己去演主角，但是他认为这位新手剧作家戴维·谢恩还是由一个年轻演员扮演更为合适，所以他选择了约翰·库萨克。艾伦对他在《影与雾》中的表现印象深刻。在选角导演朱丽叶·泰勒让他看了罗伯特·德·尼罗的《布朗克斯的故事》后，他选中查兹·帕尔明特瑞，请他饰演本片中特别的黑帮保镖。扮演奥利芙的珍妮弗·蒂莉被鼓励自由发挥，即兴创作，接下其他人的即兴表演。“在现场五分钟后，我意识到伍迪不仅仅想要即兴创作，很明显，他还希望奥利芙要一直说话。”蒂莉说，“伍迪对奥利芙一角的想法是‘她处于自己的小世界中，这个世界围着她转，她只要不停地说话、说话、说话。’”

艾伦和黛安娜·维斯特聊了好几次后，才让她相信自己有能力将诺玛·戴

奥利芙的保镖切奇一开始帮助她练习台词，后来几乎重写了这出戏。

斯蒙式的女明星海伦·辛克莱尔演活。一开始她对此是持怀疑态度的，麦克格拉斯也是如此，他说："黛安娜·维斯特是虚荣做作的女演员吗？这并不像她自己。她应该是甜美可人，柔弱可怜的。""不，她必须做下去，"艾伦始终坚持，"她什么都可以做到。""反正是你的电影，你说了算。"麦克格拉斯不再坚持。第一天拍摄结束后，艾伦给维斯特打了电话，邀请她来看看他们拍了什么。她坐在那里，对她的角色充满恐惧，"扮演这个角色对我来说是极其痛苦，痛苦的尝试，可悲，可怜。"

艾伦说："你知道，这是很可怕的。"

"我告诉过你！"

"你接下来打算怎么办？"

"嗯，你必须拿起电话，找到一个可以胜任这个角色的人。"维

斯特回答道，“不是我。你应该找人替代我。”

“不，我觉得这跟你的声音有关。我们重拍一次。”

维斯特说话时原本声调较高，所以在这里她几乎降低了一个八度。重拍后，艾伦说：“这就对了。”维斯特说：“那才是这个角色。我在拍摄时，他会说，‘声音！声音！’”她的声调越低，就越有趣。奥斯卡奖评选的时候，《子弹飞越百老汇》获得了7项提名，包括最佳影片、最佳导演、最佳剧本（艾伦已经第11次被提名这个奖项，和比利·怀尔德一样）以及维斯特、提莉、帕明特里获得的最佳女配/男配的提名。与《汉娜姐妹》一样，维斯特赢了。

黛安娜·维斯特是《子弹飞越百老汇》的礼物，也是艾伦关于这部电影最大的骄傲。她一边温柔地吟唱，一边敏锐地评估着谢恩持续不停的赞美。她停下来只是为了让别人佩服她精致的演唱，她让每次停顿都有充足的回响。“让鸟儿唱着它们的歌，让我们的歌继续埋没……”她用手指按住了谢恩的嘴唇——“不要说话！”，然后继续用沙哑的中音演唱。当这样的台词说出来之后，它成为当时流行的经典台词。这样的台词传达了无形的力量，它们是永恒的。两个音节，一段以自恋闻名的俳句，表现出了海伦·辛克莱尔的虚荣，还与竞争的自我和冲突的行为交织着，形成了戏剧的中心。轻浮快活的闹剧淡淡地讽刺着艺术的气质，多层次的写作手法，使它和《开罗的紫罗兰》一起成为了艾伦作为滑稽寓言作家的顶峰作品。这就算不是他最好的电影，也会被认为是最有趣的电影，内容丰富，重复多次都不会厌烦。

所有角色就像保龄球一样一字排开，再与其他角色交织在一起。维斯特扮演的女伶，因为干马天尼酒而微醺，走进每个房间，说话断断续续（“阿尔文夫人……万尼亚舅舅……还有科迪莉亚，奥菲莉亚……克吕泰涅斯特拉！”）；提莉扮演的黑帮老大女友，十分无知，和她的内在一样可悲（“迷住了，迷住了……”）；吉姆·布劳德本特扮演的做作的悲剧演员，随着拍片的进程，因为蛋糕和鸡腿而不断发福；崔茜·尤玛扮演的轻率的天真少女，就和她自己的吉娃娃小狗一样……最后，还有一个最冷静不做声的角色，在这部充满着浮夸轻佻的台词的电影中，耀眼万分：他就是查兹·帕明特瑞扮演的保镖切奇，他坐在后面，听着谢恩改编自奥尼尔《先圣之神》的夸张剧本，评价道：“它就像滚烫的冰一样令人恶心！”

切奇是艾伦终极幻想的化身。就像《纽约客》的影评人安瑟尼·连恩说的那样，“一个饱含热情的唯美主义者，既因为艺术自主而奋斗，又跟随着老板的脚步，听从他的指令。我想艾伦比起认可这一观点，他更尊重这一观点。”艾伦荧幕中胆小的角色通常都有着强烈坚定的艺术意志，所以许多他的戏剧，强调着依靠自己的力量，超越自己，展现真实的自己。通过与自己直接的对话，表达着意见与观点。他也许就是库萨克扮演的那个拘谨的剧作家戴维·谢恩，高傲地用角色作为自己的代言人，表达出自己宝贵的思想。或者他是帕尔明特瑞扮演的黑帮保镖，一直给出忠告，用从街头获得的灵感改编着谢恩的剧本（“你没写人们是如何谈论的”）：事实上，艾伦既是平常人，也是老于世故的暴徒。这也许就是为什么他安排了台球厅中长时间的对话，两人不知不觉中为对方着迷，好像有种说不出的亲密感。他后来的电影中充斥着这样的组合：《开罗的紫罗兰》中真正的吉尔·谢菲尔德和虚构的汤姆·巴克斯特；《爱与罪》中艾伦·艾尔达扮演的莱斯特和他自己扮演的克里夫；《子弹飞越百老汇》中的切奇和谢恩。艾伦的作品中不会有很多的坏人，而且他们都不是彻头彻尾的坏人，他们有着矛盾的性格，甚至双重人格或精神分裂，特别是在反转剧情中，一个角色会衍生出另一个版本的自己。这样既满足了艾伦的喜剧才能——这是他从考夫曼[1]、皮尔曼[2]、瑟伯[3]那里学习的：在上下颠倒的宇宙中，每个人有着和他相反的自己；又实现了他对于斗争的戏剧冲突性渴望，如果其他人不做的话，他自己也会去做。

“揭示严肃主题的喜剧”，这是艾伦对《子弹飞越百老汇》的描述。这一主题是充满创造力的基因展现出的偏差。艾伦没有说出来之前，它什么都不是。就像艾萨克·戴维斯多年前在《曼哈顿》中说的“才气便是运气”，这一主题艾伦在 20 世纪 90 年代的《甜美与卑微》《解构爱情狂》中又为之注入了新的活力，好像媒体的诽谤只强化了他战胜所有人的渴望。戴维·谢恩的许多戏剧听上去都像坏坏的伍迪·艾伦的作品（“这些日子混合纠缠在一起，就像融化的胶片，就像一部图像扭曲、

艾伦与库萨克、蒂莉、崔茜·尤玛（伊甸·布伦特饰）和奇瓦瓦（伍夫勒斯先生饰）在彩排现场。

1 俄国摄影师。
2 波兰钢琴家。
3 美国作家和漫画家。

毫无意义的电影……”）。《子弹飞越百老汇》中，他彻底展现了真实的自我，用了所有的才能。“我不是一个艺术家！”库萨克扮演的剧作家在片尾哭喊着，似乎就是艾伦发自内心的呐喊。

1995 年 1 月 18 日《子弹飞越百老汇》一经发行，纽约票房收入达 1300 万美元。之后还在 7 个国家放映，票房成绩都比国内的好。在法国，艾伦在夏洛特·兰普林的帮助下，上电视宣传影片，最后单单在巴黎，它的票房收入就高达 250 万美元。“我们以为伍迪·艾伦已经与全世界断了联系，更不用说和他的观众了。”莱恩写道，“但事实正好相反，他用我们的快乐满足自己，他似乎比以往任何时候都更为积极地和我们交织在一起，让我们欢笑。”

“我最喜欢做的就是此刻我还没有做的事。”

布莱恩·哈米尔摄于1994年《子弹飞越百老汇》拍摄期间。

米拉·索维诺扮演了头脑简单的妓女琳达·阿什一角。凭借优秀的演技，她获得了奥斯卡最佳女配角奖。

（1996）

非强力春药

Mighty Aphrodite

莱尼（伍迪·艾伦饰）、他的妻子阿曼达（海伦娜·邦汉·卡特饰）和他们的养子马克斯（吉米·麦奎德饰）的家庭相聚时光。

艾伦常常好奇他的养女迪伦·法罗的出身。他认为，迪伦一定是继承了“优秀的基因”，才能够如此聪慧迷人。他想知道她的亲生父母是谁，也开始构思起一个关于领养小孩的故事。养父母十分喜欢这个孩子，他们找到了孩子的亲生母亲，爱上了她。或者，他们找到了孩子的母亲，但那个母亲却是一个妓女。他们对孩子的出身了解得越多，事情就越糟糕。这个故事让他想起了俄狄浦斯。他一直想拍一部电影，融合希腊戏剧合唱团的元素，在剧情和合唱间不断切换，推动故事发展，就像他在《傻瓜入狱记》中采取了纪录片形式一样。“许多东西都理所当然地被认为是十分严肃的，例如纪实风格拍摄或者希腊戏剧合唱团。其实也可以借由其固有的严肃性特征，展现出讽刺的效果，十分有效。”艾伦说，“比如说，‘天哪，可以使用一种希腊式的讽刺手法。’然后我就想到，‘这部电影可以当作希腊寓言，进行拍摄。’”这是他考虑多年的想法。

希腊场景的拍摄在一个露天剧院进行。那个剧院是古希腊歌剧院，意大利陶米拉电影节的举办地。艾伦在1971年宣传《香蕉》时，曾经去过那里。这也是20年里艾伦首次不在美国进行拍摄。他在宣传《曼哈顿谋杀疑案》时对这部电影进行了选角，邀请海伦娜·邦汉·卡特扮演他的妻子，并极不情愿地承认美国演员默里·亚伯拉汉有着莎士比亚式的腔调，可以担任希腊戏剧合唱团的领唱一角。艾伦相信能在英国找到扮演妓女琳达·阿什一角的演员。一开始，米拉·索维诺并没有通过纽约的试镜。后来她出现在艾伦伦敦的酒店套房中，身着短裙，搭配长靴，尖声地说着话。“她走进来的那一刻，我就知道她是最完美的。”艾伦说，“说实话，我都不知道她是如何躲过房间的保安的。”

当他在伦敦宣传《曼哈顿谋杀疑案》时，艾伦面试邦汉·卡特。

他告诉这个毕业于哈佛大学的女演员："我希望你的聪慧并不只是昙花一现。"她开始研究起这个角色，为了把自己融入角色，她花了三天时间在费城闲逛，和脱衣舞女们聊天，并和一名色情演员交流。她的嗓音则是从她母亲的朋友身上得到的灵感。一开始，艾伦并不确定这种嗓音是否合适。拍摄了四周之后，艾伦开始担心，询问她能不能用别的嗓音。"我想，'天哪，如果他们不接受这个嗓音，那我就麻烦了。'但是我认可了这个嗓音，跟着自己的直觉继续拍了下去，结果证明我，哦不，应该说，她是正确的。"

米拉·索维诺凭借朱迪·霍利德式的冷静以及博阿迪西亚式的沉着在《非强力春药》中大放异彩。她的一双大长腿由晃动的高跟鞋支撑着，竟能有奇迹般的平衡，就像长颈鹿展现出的平衡那样。她的表演，就和她的口音一样，飘浮于空中某处，用带鼻音的声音完美地阐释着虚无的思想泡沫，介于老鼠米妮和猪小妹之间。"我曾参演过一部电影《海狸巡逻》，关于男童子军在树林里发现了喝醉的女童子军。男童子军把她们带到了小屋中，从背包中拿出了假阴茎……"上东区体育记者莱尼·温瑞卜（艾伦饰）坐在那里，吃惊地张着嘴，脸上一副震惊的表情：这个美丽的白痴竟然是他养子的生母。莱尼不知道该看向哪里：是公寓中的阴茎小摆设，还是她裸露的躯体。

"好奇心能够杀死我们。"希腊戏剧合唱团的领唱（默里·亚伯拉汉饰）唱道。但并不是好奇心驱使莱尼寻找琳达的，是因为他和妻子（海伦娜·邦汉·卡特饰）的争吵，使他渴望重获旧曾经蜜月时的心情。也不是好奇心让莱尼有了亨利·希金斯式的渴望，想要改造琳达，让她成为一名理发师。"傲慢！"合唱团唱道。"他在扮演上帝！"但这也不是傲慢。它是挫败的浪漫主义痴迷，或者说是欲望。艾伦并没有意识到这一点，使得《非强力春药》萦绕着一种诡异的鬼鬼祟祟、逃避推托的氛围，也让它的情节在某些方面有些奇怪。"在我这个年纪，如果我向你示爱的话，他们一定会给我戴上呼吸器。"莱尼说。因此，他成了叔叔般的媒人角色，让她与一个年轻的拳击手见面。这个拳击手却一心想回到他哥哥在州北部的洋葱农场。

与拉帕波特一起的场景是影片最佳场景的一部分，但这个次要情节最后却以悲剧收场。就像

“痴迷很危险，但却是构成喜剧的主要成分。”

当他寻找马克斯的生母时，莱尼克服了欲望和恐惧。

默里·亚伯拉汉作为希腊戏剧合唱团的领唱，对影片中的事件进行评论。

喜剧之神指示的那样，给艾伦留下了一堆乱七八糟的东西。从爱情角度来看，有更年轻的选择，却又被莱尼动摇，一夜的激情使他作出了更为奇怪的决定。是那种无法让角色按照他所想去做事的无力感，让艾伦第一次有了使用希腊戏剧合唱团的想法吗？影片最吸引人注意的，便是一种对心仪对象明显有了欲望的中年体育记者的智力优势，你有多认可这种智力优势，你就会觉得这部电影有多有趣。艾伦所有的荧幕爱情作品中，都有智力的不对称性。当然，女方在智力上的弱势，可以让艾伦展现男性的优势，可以作为女方的情感导师，但是在《傻瓜大闹科学城》《安妮·霍尔》和《汉娜姐妹》中，女性轻易地就胜过了男性，她们更厉害。克尔凯郭尔[1]的介绍并没有形成长久的联盟。

《非强力春药》中并没有剧情扭转的内容，索维诺的角色一直受到帮助，影片中反复地提到她演的色情电影的名字，《海狸巡逻》《施了魔法的猫咪》，但是索维诺演技最厉害的地方就在于她大胆地表现出她的角色的无助感以及懵懂无知的效果。“索维诺值得赞扬的地方就在于她并没有让这个作为幻想产物的角色沉寂。”影评人安东尼·莱恩在《纽约客》中写道。“索维诺对这部电影的掌控几乎令他人汗颜。她的存在使得其他人看上去对生活都是无精打采、漠不关心的态度。”那一年的奥斯卡颁奖，索维诺获得了最佳女配角，赢过了旗鼓相当的其他人，包括在《理智与情感》中扮演玛丽安·达什伍德一角的凯特·温斯莱特以及在《尼克松》中扮演帕特·尼克松一角的琼·艾伦。这也是第四次女演员凭借伍迪·艾伦的电影获得奥斯卡奖。

1　索伦·克尔凯郭尔，丹麦宗教哲学心理学家、诗人，现代存在主义哲学的创始人，后现代主义的先驱，也是现代人本心理学的先驱。

(1997)

人人都说我爱你

Everyone Says I Love You

艾伦一直梦想着有一天能制作自己的音乐片。制作《安妮·霍尔》时，他就向合作者马歇尔·布里克曼提议，其中一个场景全部用演唱来表现。凭借《子弹飞越百老汇》他重获了观众加倍的好感；米拉·索维诺凭借《非强力春药》获得了奥斯卡奖，也体现了好莱坞的欢迎。在此基础上，《人人都说我爱你》是艾伦年轻时学习的载歌载舞的“庆典式喜剧”的全明星版。“年轻时没有人会有所损失，事情结局都是圆满的。因为这两点，你会在下午四点又出去散步。然后突然间喇叭响了起来，太阳很耀眼，温度变成了九十度，而你并不是弗雷德里克·马奇或者小道格拉斯·费尔班克斯。我自己开始觉得我想要长大，想搬去曼哈顿，想过那样的生活。我想打开香槟酒，有一部白色的电话，说着随时准备好的妙语。”

他主要的创新就是引入日常现实的元素：他希望所有的演员都用他们洗澡时唱歌的嗓音表演。直到演员们签约后，他才告诉他们这是一部音乐片。“如果那个人能唱歌，那很好；如果他不会唱歌，那也没关系。”他说，“最重要的不是技术，因为我想要的是未受过训练的嗓音。”只有德鲁·巴里摩尔有配音，因为她让艾伦相信，就算他追求的就是最原始的声音，她的歌声依旧不堪入耳。而戈尔迪·霍恩和爱德华·诺顿则是唱得太好，艾伦不得不让他们把嗓音变粗一点，听起来就像普通人突然间唱歌的声音。

拍摄《人人都说我爱你》期间，
与宋宜共游威尼斯。

艾伦·艾尔达和戈尔迪·霍恩扮演的上东区有钱夫妇鲍勃·丹德里奇和施特菲·丹德里奇。

舞蹈由曾指导过《非强力春药》中希腊戏剧合唱团舞蹈的格拉谢拉·达妮埃尔编排，采用单一的长拍，没有特写。这是弗雷德·阿斯泰尔采用的方式，确保拍摄的舞蹈可以看到所有的舞者。“这就是我想要的，简单直接地展现舞台，没有删减。”艾伦说，“影片拍摄时，氛围十分愉快，但当我让影片投资人哈维·温斯坦看影片时，他却很反感。通常他都很认可我的电影。无论何时我让他看一部电影，他都会很喜欢。但对那部电影，他和其他人想的一样：音乐片中，演员应该要会唱歌。但最后他还是很满意。而我则心怀不满。他让我把演员们说的脏话‘混账东西’删掉，这样他才能让影片在纽约无线电城音乐厅上映。但我就是不想删掉。这不是我拍影片的方式。所以最后他作了让步，还是很好地放映了影片。”

为了让观众满意，艾伦的《人人都说我爱你》借鉴了他之前最成功的电影《汉娜姐妹》。这是一个家庭影集，主要围绕一个富裕的上东区家庭，律师鲍勃·丹德里奇（艾伦·艾尔达饰）和他富有的自由主义妻子施特菲（戈尔迪·霍恩饰）。正如《汉娜姐妹》，这家有四姐妹，莱恩和劳拉（盖比·霍夫曼和娜塔丽·波特曼饰）；斯凯勒（德鲁·巴里摩尔饰），一个与爱德华·诺顿扮演的豪登订婚的初入社交界的上层社会少女；以及朱娜（娜塔莎·雷昂饰），影片中只有 13 岁却精明老练的叙述者。“现在，我要跟你说实话，”她开始说道，“我们不是那种你看的音乐喜剧中的典型家庭。一方面，我们很有钱。另一方面，我们住在派克大街上的一个大公寓里——一个顶层公寓。”除了一件事：他们完全是你期望在音乐喜剧中看到的那类家庭，当然也是艾伦心中的那类。丹德里奇一家的奢华某种程度上导致和推动了贯穿整部电影的轻微冲突。这部电影与其说是音乐片，也许更是他梦想的一部片，那些在他孩童时期触动他的电影的“安抚毯”式的版本。这部电影萦绕着优雅的音符，就像用鸡毛掸子演奏的莫名温柔的幻想曲。

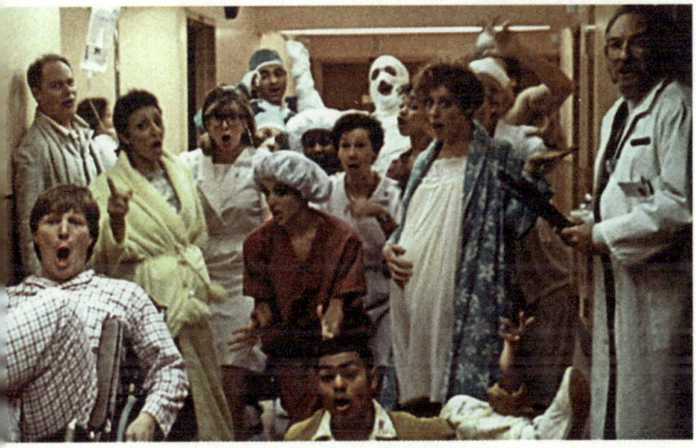

艾伦和担任影片老于世故的少女旁白的娜塔莎·雷昂查看录像。

“那就是你们会从狂欢中得到的，伙计们。”

事实上，正因为艾伦用现实支撑起他的喜剧，才能事半功倍。20 世纪 30 年代老音乐剧可能可以驱除云雾，但是他们对于顶层公寓复杂性的想象却付之阙如。他们代表观众大声唱出自己梦想的幸福，而观众需要这种精神提升，就像他们肚子饿了想吃饭一样。艾伦在《那个时代》中，完美地展现了这种分裂。《那个时代》是他 1987 年拍摄的类似于音乐剧的电影，其中银色飞行的幻想根植于现实中雨天城郊的四轮轻便马车。那么《人人都说我爱你》中派克大街上的王子和公主们想要逃离的又是什么呢？是什么让他们开始歌唱？丹德里奇一家镀金的世界随时都能反映出影片外的现实生活。这是一场巨大的“狂欢”，医院中所有的护士和病人一起歌唱，他们按阿斯泰尔使用帽子和手杖的方式操作病床和轮椅，暗示着那种梅尔·布鲁克斯曾实行的粗俗的快乐。然后还有蒂姆·罗斯的搞笑表演。他扮演的前科犯施特菲被邀请去丹德里奇

“当我看电影时，我希望看到所有舞者，不要有任何删减。我很讨厌镜头切换到他们的脚上，我也很讨厌镜头切换到他们脸上。我不喜欢角度摄影。我希望我看到的舞蹈，就和我花十美元，去城市中心看到的一样。”

在威尼斯，乔（艾伦饰）试图赢得冯（朱莉娅·罗伯茨饰）的心。

家，作为她推动监狱改革计划的一部分。但是后来他却借助斯凯拉的跑车逃走了，从而造成了交通堵塞。“你能在派克大街93号拐角处把我放下来吗？”当他们被警察追赶，在街上转了个弯时，斯凯拉问道。

就和在《汉娜姐妹》中一样，艾伦扮演了女主角施特菲的前夫乔一角。在威尼斯他试图赢得婚姻不幸福的冯（朱莉娅·罗伯茨饰）的芳心，他采取朱娜的建议，偷听了冯的谈话，这一情节源自1988年艾伦创作的《另一个女人》，是他20世纪70年代改良的浪漫策划家情节的重复展现。借助不正当手段搜集到的信息，他谈到了她爱的画家（提香）、花朵（雏菊）和度假胜地（波拉波拉岛）。每一次他转动眼睛看向镜头时，都和《呆头鹅》中一样，她信了！那时他和黛安·基顿一起演戏，接下来的十年中不断微调着他们间的化学反应。现在他有自己的公司，可以使用好莱坞一流明星，但是做起来却有些盲目。尽管罗伯茨有一丝法罗式的羞怯，但是她却少了一种神经质：她像高露洁一样散发着自信的光辉。大部分的荧幕时间，她都像是一只母狮子，坚持不吃在她面前好似穿着慢跑短裤般气喘吁吁的小羚羊。

令人难忘的歌舞表演，伴着格劳乔·马克斯的合唱。合唱曲目为法语版本的《船长斯波尔丁万岁》，这是马克斯兄弟1930年的电影《动物也疯狂》的主题曲。

乔和他的前妻施特菲在塞纳河畔演绎的激动人心的电影尾声。

这部电影最成功之处便是它完美展现出了那种啼笑皆非的转瞬即逝的遗憾心情。“我要穿越爱”，乔在巴黎丽兹酒店的阳台上轻声唱道，那声音如此轻浮，就像轻轻搅动夜晚空气的最柔和的微风一般。影片的高潮部分，施特菲从格劳乔·马克斯的化装舞会（伍迪·艾伦的天堂）上偷溜走，在塞纳河畔重复着舞步，踮起脚尖旋转着。这一部分的编舞是如此精致优雅，能让人眼泛泪光。这一片段的升华把电影中所有的小瑕疵都掩盖了。艾伦在特别的河畔拍摄了这一场景。30多年前，他在这里使《风流绅士》中试图自杀的彼得·塞勒斯重新振作了起来。在很多方面，它都标记着职业生涯回到了原地。“就是写了些东西，我们都可以去巴黎，去追女孩。”这是制片人查尔斯·费尔德曼对这部影片成功之处的看法，当时被艾伦嘲笑了好久，但是随着他在美国市场的观众逐渐减少，他需要转向欧洲，寻求有创新性的寄托、支持和灵感。如果《非强力春药》中的希腊场景是他自《爱与罪》之后第一次海外拍摄，《人人都说我爱你》则开启了《赛末点》《午夜巴塞罗那》和《午夜巴黎》的环球旅行拍摄。艾伦也许经历了很多爱，但他的作品被不同的爱情故事点亮却是因为地方，而不是因为人。

（1997）

解构爱情狂

Deconstructing Harry

艾伦和扮演一个发现自己会永久失焦的角色的演员罗宾·威廉姆斯一起在现场准备。

《解构爱情狂》最初取名为《世上最坏的人》，后来艾伦发现重名就改了。《解构爱情狂》继续讨论了艺术家的不道德行为，这一主题第一次出现是在《子弹飞越百老汇》中。“只要主演能在自己的操纵下按照现实发展，一切都没问题。”他说，“当他离开它——也就是真实世界，那个人们不会在街上唱歌跳舞的世界时，你会发现他的生活其实一团糟：他在自我毁灭；他让每个亲近他的人痛苦；他始终处于精力过剩的状态；他痴迷于巴比妥类药物[1]；他是个色狼。这就是当主角无法根据自己的愿望改造现实时，会发生的事。”

在决定自己扮演哈里·布洛克前，艾伦面试了很多演员，埃利奥特·古尔德、丹尼斯·霍珀、罗伯特·德尼罗、达斯汀·霍夫曼、艾伯特·布鲁克斯等。哈里是一个愤世嫉俗者，一个好色之徒，一个恶棍，但也是一个著名的小说家，他给三个妻子、六个精神病医生以及众多女性朋友带来了不幸，一直根据他们的生活来创作小说。“你拥有的就是虚无主义、愤世嫉俗、冷嘲热讽和歇斯底里。”他的姐姐桃瑞丝（卡罗娜·艾伦饰）说道。“在法国，凭着这口号，我都可以参与竞选，

1　一类作用于中枢神经系统的镇静剂。

艾伦放弃尝试告诉人们，他和那个以打字员告终，“令人讨厌、浅薄肤浅、性痴迷”的哈里·布洛克间的相似之处。

还能获得胜利。”哈里回复道。这个情节，以及除了一个妓女（哈泽勒·古德曼饰），哈里发现找不到人陪他去参加母校的颁奖典礼的情节，都是从艾伦废弃的抽屉里找到的草稿中发现的内容，这些内容使得哈里的小说有了生机。这些最棒的内容还包括一个演员（罗宾·威廉姆斯饰）发现他自己会永久失焦、死亡找错了人以及通往地狱的电梯之旅（“七楼，新闻界。不好意思，那层已经满了。”）：这些是拍《安妮·霍尔》留下的内容。

电影中的破旧建筑和满是脏话的脚本，有着一种解放的感觉，就好像艾伦在和法罗分手、因为媒体多年的诽谤备受打击后，进行自我拯救。这种处理方式就和处理蛇咬伤的方式一样：吸出毒液，吐出来。但这种模式很多年前就开始重复，无论艾伦在哪，经过一段时间受欢迎的成功后，都会从他取悦观众的身份中退缩，放出一个臭气弹来考验真诚度，淘汰那些不能共患难的粉丝。他似乎无法长期接受观众的喜爱。早在 1980 年前后，取悦观众的是《曼哈顿谋杀疑案》，臭气弹则是《星尘往事》。现在它是《人人都说我爱你》和《解构爱情狂》，后者可以更简单地称之为“人人都说我恨你”。伊丽莎白·苏、朱迪·戴维斯、黛米·摩尔和柯斯迪·艾黎都吐槽哈里。工作人员的旧标准是“扭曲”。甚至还有玛利尔·海明威扮演的配角，一个满脸愠怒的女舍监。艾伦作品中，这有点像波提切利回到了维纳斯时期，描绘着恶魔的犄角，一种生动的自我涂鸦行为。

艾伦最初还高兴地强调这部电影的自传体元素（“这是一个展现真实自我的角色”），但是后来影片上映后，恶评不断，艾伦改变了策略。“我以为当影片结束了，我会说‘噢，对的，这就是我’，而不是我通常说的，‘这不是我，这不是我工作的方式，我永远不会被阻拦，我永远不会绑架我自己的孩子，我不会有勇气这么做，我不会坐在家里喝酒，让妓女到家里过夜。’如果我被守旧派尊敬（当然我不会），我可能就不会出现了。除了随时随地创作的能力，哈里没有一点像我，但是很多人说是的，那是你。我就不想再说不了。”

(1998)

名人百态

Celebrity

尽管有着全明星阵容，肯尼斯·布拉纳夫和薇诺娜·瑞德（上图），还有查理兹·塞隆扮演的小羚羊式的时装模特（右图），但是《名人百态》的票房成绩依然不佳。

“对我来说，我们好像生活在一种追捧怪人的文化中，”艾伦谈到《名人百态》时说，“无论是神职人员，或是整形外科医生，或是毕比·诺维尔什扮演的妓女，一旦有人成为了他们领域中的名人，成为了专科医生后，就必须去见在电视上见到的神父，或者由莱昂纳多扮演的有名的演员。对我来说，这一切都很滑稽可笑，我们把所有的关注都给了像乔伊·巴特福奥克（现在有自己的电视节目）一类的人。”

一开始，艾伦不确定肯尼斯·布拉纳夫能不能有美国口音，成功扮演主角李·西蒙，一个融入上流圈的记者。但当电影导演罗伯特·奥特曼向他展示了《迷色布局》的片段后，布拉纳夫成功得到了这个角色。他问艾伦他要不要戴眼镜，就像《子弹飞越百老汇》中约翰·库萨克那样，但是他们最终决定不戴。“我一直喜欢他的电影，我一直深受他的影响。”布拉纳夫告诉自己，“如果我展现了糟糕版本的伍迪·艾伦，他会阻止我的。”和朱迪·戴维斯一样，布拉纳夫是唯一一个有完整电影脚本的演员。别人的剧本都只有他们出场部分的内容，包括扮演一个被随从宠爱、享乐主义的年轻明星的莱昂纳多·迪卡普里奥，和扮演超模的查理兹·塞隆，她曾发誓绝不在荧幕上扮演此类角色，但是艾伦亲自给她写了一封信，成功说服了她。

斯文·尼夫基斯特拍摄了这部黑白片，这也是艾伦最后一部和他合作的电影。这部电影也标志着他和编辑苏珊·莫尔斯长期合作的结束，她曾编辑了从《曼哈顿》开始所有的艾伦的电影。围绕主题的一系列结构松散的场景，鲜少叙事的内容，轻轻披着的淫秽的外衣，《名人百态》代表着粗俗的极致。这种粗俗渐渐地融入他的戏剧中，开始是《非强力春药》，然后是《解构爱情狂》，有些人甚至称之为艾伦的妓女口交三部曲。

“他电影中的男男女女都有强烈的不安感，”詹姆斯·沃尔科特

在《名利场》中写道，“但是他们的焦虑是匹配的；他们依赖于同样的精神科医师的诊治，就像依赖犹太人的救生艇。”从《非强力春药》开始，性别权力的天平就已经开始偏移了。现在当一个女人在伍迪·艾伦的电影中张开嘴，并不一定是因为她要说话。艾伦的电影变得越来越色情，口交也开始备受青睐，能使女性保持安静。

后蓝色时期是许多男性艺术家的典型时期。想想毕加索笔下的色情狂，甚至是斯科塞斯[1]的《无间行者》和《华尔街之狼》，均有体现。但在《名人百态》中，这一点更为明显，甚至最后变得极其有害，因为影片十分明显的主题就是名望。艾伦让人们看到名望的肤浅客观化，而人们还沉溺于色情幻想中，幻想和名人的性生活。这充满了费里尼式的讽刺，很多方面，这部影片就是《星尘往事》的姊妹篇。事实上，《名人百态》中的许多内容，与其说是源自上流社会的现实，不如说是来自艾伦自己对它的略微丑陋的幻想。

前 30 分钟，布拉纳夫扮演的这个媒体界讨厌的人，与薇诺娜·瑞德扮演的女演员调情；梅兰尼·格里菲斯扮演的一线明星帮他口交；查理兹·塞隆扮演的超模从他的舌头舔到耳朵；他还陪伴嗜毒的明星（莱昂纳多·迪卡普里奥饰）到大西洋城，在那里他极不情愿地参加了一次狂欢，当人们的四肢在他身边胡乱挥舞时，他不断地闪身躲避。

1　马丁·斯科塞斯，美国导演、编剧。

“我对此并没有深入的洞察，这仅仅是记录，记录这一种渗入我们文化的现象，每个人都尊重名人，而这意味着太多。这就是我想做的。我不知道到哪种程度我算是成功了，但是我尝试了。”

在助手（山姆·洛克威尔饰）和记者李·西蒙（布拉纳夫饰）的陪同下，风流明星布兰登·达罗（莱昂纳多·迪卡普里奥饰）来到了大西洋城。

几乎所有批评都集中在了布拉纳夫对伍迪·艾伦的模仿上。“布拉纳夫结结巴巴，上下晃动脑袋，模仿其他所有典型的伍迪的言行举止，以传达出紧张的滑稽场面。”影评人爱德华·居特曼在《旧金山纪事报》中写道。“他的新奇行为和他在玛丽·雪莱的《弗兰肯斯坦》中的过度表演一样。”同时艾伦也表现异常，他在演员开始模仿自己时，竟没有指出并及时纠正。更糟糕的是，朱迪·戴维斯饰演的西蒙的前妻有一个臭名昭著的场景，就是毕比·诺维尔什教她如何对香蕉进行口交。“戴维斯啄着自己，她愠怒的面孔在众多的言谈举止中异常突出。”影评人沃尔科特写道。“在《丈夫与妻子》中炖煮，在《解构爱情狂》中沸腾，在《名人百态》中她是真正的焦虑三项全能，反映了一种可以扭曲引力场的困窘。”

《名人百态》由米拉麦克斯影业公司作为全明星制作投放市场，而艾伦的名字只以小型字体出现在了广告中。“他们可能认为我很丢人。”他说。但是这么做也无济于事——这部电影受到了重挫。“这是自《泰坦尼克号》后，我第一次制作迪卡普里奥的电影，而它一分钱都没赚到。”艾伦像戴着荣誉徽章一样，骄傲地说道。他的坏脾气重新回归旺盛期，但是他和观众间（消极冷战）的模式在这一周期循环得更快了。如果《名人百态》之于《星尘往事》就和《人人都说我爱你》之于《安妮·霍尔》一样，那么他的下一部电影就和《变色龙》一样：一部诚恳地自我批评的影片。

布拉纳夫的表演因为过度模仿艾伦的言谈举止饱受批评。

自称“世界第二吉他手”的埃米特·雷（肖恩·潘饰）正尝试一种出现在舞台上的戏剧性方式。

（1999）

甜蜜与卑微

Sweet and Lowdown

萨曼莎·莫顿扮演的埃米特的哑巴女友哈蒂。

《甜蜜与卑微》是《爵士宝贝》的改进版。剧本大概30年前就写了，但艾伦看了联美电影公司对剧本的反应后，决定不进行拍摄。“我一直知道这是一个很好的想法。”他说。“我一直想拍一部关于以自我为中心、傲慢自尊、高度神经质的天才吉他手的影片。”结构沿用了《爵士宝贝》的：坊间以伪纪录片的方式流传着关于爵士吉他手埃米特·雷的传闻；大部分的角色也是相同的，包括埃米特的苦难哑巴女友哈蒂。艾伦说，但是《爵士宝贝》没有那么有趣。“你从原版中得到的感受会是这个音乐家是高度的自我毁灭型人格，这很令人感伤。你会有受虐倾向，就像德国导演爱米尔·强宁斯的受虐倾向一样。所以需要一定的精神力量才能完成这个角色。我们不得不去找一个看起来像强哥·莱恩哈特的家伙。这并不容易。”

他想到了让约翰尼·德普来演这个角色，还想到了尼古拉斯·凯奇。他甚至想过自己出演，但最终放弃了。最后当选角导演朱丽叶·泰勒推荐肖恩·潘时，艾伦是半信半疑的。艾伦知道他喜怒无常，但在询问了周围一些刚刚和他合作过的人后，他安心地和这位38岁的演员见了面，并且立即同意他出演。他曾看过萨曼莎·莫顿在《肌肤下的秘密》中的表演，所以立即知道她就是哑女的最佳人选。

“我希望你就像哈勃·马克斯一样演出这个角色。”他告诉她。

“哈勃·马克斯是谁？”

“哈勃·马克斯是马克斯兄弟中不讲话的那个。”

“马克斯兄弟是谁？”

“看来我老了啊。”62岁的导演感慨道。“难以置信。我说，有时间你应该好好了解一下他，你会喜欢的。她照做了。然后头几天，她太像哈勃·马克斯了，所有的动作都像，我不得不让她下场。

“感谢上帝我没出演，因为肖恩做得太棒了，好得太多。”

潘十分适合令人讨厌的埃米特这一角色，而且演得很棒。只有吉他指引着他的敏感度。

但是当我看着她的脸，我知道她会很完美。我从未听说过她，我一点也不了解她。我完全是从影片中了解的萨曼莎。我说，用这个表情。她就用对了表情。”

电影最愉快的部分就是挑选配乐。通常艾伦会自己剪片。剪完片后，他会进入他的唱片收藏间，里面甚至还有很多老黑胶唱片，他从中挑选出音乐。如果某个配乐不适合，他就会拿出另外的唱片。“因为这部电影与音乐相关，所以能在影片中使用我喜欢的唱片是非常令我开心的一件事。”艾伦借鉴了乔治·格什温[1]的歌曲名字，定了电影标题。“刚开始我想的题目是《甜蜜与炎热》，是一个爵士乐短语，而且我觉得这个很符合演员的特征。但是后来我觉得《甜蜜与卑微》更好。因为她是甜蜜的，而他是卑微的。”

在某种程度上，这是艾伦20世纪90年代后期的标志作品。它的纪录片框架替换了常规的戏剧结构，然而艾伦自夸《甜蜜与卑微》是对病态艺术家最生动的写照，而这一主题他从《子弹飞越百老汇》起，就一直很关注。我们所看到的就是用传记片讲述的关于20世纪30年代默默无闻的爵士吉他手埃米特·雷（肖恩·潘饰）的奇闻轶事。他被评论家和音乐家称为仅次于强哥·莱恩哈特的第二吉他手，他自己也这么认为。他认为强哥·莱恩哈特是“席卷法国的吉普赛人”。但艾米特·雷在其他方面是令人讨厌的。他投入演奏中的敏感性和他与其他人的古板关系，尤其是和他的甜蜜女友哈蒂（萨曼莎·莫顿饰）的关系形成了鲜明的对比。哈蒂用好比在吃巧克力圣

---

1 乔治·格什温，美国著名作曲家，写过大量的流行歌曲和数十部歌舞表演、音乐剧，是百老汇舞台和好莱坞的名作曲家。

代般的亲和态度容忍了他的虐待。“我总是胜者。”在发现她是哑巴后，他自嘲道，“有人打过你脑袋或者其他地方吗？”

潘就像讽刺画中那样：一只穿着三件套白色西服的孔雀，高视阔步，逃避着对于成功的妄想以及摇摇欲坠的不安全感，但是一旦拿起吉他，他就会陶醉地闭上眼睛；当他演奏出一个又一个完美音符后，他的眉毛就会拱起。这是幸福的变形，没有什么能让他睁开眼睛，扭转颠倒他的情

埃米特在心里衡量是否让哈蒂进入他的人生轨道。

"我是说，你拉皮条，还诱使卖淫？我接受不了。这太完美了。"探访贫民窟的社会名流布兰奇（乌玛·瑟曼饰）因埃米特的肮脏过去而激动。

节发展也从来不会出现。当埃米特被迫成为哈蒂日益增长的名气的配角时，那一刻你可能会想我们又在看艾伦另一部灵魂交换的喜剧了，但他察觉了威胁，并及时扼制了它。乌玛·瑟曼扮演的探访贫民窟的社会名流堂而皇之地出现于影片，带走了埃米特，用猫咪般的伪波西米亚式的音调恳求他让她"惊艳"。

这个切换可能是影片最有趣的笑话，但是瑟曼的存在是重复的：她强调了我们已经知道的有关埃米特的信息，她的自私本质上是对画面的浪费。但是结构单调的内部因为潘的惊人表演变得复杂。潘深入探索了艾伦真正迷失的灵魂，就和约 14 年后《蓝色茉莉》中的凯特·布兰切特一样。这部电影有一个黑珍珠般的结局。当埃米特发现

埃米特在他的自然栖息地和铁轨旁的流浪汉豪饮。

他不该那样对哈蒂后，他开始寻找她。但找到她的时候，哈蒂已经结婚了。“幸福吗？”他问道，话都说不完整。最后他在火车轨道旁演奏《亲爱的苏》，想要打动格瑞辰·摩尔，然后就将他的吉他摔得粉碎。这是他最后的画面，却被“埃米特随后消失在公众视线”的信息覆盖，但他的优美作品被记录了下来。“他身上的某些东西苏醒了。”艾伦说着，开始播放起头部特写。“幸运的是，我们确实保存着他创作的录音。它们绝对优美。”

这听起来很像为自己精心编制的墓志铭。艾伦是一个令人惊讶的稍纵即逝的存在。他在电影荧幕上耗费了大部分的职业生涯。因为拒绝的骚动，以及他喜欢将红鲱鱼扔在那些狂妄放肆的采访者脸上，他的踪迹变得更加难以寻觅。但是时不时的，他会照亮自己，惊鸿一瞥，明确无误，突然他就出现了。《甜蜜与卑微》就是这样的一部作品，最后切换到黑色时那种苦乐参半的疼痛，在艾伦的作品中是无与伦比的。他十分关心对艺术的倾慕和对艺术家的失望的平衡，这也暗示着只有戏剧的代理人才能展现出率真。就像上帝一样，他因缺席而存在。艾伦的不可知论比起源自神学信仰，更大程度上源于专业竞争。

（2000）

业余小偷

Small Time Crooks

20 世纪 60 年代，艾伦就已经知道了传奇喜剧演员伊莲·梅，但是《业余小偷》是他们唯一一次荧幕合作。

《业余小偷》是艾伦床头抽屉里的四个想法之一，由梦工厂出品。“我想我越来越老了，我应该开始加工这些想法，谁知道我将会发生什么。我不想它们一直搁置着，成为我未能实现的、未去尝试的伟大的喜剧想法。”说实话，这部影片更多地展现了艾伦想要取悦他新东家的渴望。新的投资商对《蚁哥正传》的票房印象深刻，而艾伦在这部电影中担任配音。新东家和他签了四部电影，但都是喜剧。艾伦可以去别的地方拍严肃电影。所以双方都有一定的让步。在很多方面，他为梦工厂制作的电影：《业余小偷》《玉蝎子的魔咒》《好莱坞式结局》和《奇招尽出》，标志着艾伦喜剧创作生涯的低谷或者剧作家喜剧灵感开始消逝的强言欢笑时期。

《业余小偷》是这些里面最好的一部，讲述了白痴罪犯们制造的一出闹剧，某些方面和《傻瓜入狱记》相似。这部电影与艾伦读了一个关于一伙小偷租下珠宝店旁边的商店然后挖地道进入珠宝店的故事后产生的想法有关。如果抢劫案没有成功，但他们却从他们自己安排的假商店里大赚了一笔呢？“我仍然感觉我才有了一半的故事。”他说，“所以我开始思考，在那之后，他们会怎么样呢？他们成为了百万富翁，但他们却怀念被猎狗追逐和一起看电视的生活。他们真正想要的就是简单的生活以及彼此陪伴的幸福，而这些在他们有钱之后都没有了，所以突然间的富有让他们变得不开心了。”

从20世纪戴维（休·格兰特饰）是一个不讲道德的艺术品经销商，给弗伦奇和雷（崔茜·尤玛、伍迪·艾伦饰）上了关于早期绘画大师的速成班。

“你永远不会听到人们谈论一个作家或画家或雕塑家，‘你要知道，这是很令人惊异的，他完全掌控了自己的作品。’”

艾伦完全以丹尼·罗斯的方式演绎了有犯罪前科的洗碗工雷·温克勒。他密谋抢银行，打算从隔了两栋建筑的、前面是甜品店的地方下手。崔茜·尤玛扮演他的妻子弗伦奇，一个新泽西前脱衣舞女郎，在她愚蠢表妹梅（伊莲·梅饰）的帮助下烘焙饼干。随着乔恩·洛维兹和迈克尔·拉帕波特作为雷愚笨的同伴的加入，高质量喜剧演员就集中到了同一屋檐下，爆发出风力涡轮机舰队般的能量，厄尔曼一人的音调就足以震掉油漆。每个场景都充斥着数不清的侮辱和谩骂。艾伦逐渐展现出他的愚蠢，在一连串让人摸不着头脑的波折后，故事情节急转直下，弗伦奇的饼干疯狂大卖，一年后，这个团伙把这个甜品店变成了百万美元的特许经营店。

一方面休·格兰特扮演的艺术品经销商将弗伦奇塑造成一个有文化的女人，而另一方面雷开始了作为珠宝大盗的第二职业。当喷涌出的好想法寻求着喜剧归宿时，情节会弱一点。梅不断抱怨着，刚要偷走关于天气的那幅画，而它却是特意用来转移雷偷窃的注意力的。这就是一曲充满着可变性的小咏叹调。事实上，她的脑袋都没有想过这些。“我只说我嘴里的话。”她说。

梅十分有趣，她和艾伦的关系十分融洽，你可能会发觉自己感慨着，这可是他们第一次而且是仅有的一次在荧幕上的合作呀。“她会准时出现，她记得自己的台词，她能即兴创作而且很乐意这么做。”艾伦在与这位传奇喜剧演员合作的最后说，“如果你不希望她做，她就不会做。她是一个梦。你可以控制她。她是个天才，我不会随便使用这个词的。一切都在她的声音里。”《业余小偷》极富现实感，无论何时影片与生活都紧密联系在一起，相比之下，艾伦为梦工厂制作的其他电影则宣告着两者结合的失败。

“我觉得在这里莫名兴奋——和一个近视的保险业务员一起在一个破旧的旅馆里。”观众同样觉得奇怪，布里格斯（艾伦饰）竟然使查理兹·塞隆扮演的美女激动。

被催眠后犯下一连串的抢劫案，但是布里格斯一点印象都没有。发现自己被逮捕后，他很是困惑。

(2001)

玉蝎子的魔咒

The Curse of the Jade Scorpion

艾伦觉得《玉蝎子的魔咒》是他拍过的最糟糕的电影，这是对他作品最严厉的批评。

“我很遗憾，很尴尬。”艾伦谈到《玉蝎子的魔咒》时说道。这是十分明显的怪癖喜剧，也是爵士时代的侦探奥秘。这部电影是他自《影与雾》后对模仿作品的尝试，也有着相似的结局。“我让这些优秀的演员们失望了。他们包括出色的女演员和喜剧演员海伦·亨特，我一直以为只是搞笑的丹·艾克罗伊德，我合作了多次而且每次都表现很好的大卫·奥根·斯提尔斯，还有伊丽莎白·伯克利。这部影片在海外很成功，但在这里却没有那么成功。但是我个人感觉，也许，当然还有其他候选，也许这是我制作的最糟糕的一部影片。”

当他还在写电视剧本的时候，也就是大概 40 年前，他就有了这部作品的构思。

艾伦扮演了一个机灵的保险公司调查员。他在邪恶催眠师的催眠下，犯下了一系列盗窃案，但他对这些一点印象都没有，所以从来没想到他自己就是他在寻找的小偷。催眠情节巧妙地揭示了出来，还有查理兹·塞隆扮演的就像《大眠》中的白肤金发碧眼的美女的神奇转变。但电影的拍摄团队角色分配不当：艾伦自己演了主角布里格斯。布里格斯原先是一名私人侦探，但考虑到他是主角，艾伦将他改成了保险公司调查员，尽管这还不够。艾伦的表演，应该承载起整部电影，但传统的笨蛋艾伦的演技和尝试无感情的演技，就和《呆头鹅》中艾伦饰演的博加特一角一样，他的演技在这两者间别扭地转换着。

海伦·亨特扮演毕业于瓦萨学院的效率专家贝蒂·安·菲茨杰拉德，在公司里做一些简单事情。她和布里格斯按照传统剧情应该先彼此憎恨，然后彼此相爱，但是艾伦和比他聪明的女性间从来都不会有太多的欢乐。贝蒂对她看到的讨厌的人毫无兴趣，而这也是易传染的。第一次查看电影的剪辑，艾伦就想全部重拍，就和《情牵九月天》时一样，但是重拍权限已经过期。相反，梦工厂在《业余小偷》的成功的鼓励下，在 900 家影院发行了这部电影，这也是伍迪·艾伦的电影发行范围最广的一次，但是首个周末票房只有 250 万美元。“伍迪·艾伦扮演了一个潜意识和他其余部分脱离的人，违背了自然规律。”影评人彼得·莱纳在《纽约客》中写道。艾伦表示认同。“我找过，但是没找到有这种喜剧天赋的人。”他说，“事实上我错了。”

（2002）

好莱坞式结局

Hollywood Ending

《好莱坞式结局》是艾伦和马歇尔·布瑞克曼为杰拉尔·德帕迪约想出来的情节。如果由他来扮演霍迪尼那个有着幽闭恐惧症的表演脱身术的人会怎样呢？如果他还失明了，被送到维也纳弗洛伊德医生那里调整自己的状态，又会怎样呢？这个剧本没有写出来，但是这部电影将一个困扰于失明的人完全展现了出来。瓦尔·韦克斯曼（艾伦饰），有了一个重新复兴他的职业生涯的机会。他的前妻埃莉（蒂娅·里欧妮饰）劝说电影制作人，同时也是她的未婚夫，让瓦尔导演一部纽约音乐剧。刚准备拍摄时，瓦尔却无端失明了，为了工作他只好装作正常。

这很好笑——“你看过那里的影片了吗？”瓦尔的代理人（马克·雷戴尔饰）问道。它是否是将近两个小时的全长电影，则是另一回事。艾伦到梦工厂后，就损失了他长期合作的编辑苏珊·莫尔斯。从此之后伍迪·艾伦的电影经常让人觉得拖沓迟缓。年轻喜剧的速度会给年长者静坐的节奏让位。《好莱坞式结局》中，除了艾伦《瑞普·凡·温克》式的落后想法，其他喜剧剧情的发展与之毫无联系。他最后一次也是唯一一次参与工作室制作的经验，就是三十多年前的《风流绅士》。和他其他从床边抽屉中获得灵感并拍来取悦新东家的电影一样，《好莱坞式结局》就像一顶戴了 30 年的帽子，它的讽刺对象——唯利是图的制片人、女人似的参与者、朋克摇滚、录像带——给他的后视镜染上了污点。

这是他最后一次主演的影片，艾伦将自己调成全面疯狂模式，挥舞双臂好像要拦下纽约出租车一样，推敲俏皮话使它变得更为精致。“这是我愿意为之杀人的工作，”瓦尔提到他新执导的作品时说，“但不幸的是，我想杀的人是给了我这份工作的人。”但这表演似乎过于用力，有种奇怪的孤独。失明让他失去了他最需要的东西：他的演员同伴。他和蒂娅·里欧妮几乎不会同时出现，里欧妮对比艾伦疯狂的节奏显得过于冷静，而艾伦对比里欧妮成熟的权力经纪人身份则显得过于幼稚。“伍迪·艾伦的新电影《好莱坞式结局》，满是俏皮话，画面有着消失的塞洛纽斯·蒙克嘎吱作响的音符的发狂感。这部喜剧有着爵士节奏。”影评人埃尔维斯·米切尔在《纽约时报》中写道：“一旦笑话的能量消失了，留给我们的就是陈腐之物，你甚至会想打开窗户，呼吸新鲜空气。”

失败的电影导演瓦尔·韦克斯曼（艾伦饰）重新追回他的前妻埃莉（蒂娅·里欧妮饰）。

瓦尔向埃莉和她的新合作人（特里特·威廉斯饰）介绍自己的女朋友（戴博拉·梅西饰）。

这是他第一部没有在英国影院上映的电影，而是做成了DVD。在美国发行一个月内，时代广场折扣商店就卖到了4.95美元一张票。作为戛纳电影节的开幕影片，艾伦带着电影去了法国，但他被褒贬不一的反响困惑了。“这是我制作的所有电影中最大的惊喜。”他告诉埃里克·拉克斯，“因为我通常不会喜欢我自己完成的影片，但是我喜欢这部。”

艾伦高估自己的作品并不常见，至少对于他的喜剧，公众的评价他通常会毫无异议地接受。这次他并没有这么做，说明了他对公众态度的转变，现在公众对他来说比之前任何时候都重要，也表现出他在发现第三部为梦工厂制作的电影也失败后内心的恐慌。在变好之前只会先变得更糟糕。

“偶尔事情会很有趣，很令人耳目一新。但当你回到现实世界，你发现一点也不好笑。你每天就是早上看报，了解真实的世界，腐烂糟糕的世界。”

回到现实。
阿尔诺·朱本
摄于 2009 年。

（2003）

奇招尽出

Anything Else

喜剧作家杰里（贾森·比格斯饰）和他反复无常的女友阿曼达（克里斯蒂娜·里奇饰）。

“书里有许多有趣的事情，但并不足够优秀。”艾伦在提及他尝试进行小说创作时说道。当他不再为《纽约客》写稿后，他开始写小说，讲述一个年轻人喜欢上了一片美丽却变幻无常的雪花，他向一位老人征求意见。那个老人在他变得世故前，教了他关于生活、喜剧、哲学的知识。这本书基于艾伦早早结婚的学徒作家的经验。2011年艾伦让《纽约客》的编辑罗杰·安吉尔看了这本书，想问问他的意见。艾伦其他几个朋友也看过。“他们很友好，对我也很有帮助，但我知道我没有成功。”

艾伦在《奇招尽出》中，重新使用了这个材料。《奇招尽出》是他为梦工厂制作的最后一部失败的喜剧，讲述了年轻的喜剧作家杰里（贾森·比格斯饰）因为他任性的女朋友阿曼达（克里斯蒂娜·里奇饰）心烦意乱。他向比他年纪大的喜剧作家戴维·多贝尔（艾伦饰）寻求慰藉，多贝尔曾因攻击精神病学家变得性格偏狭，杰里因为他的影响还和抢占他停车位的小偷们挥舞起撬棍。这是一个很好的机会——艾伦可以在荧幕上展现不良形象；可以用偏执狂的长篇大论来对抗陈旧的信条，从弗洛伊德的精神分析谈到艺术和女性；可以用咆哮展现无用的智慧；可以强调主动提供的建议的简洁性（“如果你小心使用自己的剃须刀，每次剃须后都将它烘干，它的寿命比你的任何关系都长久……好好想一想。”）。如果阿尔维·辛格听到餐馆里咕哝着“犹太人”这个单词就很生气，却没有人劝他冷静下来时，他也许就和多贝尔一样了——和自杀式袭击者一样愚蠢。

“有人说它总结了我在影片中表达的一切——他们很积极地评价——也许这是对的，但是对我来说这是不利的。我不知道。我放映了它，人们似乎很喜欢。又一次，它成为了没人光顾的影片。”

在路边，艾伦给比格斯鼓气讲话。

这部影片由伊朗裔摄影师达瑞斯·孔德基拍摄，它因长镜头而出彩，而长镜头也是艾伦电影的主要特色，很长时间都是。阿曼达和杰里在镜头里时现时隐，唠叨着“虚无主义的悲观情绪”，借用着尤金·奥尼尔[1]、让－保罗·萨特[2]和田纳西·威廉斯[3]的名气，但他们却表现得有点像阿尔维和安妮。《安妮·霍尔》的结尾有对阿尔维戏剧里真实的内容进行模仿——傀儡主人调控年轻木偶。作为一个作家，艾伦对习语太过敏感，你甚至都没注意到他后期的喜剧中脚本和演员间常常存在分歧。当他制作《汉娜姐妹》时，他可以依靠黛安娜·威斯特、米亚·法罗和芭芭拉·赫尔希来纠正一些小错误。但是伍迪·艾伦电影里大量使用的年轻一代演员却不能做到这一点。贾森·比格斯，《美国派》和《美国派 2》的演员，是不会告诉奥斯卡奖得主孩子们已经不会频繁去前卫村了，不会“做爱”，也不会“恋爱”的。

“我早上都会让摄影师排练一遍，准备好复杂的照明设备，然后休息去吃个午饭，再回到现场准备场景，我们 5 分钟内就拍了 7 页。”艾伦说。他对最终结果很满意，就带着电影去了意大利，作为第 60 届威尼斯电影节的开幕影片。但是尽管有两个年轻明星参演，投放了 1035 家影院，《奇招尽出》还是成为了自《影与雾》以来，艾伦票房最低的电影。“这一切都没有给电影增彩。它更像是不成熟的想法、俏皮话以及偏见论战碎片的拍摄大杂烩。”影评人彼得·雷纳在《纽约》杂志中写道。“最近电影真正的问题并不是它们很糟糕。”影评人彼得·比斯金在《名利场》中更明确地写道，“它们不糟糕，而是它们太肤浅轻微。”这是他用旧材料制作的第五部电影。《奇招尽出》是一个标志，不仅标志着艾伦在不断变化的电影市场中开始变得急促，也标志着他的喜剧才能日渐减少。有趣的是，他下一部电影将和这一主题相关。

1　美国著名剧作家，表现主义文学的代表作家。

2　法国 20 世纪最重要的哲学家之一，法国无神论存在主义的主要代表人物，西方社会主义最积极的鼓吹者之一。

3　托马斯·拉尼尔·威廉斯三世，美国剧作家，以笔名田纳西·威廉斯闻名于世。他是二十世纪最重要的剧作家之一。

（2004）

双生美莲达

Melinda and Melinda

在纽约与资深摄影师维尔莫斯·齐格蒙德拍摄外景。

艾伦一直认为用两种不同的方式拍摄同一个故事是一个好主意——一个喜剧，一个悲剧。他在与福克斯探照灯影业的总经理彼得·赖斯的一次电话谈话中，说了这个想法。“他们不喜欢我不看剧本、对情节一无所知就拍摄的工作方式，”艾伦说，“但他还是愿意投资制作，我想多数是为了他的名望。”

就像《丹尼玫瑰》一样，《双生美莲达》用席间谈话搭建了框架。纽约西村帕思提斯长时间持续的晚宴上，两位剧作家（华莱士·肖恩和拉里·派恩饰）对于喜剧和悲剧的性质进行了激烈的争论。一个故事用两种方式各讲述了一遍，看看它到底是喜剧还是悲剧。“喜剧”版本中，滑稽的爵士乐轻奏声中，苏珊和霍比（阿曼达·皮特和威尔·法瑞尔饰）夫妇的邻居美莲达（拉妲·米契尔饰）破坏了他们的晚宴。他们开始玩抢椅子的游戏，最后在夫妇联合的胜利中结束。“悲剧”版本中，伴随着巴托克弦乐四重奏，刚刚离婚的美莲达像香烟烟雾一样传达着坏消息，她去了一个老朋友（科洛·塞维尼饰）和她丈夫（约翰尼·李·米勒饰）的阁楼。这个版本的故事中，丈夫对女人出轨感到厌烦。这个女人和塞维尼竞争赢取钢琴家的爱慕（切瓦特·埃加福特饰）。另一首回旋曲响起，全片随着自杀未遂而终止。

一个故事是喜剧还是悲剧，这必然是艾伦开始问自己的问题之一，但它的回答通常是“有待研究”。《仲夏夜绮梦》原先是契诃夫风格的影片，《另一个女人》也是这样，直到《爱丽丝》用喜剧方式又重新讲述了这个故事。有人可能会说，他的想象向上受到了约束——支撑他向喜剧

美莲达（拉妲·米契尔饰）在电影悲剧部分往下坠落。艾伦为薇诺娜·瑞德写了这一部分，但是不得不找人代替她，因为预算承担不了她的保险费。

靠近，而他尽力将它拉回地面。当然，这部电影的喜剧部分是不太成功的。费雷尔可以和肯尼斯·布拉纳夫竞争“最失败的伍迪·艾伦模仿者”的头衔，而他是一个与众不同的喜剧表演者的事实则更引人注意。简单地说，当他的浴袍被美莲达的门夹住的时候，他无意间听到了她做爱的声音，费雷尔活了过来。但很大程度上，这个喜剧演员身体庞大的部分被迫压缩得很小，也有了小男人自嘲的习惯。

而悲剧部分的米契尔则有令人着迷的表演。因为离婚、失去孩子抚养权等挫折，她变得脆弱古怪，不停地抽着烟、喝着酒，她在自我毁灭的浪漫模式中不断绕圈。

有人可能提出反对意见，艾伦并没有一直坚持他的原则：他并没有用两种不同的方式讲述同一个故事，他更像是在讲述两个或多或少不尽相同的故事。这两个故事由女主和安排的戏剧性主旋律结构连接着——一个牙医、窗台间的飞越以及一盏在一个故事中用来许愿，而在另一个故事中是用来否定那些愿望的灯。最后，影片没有讲述生活中喜剧和悲剧元素是不可分割地纠缠在一起的，而是更多地展现了艾伦对前者兴趣的减少，越来越倾向于后者。影片完成时，他对《双生美莲达》的感受和《爱与罪》的感受一样。“我本来要制作的是影片的重要部分，”他说，“但是喜剧部分不像悲剧部分那样使身为作家的我感到有趣。我的心在悲剧部分。”

对《爱与罪》的回顾也说明了这一点。他的正剧中，只有一小部分成功了，而它们都有相同的单一主题。《爱与罪》是他第一部正面处理这种主题的影片。《情怀九月天》提到了这一主题，《双生美莲达》也是，但是在艾伦下一部电影中，他会对这一主题给出他 15 年里最圆满的回答。最后，他准备好迎接更多的谋杀了。

“如果和我一样糟糕，你真的要每天坚持练习了。我是个勤奋的音乐爱好者。我没有特别好的乐感。我的音乐才能也并不突出，就像星期天的（业余）网球运动员一样。”

岸边的陌生人。

布莱恩·哈米尔摄于20世纪初。

（2005）

赛末点

Match Point

由英国广播公司提供经费，艾伦的欧洲之旅从伦敦开始。

有人杀了人，然后又杀死了隔壁邻居作为摆脱掉警察的诱饵。以此为基础，《赛末点》开始成型。艾伦想，这个家伙会是谁呢？他又转念一想，他需要和那个他想杀掉的女人有关系。那个女人很有钱，那么可以和有钱人接触的网球教练对他来说是很好的职业选择。“《赛末点》的故事按照客观规律发展着。我只是碰巧在对的时间对的地点安排了适合的角色而已，”艾伦说，“就像《麦克白》[1]或《罪与罚》或《卡拉马佐夫兄弟》[2]一样，确实有谋杀，但是它是为了哲学，而不是为了侦探小说而设置。我尝试给故事加入了一点实质内容，这样一来它就不是一部类型片了。”

1 同《哈姆雷特》《奥赛罗》《李尔王》并称威廉·莎士比亚的“四大悲剧”。

2 俄国19世纪著名作家陀思妥耶夫斯基的代表作。

“你玩了一个极具侵略性的游戏。”诺拉·赖斯（斯嘉丽·约翰逊饰）打量着克里斯·威尔顿（乔纳森·莱斯·迈耶斯饰）说。

"与电影有关的每一个决定都很有用。这些决定并不是由我一个人做的，而是每个人都参与的。我不知道我是否还能重现这一过程，或者再拍出一部这样的好电影。"

在女王俱乐部当教练，克里斯可以接触有钱人，例如汤姆·休伊特（马修·古德饰）。

最初，故事背景在美国的汉普顿，但是从赚了 1060 万美元的《解构爱情狂》之后，艾伦在美国的票房收入逐渐降至每部电影大概 500 万美元，而每部影片的前期预算平均是 2000 万美元。福克斯探照灯影业在《双生美莲达》只收获 380 万美元的国内票房后，甚至懒得对《赛末点》的发行进行竞标。而英国的 BBC 电影公司向他递来了橄榄枝，声称如果艾伦能在英国拍摄这部电影，而且大量使用当地的演员和剧组人员，那么他们就会部分资助这部电影。"《赛末点》是很值得拍的，绝对值得。"2004 年夏天拍摄了 7 个星期后艾伦评价道。那段时间天气很棒，经常出现那种他爱的灰蒙蒙的天空，而且还有可以充足使用的演员人才库。最初他想让凯特·温斯莱特担任主演，但是凯特觉得她自己工作太容易投入了，会忽视家庭，所以拒绝了。

朱丽叶·泰勒推荐了斯嘉丽·约翰逊，而且她正好有档期。艾伦在一个星期五的下午把剧本发给了她。周日晚上，她答应了。艾伦拍摄她的第一个场景时，她刚刚坐了一夜飞机，早上一到达伦敦便直奔作为拍摄场地的酒吧，没有彩排，面对着乔纳森·莱斯·迈耶斯，完美演出了醉酒的一场戏。"第一批取景镜头非常棒。"艾伦谈到他的新星时说道。他很久没有迅速被女演员的魅力迷得神魂颠倒了。"所有一切都完美地组合在一起：她的个性，她的声音，她的模样，她的眼睛，她的体重，她的嘴唇，所有的一切都完美得组合在一起，这个整体某些方面甚至比各个部分加起来还要完美。"

进入了休伊特家的上流社会，克里斯通过和汤姆的妹妹克洛伊（艾米莉·莫迪默饰）约会，来巩固自己在上流社会的地位。

但当他和汤姆的未婚妻有了感情时，他有了从社会阶梯上掉落的风险。

通常远程导演拍摄的大部分工作都是在幕前幕后和他的演员开玩笑，尽力赶走某些拍摄场景的忧郁氛围。“我认为《赛末点》是我处理黑暗类材料最成功的一次，”艾伦说，“你知道，我尽力让每个人都是好人，但是结果有些人是，有些人不是。因此，所有一切似乎都很合理。演员陷进去了，摄影陷进去了，故事出来了。我中断休息了很多次。最终证明这是我最幸运的经历之一。每个小转折点的每一次小中断都很正确。”

《赛末点》就像一辆旧捷豹一样发出颤动声，电影制作也和老式跑车一样。从这个时期开始，艾伦的电影融合了这种纯粹的乐趣：某种意义上是古董，有着自然的“高雅”，但某些时候又很迅速，有着匀称完美的曲线。艾伦的方向是文雅简洁的奇迹。克里斯·威尔顿（乔纳森·莱斯·迈

艾伦的电影制作因为这雨水淋湿了的性爱场面而进入了新领域。

耶斯饰）是出身低下的爱尔兰人，在伦敦高档的女王俱乐部当网球教练，为富裕的俱乐部成员提供服务。俱乐部成员汤姆·休伊特（马修·古迪饰）就是一个和蔼可亲的、可以继承大量商业财富的继承人。克里斯被邀请去看歌剧，去到汤姆乡下的房子中。在那里，汤姆活泼的妹妹克洛伊（艾米莉·莫迪默饰）对这个新成员有了好感。艾伦让克里斯借助一个个接连出现的向上爬升的机会，不费吹灰之力就进入了上流社会，就像某种芭蕾舞曲一样协调，如一曲完美的咏叹调。社会地位顺利攀升的关键就是要让这种爬升看起来毫不费力，就像表演了一个魔术或讲了个笑话一样。

事实上，莱斯·迈耶斯作为爱尔兰人，并不是大多数人提到“爱尔兰人”时心中想到的形象，但是这种冒牌的感觉在他阴沉难懂的表演触动人心时，可以帮助缓解不安情绪。他带着丝丝优雅徘徊在谈话的边缘，快速表达着一小部分内容，有时挡住别人的路，暗示着他急需处理一些私人议程——还有很多像他这样的人在等待着。他不久就喜欢上了汤姆的未婚妻诺拉·赖斯（斯嘉丽·约翰逊饰），一个声音如丝绸般柔和的纵情享乐之人。我们在没见到她之前就听过了她的声音，对乒乓球对手自鸣得意道——“下一个牺牲者是谁？”这是约翰逊的巨大转变。她和莱斯·迈耶斯的对手戏在艾伦的这部作品中有着一种无与伦比的情欲张力。艾伦曾无休止地讲着和性爱有关的笑话，他告诉了我们一切我们想知道但不敢问的内容，但他之前从未拍摄过真实的性爱场面，只有在这部片子里：一个下雨的下午，诺拉和克里斯在潮湿的田野里，他们就像两条蛇一样纠缠在一起。

这部电影分享着他们的口是心非。在你知道之前，这种浮华虚饰的娱乐活动就已经低速进入了希区柯克的领土。想起艾伦《爱与罪》中的情节：情妇太过烦人，男人就把她杀了，画面慢慢变暗。为什么谋杀取代手淫成为了伍迪·艾伦创作的男性最喜

“没有展现出任何真实性爱的性行为，你明白了吧，这就是更大的乐趣。你可以看到所有你想看到的真实性爱，它看起来像活塞或风钻，但毫不性感。”

《赛末点》是艾伦和斯嘉丽·约翰逊合作的第一部电影，但不会是最后一部。

欢的活动，这个问题有待专门分析研究艾伦的人回答。弗洛伊德在《笑话及其与无意识的关系》中认为幽默背后藏着敌意，但他并不是第一个这么认为的人。托马斯·霍布斯[3]在他1651年出版的《利维坦》一书中，将幽默定义为“通过和他人弱点的比较，想到自身长处后莫名产生的自豪感。”比如，当有人在香蕉皮上滑倒而我们自己没有滑倒时，会闪现的优越感。就算在语言中，诸如“妙语征服”观众、“深深打动”他们，也会有暴力的成分，正如我们笑的时候会露出牙齿一样。

艾伦后期作品中的谋杀，取代妙语，填补了戏剧空位。《赛末点》坚持着以双管猎枪结尾的错误的结局。“这是一杯含有马钱子碱的香槟鸡尾酒。”影评人斯科特在《纽约时报》中写道。“你会回到恩斯特·刘别谦或者比利·怀尔德那个令人陶醉、没有道德观的全盛时期，发现犬儒主义已经灵巧地转变成了高级消遣。”《娱乐周刊》中，影评人欧文·格雷伯曼称之为“自罗伯特·奥特曼制作的《大玩家》起，所有导演以最重要的形式回归。”这部电影搭了英国批评家想要加入对于位置和习语的地盘战争的顺风车。《卫报》的影评人彼得·布拉德肖评价道：“对话由时髦的词组成，艾伦似乎学习了贝立兹旅游手册。”而《观察家报》的影评人詹森·所罗门斯则批评说这部电影“发生在认得出来但并不真实存在的英国”。只能说：欢迎来到俱乐部。他们一直在谈论伍迪·艾伦在纽约的几十年，但似乎并未对他造成伤害。

---

3 托马斯·霍布斯，英国政治家、哲学家。

（2006）

独家新闻

Scoop

锡德·沃特曼（伍迪·艾伦饰）和桑德拉·波兰斯基（斯嘉丽·约翰逊饰）以及他们的主要嫌疑人彼得·莱曼（休·杰克曼饰）一起，被艾伦形容为“电影中一张不重要的舒洁纸巾”。

“噢，斯嘉丽把我留给了死亡，”艾伦提到和斯嘉丽·约翰逊一起工作时说道，“我的意思是，她是那些总能超越我的一类人，无论是生活中还是舞台上。无论我想出来多好的台词——当我们对对方失望时或者互相取笑时等等——她最后总能很棒地胜过我。当然，对我来说，这是十分值得尊重的。因为我一直觉得自己很灵敏机智，所以当有人总是能压制我时，我就会很惊讶。但这是真的——片场所有人都可以证明。”

艾伦写作主要就是为了追逐化学火花。艾伦在拍摄《赛末点》时发现了这个女演员，而《独家新闻》则是他自《奇招尽出》起，第一次回归荧幕。他扮演了锡德·沃特曼，也就是伟大的思朋兰迪尼，一个老派的魔术师。借助他的表演舞台，最近刚去世的记者乔·斯特劳博（伊恩·麦柯肖恩）的鬼魂出现了，他将最后一条关于连环杀手身份的独家新闻告诉了来到伦敦的美国大学新闻系学生桑德拉·波兰斯基（约翰逊饰）。这是一场含蓄的余兴表演，是在模仿《曼哈顿谋杀疑案》中关于玛娜·洛伊和威廉·鲍威尔的“瘦男人”的电影。《独家新闻》并不是因为特别有趣而吸引人，其中锡德和桑德拉冒充富豪参加一个英式花园聚会的场景才是影片高潮——“我要找到制作树篱的人，”锡德打趣道，“在这些鹿角周围，我修剪出的驼鹿看起来有点寒酸了。”

艾伦在电影中写过很多的魔术师，但是伟大的思朋兰迪尼是他亲自扮演的第一个魔术师角色。

艾伦表现出虽惊慌失措却漠不关心的态度，泄露了一举一动的可信性，即使影片供他发挥的其他部分不多，也依然保持不变。《独家新闻》的成就主要是因为它让约翰逊暂时不用扮演妖妇般的角色，这很适合她。穿着书呆子的毛衣，戴着眼镜，头发向后梳成马尾，她仔细盯着休·杰克曼扮演的可能有罪的贵族，质疑着他，似乎没有注意到自己对他的影响——约翰逊扮演了一个旧时女主的变体，聪明机灵却没有注意到自己的异性魅力。

即使艾伦很快认可了它只是一部中等水平的电影的评价，但这部电影依然取得了可观的成功，以 400 万美元的预算在全世界收获了 3900 万美元的票房成绩。"《独家新闻》拍摄期间，艾伦似乎并没有很努力地工作，这也使得影片有明显的错误以及大量参差不齐的桥段，但整部影片洋溢着令人舒适的无忧无虑的氛围。"曼诺拉·达吉斯在《纽约时报》中写道。"回归有趣的概念并没有成功，"艾伦说，"《独家新闻》一路收获着欢笑，但是机智概念并没有起太大的作用。"但是约翰逊不同意他的观点。"我认为每件事都是有效的，"她说，"我等着他为我写《公民凯恩》[1]。"

1 《公民凯恩》是由奥森·威尔斯于 1940 年拍摄的一部传记体影片，由奥森·威尔斯担任导演、制片、编剧以及主演。曾获得 1941 年奥斯卡奖 7 项提名，并最终获得最佳原创剧本奖。

(2007)

卡珊德拉之梦

Cassandra's Dream

和海莉·阿特维尔（安吉拉饰）一起在英国拍摄的三部电影中的最后一部电影的现场。

“我想主要讲述男人之间的故事。”艾伦在谈到《卡珊德拉之梦》时说。这个想法产生于2004年他为纽约大西洋剧院公司导演《二手记忆》时。主题依然是谋杀。在伦敦有两个兄弟，一个叫特里，是一个修车工和赌徒；另一个叫伊恩，是一个餐馆老板，他们想要关店一起去投资一个加州酒店，就去向他们有钱的叔叔贷款。叔叔说如果他们为他杀个人，就答应帮他们。“在我的戏剧中，他（叔叔）没有任何想给出的好处。”“他带着他的女朋友，兄弟之一和这个女朋友有暧昧——这是另一个故事了。但在这种情况下，我想到的是，如果叔叔有一个请求——这个请求有关强烈的道德问题和良心危机呢？这让我有了一个有趣的想法，这部电影可能是悬疑紧张的，带有犯罪情节，但依然是娱乐性的。”

选角导演朱丽叶·泰勒推荐伊万·麦格雷戈和科林·法瑞尔来演这两兄弟。艾伦开始不是很确定，觉得这两个角色应该由更年轻的演员来演，直到他和法瑞尔见了六十秒。

“嗨。”法瑞尔说，“我在这里。好吧，我猜你现在想让我离开？”

“是的。”艾伦笑着回答。这个演员一离开，艾伦就告诉泰勒，“他很完美。”

“一旦你越了线，就回不去了。”伊恩和特里兄弟（伊万·麦格雷戈和科林·法瑞尔饰）等待着他们的目标。

“只要有犯罪的想法，无一例外，一定会有有关道德的抉择。而这些让电影有了更丰富的内涵，而不仅仅是谋杀谜案和侦探小说。”

麦格雷戈对于第一次见到艾伦工作方法时的故事津津乐道。“大部分的场景都在单一框架中表演，”他说，“有很多的对话，没有很多的取景镜头——这很棒。下午四点半你就能到家。你可以过自己的生活。”法瑞尔后来发现他整部电影拍摄的镜头和电影版《迈阿密风云》一个场景的镜头一样多。为了配乐，艾伦向菲利普·格拉斯[1]求助。菲利普·格拉斯是少数几个会被艾伦委托电影原创音乐任务的作曲家。“对这部电影，我想不出该怎么办，所以想到了找菲利普·格拉斯，”艾伦说，“我给他打了电话，他很感兴趣。我认为他十分庄重肃穆的音乐风格能补足这个故事的悲剧感。幸好他加入了，带着庄重肃穆的乐曲加入了，他是个天才。我当时就说，‘天哪，这音乐太死寂奇特了，直接让观众感受到了整个故事内容。’然后他说，‘哦不，这是爱情主题——他遇到那个女孩的时候，我还没有创作肃穆死寂的那部分。’”

1　菲利普·格拉斯，美国作曲家。创作融合了摇滚乐、非洲与印度音乐、西方古典音乐的元素，作品经常重复简短的旋律和节奏模式，同时加以缓慢渐进的变奏，被称为简约音乐。

关于电影《午夜巴塞罗那》，艾伦曾这样说：“这部影片缘起于巴塞罗那，缘起于佩内洛普，但实际上，在我内心里，却把重点放在了斯嘉丽身上。”西班牙的几个投资者曾问艾伦，能否在巴塞罗那拍点儿东西，加泰罗尼亚当地政府会提供一些资金支持。艾伦说：“那时，我对此什么想法都还没有。然后呢，过了一两周，我接到佩内洛普的一个电话，当时，我对她还不太了解。佩内洛普那时在纽约，她说想要见个面。我只在影片《回归》中看到过她的表演，其他就再没看

艾伦与哈维尔·巴登（饰演胡安·安东尼奥）、佩内洛普·克鲁兹（饰演玛丽亚·埃琳娜）、斯嘉丽·约翰逊（饰演克里斯蒂娜）在拍摄现场。

（2008）

午夜巴塞罗那

Vicky Cristina Barcelona

过了。我觉得，佩内洛普的表演给那个影片增色不少。佩内洛普听说我要在巴塞罗那拍个电影，想加入进来。后来，我听闻哈维尔也感兴趣，这样慢慢地，影片开始成型。几乎是先有了演员，然后才有了电影。”

最初，艾伦不打算再用斯嘉丽，因为之前的两部影片《赛末点》和《独家新闻》斯嘉丽都有参演。选角导演朱丽叶·泰勒曾提到：“虽然我觉得艾伦对斯嘉丽表演非常满意，艾伦也真的想用斯嘉丽，但我们还是想做得更好些，当时我们的想法是，不应该一直延续之前的电影风格，应该做点儿不一样的东西。因此，我们真的一直在努力寻找，看看有没有其他合适的人选。后来，却忽然发现，其实我们一直在原地打转，因为找到的人都不怎么感兴趣，而且也给影片增不了什么色。”

在西班牙进行影片拍摄时，吸引了很多人到场围观。一方面，可能是被年轻的演员团队的激情所点燃，另一方面，也可能是陶醉于巴塞罗那现场拍摄所带来的愉悦。艾伦还专门为英国《卫报》写了一篇散记，这是他自70年代拍摄《爱与死》时给《时尚先生》写散记后首次给报刊写文章。艾伦在给《卫报》的文章中这样写道：

6月5日

影片开始拍摄时波澜不断。主角之一的丽贝卡·豪尔，很年轻，而且这是她是第一次扮演如此重要的角色，但她的脾气却超出了我的想象，甚至一度还不让我进拍摄现场。我跟她解释说，导演必须要在现场才能指导电影拍摄啊。我尽力说服她，却未成功。最后，我只能把自己乔装打扮成一位送餐员，这样才得以返回拍摄场地。

“你可以把电影调整一下，强调它的喜剧性或是剧情，但基本上，它仍是一个浪漫剧，而且最终也保留了它的浪漫特点。这个，很难解释得清。它是一部剧情片，但有搞笑的内容在里面，也有很多浪漫场景。”

在奥维耶多度过浪漫一夜之后，胡安有时会给维姬（丽贝卡饰演）来点儿小惊喜。

艾伦一贯的那种活泼搞笑的片段在影片中俯拾即是，甜蜜的场景、热辣的桥段一个接一个，赋予了影片一种前所未有的魅惑力，这与艾伦1978年执导的影片《内心深处》的那种沉闷节奏有很大不同。维姬（丽贝卡饰演）是一位加泰罗尼亚文化专业硕士生，头脑冷静、理性，已与一位暖男订婚，安定舒适的未来正在向她挥手。相比之下，克里斯蒂娜（斯嘉丽饰演）是一个冲动、寻求刺激的人，把激情、兴奋看得比什么都重要，她无意中听到加泰罗尼亚当地画家胡安（哈维尔饰演）正被离婚搞得焦头烂额时，双耳立马就竖了起来。三人在饭店相遇，胡安在餐馆向维姬和克里斯蒂娜搭讪，并提出共度良宵，胡安劝诱道：“生命是短暂的，生活是乏味的，人生是充满痛苦的，而这是一次能给我们带来别样经历的难得的机会。”维姬对胡安的厚颜行为嗤之以鼻，而克里斯蒂娜却对黑壮的胡安垂涎欲滴、两眼放光，恨不得马上就跟他走。

接下来发生的故事，充满了情色与懊悔，让两位女孩儿在她们的异国之旅中既享受到了喜乐，也遭遇到了陷阱。随着剧情的演变，两位女孩儿逐渐产生了互换，彼此都有点儿感觉像是变成了对方。由于克里斯蒂娜胃不舒服，胡安只能把注意力转向维姬，并用沟通心灵、欣赏吉他、畅饮红酒等各种噱头引诱维姬上床。直到维姬的未婚夫出现，胡安才把注意力转回到克里斯蒂娜身上，这也刚好满足了克里斯蒂娜对放浪生活的喜好。不过，克里斯蒂娜后来才发现自己深陷一个三角关系之中——她自己、胡安以及胡安那位有点神经质的前妻玛丽亚（佩内洛普饰演）。玛丽亚内心的醋坛子碎了一地，雷霆大发，搞得蓬头垢面、一地鸡毛。玛丽亚这个角色类型，与意大利著名女演员安娜·麦兰妮所演过的那种更年期妇女角色很相似，风韵十足，同时又带点神经质。不过，玛丽亚这个角色的喜怒哀乐表现得更为生活化，这与意大利裔美国女演员米拉·索维诺在影片《非强力春药》中所演的角色很相似。饰演玛丽亚的佩内洛普也获得了同样的回报，赢得了奥斯卡最佳女配角奖。

玛丽亚和胡安及克里斯蒂娜有时也能找到一种异样的和谐（上图），不过，当只有他们俩时，两口子则会经常互撕（左图）。

该影片放映后，很快就被贴上了情色放浪的标签。不过，艾伦的伦理思想在晚期也确实发生了些许调整，增加了一些感性的色彩。饰演维姬的丽贝卡就曾表示，不想对那种随便给人扣帽子的浮夸标签进行任何评论，这既体现了丽贝卡自由成熟的态度，也体现了她灵活敏锐的聪慧。和以往灵魂互换式的电影一样，这部影片也给人一种感觉，艾伦像是把具有完全不同个性的两个自己放在影片中进行对话。两个女性角色，一个是理性的维姬，一个是激情的克里斯蒂娜，一方面，是难以抗拒的诱惑，另一方面，是难以摆脱的憧憬。胡安这个角色，却利用花招能把两位女性都轻松搞定，这一切，都由影片拍摄师在暖阳普照的巴塞罗那一一录下。而影片貌似想要向人们传达这样一种意思，即试着去摆脱下憧憬、抗拒下诱惑。《午夜巴塞罗那》的成功，自然与艾伦1977年那部讲述情感悲剧的电影《安妮·霍尔》有着密不可分的关系。一直以来，艾伦就对观众的兴趣点把握得游刃有余，但他却总是留守着属于他自己的那份孤寂。不过，后来他貌似也有新发现，那就是如何让自己也过得快活。

玛丽亚、克里斯蒂娜两个女人总能带给胡安创作灵感。

玛丽亚到影片后半部分才开始出现，她的到来是影片的高潮。

艾伦、丽贝卡、佩内洛普接受记者采访。

“描写女性的时候，我真的会感觉自己也是一位女性，不知道为什么会这样，但我能清楚感觉到，描写女性时自己内心状态的那种转变，不过，我描写的女性都是单向度的女性，而且一直以来，我描写的重点都在女性。”

“人们都一直在试图控制更多，但最终却会发现，没被天上的闪电闪到就是大幸。”

艾伦出席西班牙圣塞巴斯蒂安国际电影节（2008年），该电影节上影片《午夜巴塞罗那》在西班牙首次公演。

（2009）

怎样都行
Whatever Works

鲍里斯（拉里·戴维饰演）向梅洛迪（埃文·蕾切尔·伍德饰演）灌输他对体育的看法。

《怎样都行》的剧本写于20世纪70年代，差不多与《安妮·霍尔》同期，当时是专门给泽罗·莫斯特尔量身定制的。没想到，几十年后，拉里·戴维成就了这部电影。其实，《怎样都行》是戴维参演的第三部艾伦的电影，之前，戴维在《那个时代》和《纽约故事》中都有过出演，不过都是小角色，只有几个镜头而已，而且，在《那个时代》中，戴维只露了他的秃脑壳。那两次合作之后，戴维与艾伦就没再联系过，直到艾伦把《怎样都行》的剧本和一封信邮寄给戴维。戴维看完之后表示："我觉得剧本非常棒，但是我也有些疑虑，怀疑自己能否胜任，因为剧中角色与我本人差别有点大，而且，我一般都是本色出演。"

艾伦却坚持道："很明显，戴维身上有一种内在的东西，观众会很喜欢，你知道，著名演员格劳乔·马克斯身上也有这种东西，观众们一直以来都很喜欢这种东西，永远看不厌，要是没有了这种东西的话，观众们才会感觉厌烦。"同时，艾伦也安慰戴维，说戴维肯定能做到，并鼓励戴维不用非得按照剧本来，可以临场发挥，就像戴维平常表演时那样。然而戴维却坚定自己的想法，严格按照剧本来，在影片拍摄期间，他总会利用空闲时间躲进休息室去记台词。艾伦表示："几十年过去了，剧本重新拿出来时，我没有针对戴维进行过任何修改。但当我从抽屉里把尘封了几十年的剧本拿出来时，我却觉得，确实需要修改一下，毕竟，已经过去了几十年，这期间一点也没动它，最起码也应该稍微修改一下，让它略带点现代的气息，虽然我并没为戴维修改剧本，但戴维与这个剧本也确实非常相配。"

《怎样都行》这部影片以鲍里斯·耶林科夫（戴维饰演）一个人直接面对镜头进行长篇大论开始，

“你知道吗？有那么一刻，我想把这部影片更名为《世上最坏的男人》。我觉得，这个角色有点怪诞，愤世嫉俗到了极致，无法融入社会，也不想融入社会，拒绝一切，过不好生活，也不想好好过。”

曼哈顿中国城拍摄现场。

内容涉及宇宙间的不公、没能获得诺贝尔奖(“全都是政治操作，和其他所有虚假荣誉没什么区别”)、全球变暖、恐怖主义、家庭伦理的败坏、枪支的泛滥等，当鲍里斯在滔滔不绝时，他的朋友们却都在绞尽脑汁思考问题。鲍里斯会觉得有人在听他的长篇大论吗？这个技法来源于影片《安妮·霍尔》，只不过把影片中艾尔维·辛格的独白内容换成了艾伦自己的人生经验，包括上学时的经历、拍电影的经验，以及影片中与安妮家人吃饭的场景等，这一切，都让戴维沉醉进了鲍里斯这个角色之中，艾伦就这样让鲍里斯一直说下去，因为，戴维本人的话是达不到这种幽默效果的。这也正成就了影片想要表达的那种高谈阔论的本意，就像《抑制热情》中表现的那样，只有当针对宇宙宏大问题时，才会有那种高谈阔论的气势。《怎样都行》中戴维表演得恰到好处，深度也够，角色很成功。

一天夜里，鲍里斯发现门口出现一位年轻漂亮的姑娘，名叫梅洛迪（埃文饰演），她从密西西比州的家里跑了出来。因为梅洛迪有点呆呆的，鲍里斯因此经常拿梅洛迪这点开玩笑，鲍里斯让梅洛迪住了进来，最后还同她结了婚，这就是艾伦最想表达的浪漫故事。呆呆的梅洛迪，尽管干不了什么事，但她的出现，配上她那甩来甩去的马尾辫，为影片增添了别样的趣味。鲍里斯经常取笑梅洛迪笨，还好梅洛迪对此并没什么反感。令人意想不到的是，某天，梅洛迪的妈妈玛丽埃塔（派翠西娅饰演）突然出现在门口，她对女儿的婚姻感到震惊（她说鲍里斯不像是一位持家男人，而更像是一个门诊病人）。玛丽埃塔还要求女儿女婿摆脱犹太思想的影响，归心于自由的正统思想，最后，她甚至还拍了裸照进行展览，最终他们过起了三人生活。影片剧本原文还显示，玛丽埃塔这个角色活泼可爱，还差点儿去偷取那些裸照。艾伦摆脱不了他的风格，总会让差别巨大的角色走到一起。不过，该影片也是对《安妮·霍尔》中艾尔维故事的一种反映。

（2010）

遭遇陌生人

You Will Meet a Tall Dark Stranger

1969 年，艾伦给哥伦比亚广播公司拍摄了系列节目，其中有期节目里，艾伦采访了比利·格雷厄姆。那次采访是一次很有意思的会见，采访中，他们谈了宗教、道德、人生的意义等。采访后，艾伦就开始对格雷厄姆这位美国牧师崇拜有加，虽然心里还有点不那么情愿。艾伦曾说道："我这个人呢，有点阴郁，不管看什么，都有点灰暗，而格雷厄姆却对我说，即使我是对的，他是错的，人生没有意义，生活是灰暗的，上帝也不存在，也没来世，没有希望，什么都没有，但他仍会过得比我好，因为，他相信不一样的东西。即使他百分百都是错的，等我们活到终老，然后，我的人生也会是一个可悲的人生，始终游荡于灰暗的氛围之中；而他呢，人生则是精彩的，并且他相信，会有更多的精彩在等着他。"

艾伦对这次谈话久久不能忘怀，多年之后，这些话也给影片《遭遇陌生人》提供了养分，并成为该影片某种意义上的一块基石。有些信仰无根无据，但却是有价值的，《遭遇陌生人》要讲述的就是这么一个故事。该影片的制作，有一部分是在伦敦完成的，并得到了西班牙投资者的一些资金支持，演员阵容也很国际化，包括安东尼·霍普金斯，他饰演阿尔菲，一位褐肤银发商人，不顾社会道德规范抛弃了已结婚 40 年的妻子海伦娜（盖玛·琼斯饰演），随后与一位名叫查梅妮的（露茜·彭奇饰演）只知道玩乐的苗条应召女郎结了婚，给她买皮衣、珠宝等，还在泰晤士河边给她买了一套公寓。被抛弃的海伦娜则总是以酒解忧，并开始听信一个算命之人（宝林·科林斯饰演）的胡话，让她以为获得了正能量，重新打起了精神，但这一切，在海伦娜的女儿莎莉（娜奥米·沃茨饰演）看来与笑话无异。其实莎莉的婚姻也不幸福，丈夫罗伊（乔什·布洛林饰演）是一位又土又笨的穷困作家，他新写的小说又被出版社拒绝，情绪低迷。罗伊在街上偶遇一位年轻漂亮的女人（芙蕾达·平托饰演）并与之发生关系，这才让他感到些许安慰。

除了海伦娜之外，其他的所有人都在追求自己不曾拥有的东西，结果追到最后，每个人都发现自己反而失去了很多，这不能算是部喜剧，更应该算是一部关于追求欲望的讽刺剧。演员们越用内心戏去演，表演得就越好。作家罗伊话有点多，因工作压力，精神总是紧张兮兮的，剪了个 70 年代流行的发型，不过作为作家，他有着傲人的表达能力。莎莉偶遇由安东尼奥·班德拉斯饰演的温文尔雅的已婚画廊老板，两人话都很少，但却相处融洽，不过最后，莎莉的愿望也化为了泡影，这也符合该影片的情节预设。所有角色中，只有阿尔菲从头到尾稍微有点生气。影片《汉娜姐妹》中，艾伦自己的那种矛盾性格特征与英国绅士风范之间的结合，被英国演员迈克尔·凯恩演绎得淋漓尽致，而在影片《遭遇陌生人》中，霍普金斯通过阿尔菲这个角色把那种完美结合又展现了一遍。霍普金斯演得让导演很放心，他对自己所演的富豪角色也很用心，真真实实地享

艾伦与霍普金斯（饰演阿尔菲）在拍摄现场交谈。艾伦说，他是经历了反反复复的希望变失望，然后再希望再失望，这样持续了好几年，最后才琢磨出这么一个具有警醒教育意味的有关追求欲望的故事。

阿尔菲的女儿莎莉（娜奥米·沃茨饰演）正在挑逗高大魁梧的画廊老板格雷格（安东尼奥·班德拉斯饰演）。

受着属于他的尊严与荣光，但又被自己无止境的欲望追求折磨得够呛，关于这点，只需看看阿尔菲在等待伟哥起作用的那几分钟里脸上所展现出来的那种歉意与鄙夷混合在一起的表情就够了。“再等三分钟”，艾尔菲服用伟哥后总是盯着表掐算时间，等待伟哥起作用那几分钟总像是一种难以跨越的永恒。

美国影评人安东尼·奥利弗·斯科特在《纽约时报》评论道：“以前，艾伦的电影风格有点像契诃夫和伯格曼的风格，现在，这部电影的风格转向了巴尔扎克。这个世界充满了自私和吝啬，而且，人类所进行的一切不过是一场低俗的喜剧。”艾伦晚期的电影让人感到如此的陌生，但同时又具有令人难以抗拒的魅力，有搞笑桥段，有故事情节，有美观背景，有客厅对谈，又有一点美国小说家欧·亨利的喜剧色彩：这一切，既赋予了影片以讽刺意味，又为影片增添了幽默情趣，同时，也带有对人性欲望的反思。

(2011)

午夜巴黎

Midnight in Paris

第一次被法国制片商问有没有打算以巴黎为背景拍部影片时，艾伦说：“我对巴黎还不太了解，对这座城市知道的还有点少。”艾伦也自问，当提到巴黎这座城市时，首先映入脑海的会是什么呢，很显然，是浪漫，这样也就先有了电影的名字——《午夜巴黎》。影片的具体内容和剧情，倒是之后慢慢才成型的。艾伦曾提到：“我呢，前前后后自己想了好几个月，午夜的巴黎都会上演些什么故事呢？有没有人会偶遇然后坠入爱河？有没有人会外遇？后来某天，我就想到，某人到访巴黎，晚上行走在巴黎的大街上，当时可是午夜哦，忽然间，一辆轿车出现，这人上了车，然后就开始了一场真正的探索之旅。”

2006 年时，艾伦曾尝试把这部影片拍了，但由于成本太高，他放弃了。直到 2009 年法国政府对国际影片制作实施税收优惠，艾伦的妹妹同时也是艾伦的制作人莱蒂 · 阿伦森才把预算降至可控的 1800 万美元。主角吉尔本来是设定为居住在美国东海岸的一位知识分子，但选角导演朱丽叶 · 泰勒却说，演员欧文 · 威尔逊更像是一位“居住在海边或爱好冲浪的人”。然后，艾伦就对剧本进行了修改，把这个角色变成了一位居住在洛杉矶的人，当然，修改角色也没费什么劲儿。对于吉尔难缠的未婚妻伊内兹这个角色，艾伦觉得演员瑞秋 · 麦克亚当斯非常合适。演员玛丽昂 · 歌迪亚是法国国人的骄傲，她参演这部电影，有点像哈维尔和佩内洛普参与影片《午夜巴塞罗那》。而寇瑞 · 斯托尔能饰演厄内斯特 · 海明威，则是因他在美国剧作家阿瑟 · 米勒的《桥头眺望》里的表演而受到艾伦关注，该剧中他与斯嘉丽 · 约翰逊演对手戏。斯托尔曾说：“艾伦交给我一摞纸，上面是角色海明威的一些台词，我仔细地翻阅了一下，看到角色是海明威，就感到非常激动兴奋。”

作家吉尔（欧文饰演）穿越回 20 世纪 20 年代的巴黎，
遇到艾德里安娜（玛丽昂饰演），毕加索的情人之一。

“法国画家马蒂斯曾说，可以把他的画作想象成非常舒适的座椅，坐上去，然后好好享受就行了。而我呢，也有同样的想法，你可以把我的电影想象成座椅，坐上去，放松心情，好好享受电影的色调，就像是在沐浴一样舒服。”

半夜乘上满载靓女的时光穿越车的吉尔在轻摇酒杯。

“你有没有和非常热辣的女人做过？”斯托尔完全融入了海明威这个角色之中。

影片拍摄进展很顺利，只用了35天的时间，前前后后总共7周，都是在2010年夏季完成的。拍摄时，艾伦精神一直很不错，尽管当时巴黎的天气总是阴沉着，大街上也时常湿漉漉的。艾伦曾谈到：“我的想法是，能让观众有一种身临其境的感觉，仿佛自己就身在巴黎。”艾伦曾和摄影师达瑞斯·孔德基商量，是不是把这部以20世纪20年代为背景的影片拍成黑白的。最后，他们决定还是彩色的比较好。艾伦曾解释道：“总会有一种感觉，若年代不一样的话，很多东西也就会更有意思。有些人可能会觉得，20世纪20年代的巴黎是黑暗的，而另一些人可能会觉得，那个年代是巴黎的美好时代，有马匹，有马车，有气灯，一切都是那么美好。然后呢，你可能就会意识到，若你去看牙医的话，就不会有麻醉药，这些，只是冰山一角啦。当时，很多女人死于难产，还有很多其他可怕的事情。若你是那个年代居住在巴黎的一位贵族，那情况可能会好些。若你不属于社会上层，或者你是犹太人，那么，日子就没那么好过了。因此，有些东西，你得把它给剔除掉。”

真正让人感到惊奇的，倒不是艾伦2011年拍的这部充满幽默与诱惑的怀旧影片就应该获得成功，而是之前他竟然没这样做。艾伦所写的所有背景在美国之外的剧本中，《午夜巴黎》给人一种感觉就是，之前的任何时候，艾伦都可能创作出这样的影片。该影片所涉及到的很多喜剧概念，

时任法国总统萨科齐的妻子卡拉·布吕尼参演了博物馆导游这个小角色，实现了与艾伦一起拍电影的梦想，她还曾说："等我老了以后，我就可以自豪地对我的孙辈们讲，我可曾经与艾伦一起拍过电影哦！"

都与他在 20 世纪 80 年代写的很多剧本有所呼应。写剧本时，艾伦会把自己想象成影片《变色龙》中的雷纳德·西力，与 20 世纪初的美国小说家菲茨杰拉德夫妇亲密交谈，也会想象自己回到那个年代，经常与海明威混在一起。1971 年出版的《扯平》（*Geting Even*）丛书中，艾伦在其中一篇名为《回想二十年代》的文章里写道："海明威刚写好两篇短篇小说，都是关于职业拳击赛的，尽管我和格特鲁德·斯泰因都觉得不错，但还是都觉得仍有改进的空间。那时我们在一起嬉笑玩乐，然后我们就戴上拳击手套开打，然后，我的鼻子就被打破了。"

艾伦与欧文、布吕尼在拍摄现场。

影片情节的发展很顺畅自然，与影片《变色龙》和《开罗紫玫瑰》很像。吉尔目不转睛地看着扭动着的贝克时，或想到要把自己的小说给海明威看时，他脸部的那些表情，就足够说明一切了。演员欧文的这种表演能力，不是每个演员都具有的。欧文不仅把艾伦剧本中的那种纠结感彻底展现了出来，同时也把吉尔的那种复杂的性格特征完全内化成了自己的一部分。《纽约杂志》首席影评人大卫·艾德尔斯汀曾在一篇文章中这样评论道："演员欧文虽然两眼大睁，但并没有给人以愚笨之感。有些台词，本来给人以慵懒之感，但一旦经欧文的口说出来后，却又变得那么有哲理，慵懒之感也消失殆尽。没有金刚钻，是揽不定瓷器活的。"

斯科特·菲茨杰拉德（汤姆·希德勒斯顿饰演）与泽尔达·菲茨杰拉德（艾丽森·皮尔饰演）两个角色在影片中的戏份少之又少，艾伦那有点儿"怪诞"的剧情节奏，让这两个角色刚一上场，就撤了。之所以这样安排，可能是因为艾伦急着想让寇瑞·斯托尔饰演的厄内斯特·海明威上场，特别是海明威一边摸着胸毛一边絮絮叨叨的那个桥段："不去爱或者爱太深，其实是一样的，都是一种懦弱。"玛丽昂·歌迪亚饰演艾德里安娜，哄诱吉尔进入一层又一层的梦境之中，因此成为影片中美丽与魅惑的核心，这让她略显有点不情愿，不过，这和她在影片《盗梦空间》中饰演的角色并没什么差别。艾德里安娜与吉尔的镜头节奏非常慢，有时候会让人怀疑，他们俩的镜头是不是拼接而成的，影片剪辑成片后也并没什么改观。艾伦那时已七十多岁，他拍浪漫片时，好像有意去克制着自己，以免惊吓到周遭的一切。

吉尔与他那难缠的未婚妻伊内兹（瑞秋·麦克亚当斯饰演）在凡尔赛的宫廷花园里散步。

不过，这也没关系，该部电影成为艾伦所有电影中全球票房总收入超过一亿美元的首部影片，而且公映七周后仍位列最优十大影片排行榜，这些成绩让人们连连称奇，很多网友问“这一切到底都是怎么做到的？！”票房收入已经够惊人了，但更惊人的是，影片《午夜巴黎》在艾伦全部影片中位列第七，超过《傻瓜大闹香蕉城》，比《爱与死》稍微靠后，这是艾伦最为看重的一点，因为该影片也是自《子弹飞越百老汇》后获得奥斯卡提名最多的一部，获得四项提名并最终赢得最佳原创编剧奖。这是过去十六次提名中获得的第三次奖项，同时，艾伦也因此成为该奖项最年长的获得者，而且也是首位三次获得该奖项的人。如果在过去的话，艾伦是不会把如此的成绩放在眼里的，以艾伦的性格，还可能会偶尔向人嘟囔，这样的馅饼怎么会落到自己的头上，同时艾伦肯定也还会精心准备，开拍下部影片，这本身就是对大众口味的一种反讽。现在情况不一样了，艾伦早已变得很谦逊、很端庄，会对人们的口味予以表示赞许。在接受《好莱坞报道》采访时，艾伦就表示：“观众能从影片中找到乐子，我觉得这比什么都重要，而且，这也是最好的嘉奖。”

（2012）

爱在罗马

To Rome With Love

安娜（佩内洛普饰演）试图勾引新婚不久的安东尼奥（迪波利饰演）。

在想到《爱在罗马》这个影片名字之前，艾伦曾想过《波普十日谈》和《尼禄拉琴》两个名字，不过，艾伦最终采用《爱在罗马》，这是为了在意大利与他结婚的妻子宋宜。这种做法似乎也反映了艾伦过去七八十年生活中那种放松且懒散的生活态度。在写给国外投资方的一封信函中，艾伦曾表示："我一直在努力想象，罗马最能打动我的是哪一点呢，罗马如此有生机，却又如此嘈杂，车流不息，人来人往，有些街道还没人行道，人们走在大街上，或是坐在街边台阶，或是进入咖啡馆，一切始终都在运动着，食品、时尚、电影，都品位十足，所有这些，仅用一个故事是表达不完的。我想讲述游客，也想讲述当地人，以及来自小城镇的人，他们的浪漫，他们的嘈杂，以及他们的情感。因此，这需要好几个故事。"

这些一个一个的角色，都是通过威尼斯广场上的一位交通执勤警察介绍引入的。影片中最小的一个故事是，新婚夫妇安东尼奥（亚历山多·迪波利饰演）和米莉（桑德拉·马斯特洛纳迪饰演）在罗马走散了，并且各自都遇到了诱惑，米莉遇到一位秃顶的浪荡电影明星，安东尼奥则遇到一位名叫安娜（佩内洛普·克鲁兹饰演）的妓女。影片中，安娜一身又一身撩人的红裙装，让人想到意大利女演员索菲娅·罗兰。故事的情节之间当然也穿插了一些艾伦式的笑料。影片转向了下一个故事，艾伦自己扮演了一位退休的美国歌剧经纪人，与他的精神病医生妻子到罗马度假，后来他发现，自己女儿未来的公公，是一位殡葬行业工作者，他竟然能把意大利歌剧作曲家普契尼的作品唱得很动听，但他只在浴室里洗澡时才唱。随后，艾伦饰演的歌剧经纪人就努力让女儿的公公利用他的才华名声鹊起，这就多少带有点影片《丹尼玫瑰》的影子。

第三个故事中，一个总是紧张兮兮的建筑学专业的书呆子杰克（杰西·艾森伯格饰演）爱上

意大利歌剧《丑角》在“阿根廷剧院”上演。

艾伦与1994年以来一直帮自己制作电影的妹妹莱蒂。

了一个总是沉醉在自我世界里的女演员莫妮卡（艾伦·佩姬饰演），而亚历克·鲍德温饰演的一位老建筑师约翰，在杰克的身上看到了自己的影子，并总是从旁建议，说出自己的经验教训，他慨叹：“哦，我的天哪，又来啦，又来啦，你享受你的吧，不过，结果最后会怎样，我是知道的。”这样的自负与影片《呆头鹅》中的龙套角色博加特非常像，有一点区别那就是，鲍德温这个角色在影片中没人会注意他，而且他那有点儿愤世嫉俗的话语总是带有酸葡萄的感觉。在第四个，同时也是最为精彩的故事中，罗伯托·贝尼尼饰演一位名叫皮萨内罗的普通办公室职员，有一天早上醒来，皮萨内罗突然发现自己无缘无故地出名了，然后就被媒体记者们追着不放，他生活的点点滴滴都成了媒体关注的焦点。媒体甚至向百万观众直播他剃胡须的过程，从最开始到剃完，一点也不落，还有他喜欢吃什么早餐，点点滴滴应有尽有。艾伦之前的影片《星尘往事》和《名人百态》中的很多东西，都成为此部影片的灵感来源，当代名人的搞笑讽刺、狗仔队们的疯狂，既构成了故事情节的一部分，也成为讽刺的来源。

《爱在罗马》在意大利上演几个月后才在其他国家进行公映，并成为意大利2012年最受欢迎的影片之一，票房收入达950万美元。《纽约客》杂志影评人大卫·丹比就曾针对贯穿四个故事的主题评论道：“我们像是走进一个充满神奇幻化的世界，从情色到雄心，从机遇到名声，总是突然地、没有任何缘由地来到人们的身边，就像意大利的千层饼那样好看、壮观。不过，贯穿所有故事的主题就是抓住当下、勇往直前、创造奇迹，这也正是该影片所想传达的一种观念。”艾伦最近的三部影片都是在美国之外拍摄，为了重建与美国观众之间的关系，同时也是为了重建在美国市场的票房地位，艾伦做好了重返美国本土的准备。

“影片《爱在罗马》中的布景以及非常罗马式的氛围，都很有韵味，这些不是想做就能做到的。”

(2013)

蓝色茉莉

Blue Jasmine

“她不仅破产了，而且一切都搞得很糟。”然后茉莉（布兰切特饰演）就投靠了她的妹妹金洁。

影片《蓝色茉莉》的灵感来源于与艾伦结婚十多年的宋宜。宋宜曾和艾伦讲起一个朋友的朋友，丈夫搞金融投资，她在得知丈夫出轨并参与过庞氏诈骗活动后，状况一落千丈。艾伦说：“那位朋友，从到处开设账户且有着不可限量的金钱，到最后不仅不得不在街边小店购物，而且还沦落到要为找一份糊口的工作而发愁，一个女性有过这样一种心理经历，是很有意味的，若能找到某种方式把这样的心理经验表现出来，那肯定能在思想上给人带来启发与思考。”

艾伦找到了一个能够带动剧情全局的关键点，那就是“怒”，通过“怒”，她可以走上一条不归路，可以给她自己以及丈夫都带来不可挽回的伤害。艾伦表示：“她可以选择离婚，或原谅丈夫，不然就和丈夫谈谈，或搬出去住，但是她没有，她义无返顾地选择了怒，她的家庭也因此受到了破坏。她从不会停下来想想，想想自己发怒的结果会带来什么影响。发怒，对成人来讲，是很常见的事儿。比如，你在路上开车，与另一辆车发生剐蹭，随后那车主可能就会勃然大怒地跳下车，向你开火，还有可能准备与你干架。”

与丈夫哈尔（亚历克·鲍德温饰演）在一起的幸福时光。

拍摄茉莉尝试与丹尼(阿尔登·埃伦瑞奇饰演)和好的桥段。

艾伦在塑造人物角色的时候，就想到了演员凯特·布兰切特。而布兰切特还没看剧本就爽口答应了出演该角色。布兰切特说："有一阵子，我都放弃了能与艾伦一起拍电影的希望，因为，我知道已经有很多人都和艾伦拍了电影，我只好安慰自己，好吧，也许不是每位导演对每一位演员都会感兴趣的，我都有点接受这个现实了。所以，当我接到艾伦的电话时，我感到非常兴奋，电话中我们只说了几句，大概两分半左右。艾伦说，准备把一个剧本给我看看，问我是否有兴趣，我说，艾伦导演，我当然有兴趣！艾伦就把剧本给了我，然后跟我说，看完后给他回话。我一口气就把剧本看完了，毫无疑问，这是一个非常非常好的机会。于是我就给艾伦回了电话，说了大概 45 秒钟左右，我说，我希望能演这个角色，艾伦回应说，太好了，那咱们就旧金山见。"

然后布兰切特就如约而至，本来期望着每个镜头一两遍就能过，但让布兰切特感到惊奇的是，同一个场景，有时候需要来八遍。布兰切特提到："有时候，我朝摄像机那边看过去，能看到艾伦狠狠地拍自己的脑袋。然后，艾伦就会过来对我说，太糟啦，糟糕透顶，说我表演的角色和台词脱了轨，表演出来的话，给人一种虚飘感，太糟了。艾伦摇着头，不敢相信怎么能如此之糟。艾伦摇头的动作，像是一只兔子，这也总让我和演员彼得·萨斯加德忍不住笑出来。我们只能停止了拍摄。艾伦对剧本修改了下，剧本变得更短，并且地点也换了。因此，有很大一部分原因，可能是艾伦不喜欢我们当时的表演，另一部分原因，也可能是艾伦觉得那边的场景不太好。所以，我们不能总以个人的角度出发去看某些东西。"不过，从某种角度讲，这让布兰切特很是放心。有什么问题的时候，艾伦总会过去告诉布兰切特，而且以一种非常直截了当的方式跟她说。因此，若艾伦什么也不说，她就会知道，不是到了饭点，就是拍摄没有问题。

加上这部影片，鲍德温已是第三次参演艾伦指导的电影。本影片中鲍德温扮演的是茉莉的丈夫，他说："艾伦拍摄时要求真的非常高，可以说，布兰切特真的受尽了折磨，不过，她非常有才，情感戏一场接着一场，令人筋疲力尽。有天收工后，我静静地坐在那里想，布兰切特真的很不简单。"

茉莉，一位四十多岁的女人，乘坐着飞机，向旁边坐着的陌生人吐露内心，她身着香奈儿，挎爱马仕包包，舷窗透着金黄色的阳光，这样的场景下，她讲述了与丈夫相遇的美好情景。等下了飞机，在飞机场走道，在扶梯上，在行李提取处，她都继续讲述着她与丈夫之间的故事，从第

演员布兰切特彻底融入影片角色的表演使她获得奥斯卡奖。

一次见面开始，到结婚，然后到云雨之欢，画面令人浮想联翩，随着故事的继续，她的音调也越来越高。旁边的人在她眼里看到了一种痛楚，但她还是不停地讲述着。这样的故事叙述，不仅仅是因为布兰切特表演的到位，同时也是因为，茉莉这个角色的需要，也是她从优雅之巅跌落至谷底这个过程的需要。她的丈夫哈尔，一个伯纳德·麦道夫式的金融骗子，被抓被监禁。最终，茉莉不得不与工薪阶层的妹妹金洁（莎莉·霍金斯饰演）挤在旧金山的一个狭小公寓里。影片是对茉莉这个角色从优越坠入窘迫的一种记述，而布兰切特因深陷角色之中而对此毫无察觉，这也从另一面反映出布兰切特表演的成功。

艾伦借鉴了影片《欲望号街车》的叙事结构，但艾伦对社会阶层之间差别的观察却更为透彻犀利，这无疑与艾伦在欧洲待的那段时间有着密不可分的关系。影片《蓝色茉莉》中两姐妹之间性格迥异，金洁外表爽朗、善于交谈且也有着姐姐那股虚荣劲儿，金洁换了一个又一个男朋友，最后才与奥吉（安德鲁·戴斯·克雷）结婚，并一夜暴富，发了一笔金额高达 20 万美元的意外之财，但没想到的是，她受哈尔蛊惑进行了投资导致血本无归。影片中，对这系列事件的描述，都是通过一套精细的倒叙方式进行的，这种叙事结构显得更有力量，加上由艾伦这位经验丰富的老手进行操刀，赋予了影片更大的魅力。不过，影片最终出来后，让人们感觉之前媒体关于“艾伦回归”的报道都是骗人的，艾伦确实回归了，但这次与艾伦一起回归的，是一种全新的表现形式，之前那种幽默为主的模式，现在已经转变成了配角，被一种悲剧色彩浓厚的方式所取代，少了之前那种沉重阴郁、艺术浓厚的气息。当然，现在这种方式，也更显示出艾伦的那种创新劲头儿。艾伦之前的影片《内心深处》和《情怀九月天》都具有很浓厚的阴郁气质和艺术气息，《蓝色茉莉》

与丧偶的富翁德怀特（彼得·萨斯加德饰演）一起浪漫成为茉莉逃避困扰的一种方式。

的风格则更为轻松自然，但同时，艾伦并没有丢失那种悲剧式的沉思冥想特质，甚至现在显得更为浓重。

《纽约客》杂志影评人大卫·丹比曾评论道："影片中有很多滑稽桥段，但一幕接着一幕，都饱含着针对人性和社会的探究。艾伦现已 78 岁高龄，随着年岁的增长，他变得越来越具锋芒。艾伦影片中的男男女女，都会互相责备，社会各个行业中，人们之间的摩擦冲突不断，互相抱怨甚至憎恨。该影片风格简练、观点犀利，或许这就是艾伦的'晚年风格'，如果这也算一种风格的话。"影片中，茉莉就像是一尊雕塑，一动不动，絮叨的声音慢慢变得低沉、再低沉，时不时地眨巴眨巴眼睛，啜一小口酒，这样貌似会给她一种感觉，能够慢慢不再被她丈夫的恶贯满盈所困扰，也不再会被这个世界所烦扰。

茉莉对周遭发生的一切有没有感知呢？答案当然是肯定的。对周遭发生的一切，茉莉都是知道的，但，她只是把头一扭不想看罢了。布兰切特饰演茉莉有很多亮点，其中之一便是，把茉莉那种从不会真正直视他人的眼神表演得淋漓尽致。茉莉眼神不是向下，就是向上，总给人一种美丽天鹅掉进无底深渊的感觉。当与向她求婚的德怀特（彼得·萨斯加德饰演）面对面时，茉莉的眼神也是飘过德怀特，眼中充满着她正在酝酿并即将脱口而出的种种谎言。正是这种传神的表演成就影片获得了奥斯卡奖，同时也使布兰切特获得了奥斯卡奖。电影之所以成功，99% 源自影片对拒绝正视现实的展现，另外 1% 则源自影片所释放出来的那种痛苦和纠结。

影片最后是故事的高潮，茉莉发现丈夫与家里一个十几岁的佣人偷情后，她对丈夫就彻底失望了。这是茉莉最为致命的一点，茉莉拒绝宽恕，这导致自己彻底崩溃。若说茉莉这个角色有艾伦前妻米亚·法罗的影子的话，那么也有艾伦自己的影子，艾伦深深知道，当一个人的世界崩塌之后，当失去家庭时，当被自己的孩子抛弃时，会是一种什么样的感受。从《欲望号街车》到《傻瓜大闹科学城》，这一部又一部影片中，都能看到艾伦的影子。而且，艾伦还在《欲望号街车》中的角色斯坦利·科瓦尔斯基身上找到很多自己的影子。拍摄《蓝色茉莉》期间，布兰切特有时会故意向艾伦请教："这个该怎么演呢？艾伦会说，如果让我演这个角色的话，会怎样。然后我会窃笑着给艾伦说，其实，这个角色本该你来演的。"艾伦则会顿一下，貌似经过好好思索一番，然后说："我不能演，如果我来演的话，喜剧色彩就太浓了。"

“故事全是虚构的？不，不是的，我只是觉得，对于一个女性来讲，那种心理状态是很有意味的。这个角色不是我几十年前就写好的，说实话，我也没那个能力。直到我年纪稍大之后，我才遇到了那种类型的女性，你知道，我在纽约住，邻里周边都是高端人士。”

“难道为了得到一杯马天尼，我就要和谁上床？！”

或许，真实的情况是，茉莉是个矛盾集合体，艾伦用一种悲剧色彩与同情色彩兼具的方式把矛盾复杂的两面一一展现了出来，包括欺骗者与受骗者，施害者与受害者等。凡是硬币，都有两面。心理学家荣格早在 1912 年的一篇名叫《心理学的新路径》的文章中曾写道：“最歇斯底里、最触人心弦的剧情的上演，往往不是在影剧场，而是在普普通通的男男女女的心中，他们个个表面都一副若无其事的样子，内心的纠结与挣扎一点儿也都不会外露，但只有当彻底受不了导致精神崩溃，才会如堰塞湖崩塌倾泻而下一样彻底向外界袒露一切。”当时，荣格是用这段话来描述他的“阴影原型”理论的，而这段话，用来描述影片《蓝色茉莉》的结局也是恰当不过的：茉莉坐在公园里的一个长凳上，喃喃自语、絮絮叨叨，依然对自己那个梦想世界念念不忘，自己没有一丁点儿过错，错全在他人。茉莉犹如钻入了一个牛角尖，怎么也找不到释放自己的出口。

（2014）

魔力月光

Magic in the Moonlight

演员科林·费斯（饰演斯坦利）和艾伦交流心得。

在法国南部里维埃拉拍摄影片《魔力月光》时，艾伦曾感慨：“我非常喜欢《欲望号街车》中布兰奇这个角色，我也希望我的生活中会有奇幻的魔力发生。可惜，到目前为止我还没碰到，生活中几乎全是琐碎无奇的东西，但这也没办法，可能这就是现实吧。如果你不善于欺骗自己的话，或者不能说服自己相信某种东西的话，那么，你就没救了。对于生活来说，我们都是它的牺牲品。”如果说影片《蓝色茉莉》讲述的是一个有关抛却幻想的故事，那么《魔力月光》讲述的故事则刚好相反，因为《魔力月光》想要表达的是，人若想要幸福，那么就得拥抱幻想。拍过一部有关抛却幻想且深具悲情色彩的影片之后，艾伦带来了一部有关拥抱幻想且带有喜剧情调的影片。

演员科林·费斯饰演一位生活在 19 世纪 20 年代名叫斯坦利的魔术师。斯坦利对魔术的各种戏法了如指掌，所以他会利用工作闲暇之余帮人拆穿各种骗局。于是，斯坦利就受邀到法国南部对一位自称能通灵阴阳两界名叫索菲·贝克（艾玛·斯通饰演）的美国漂亮女孩进行调查。索菲

富家子弟布赖斯·卡特里奇（哈米什·林克莱特饰）试图通过演奏尤克里里琴来追求索菲·贝克（艾玛·斯通饰）。

年轻漂亮的美国通灵女孩索菲·贝克试图勾引斯坦利，尽管斯坦利内心对她有所怀疑。

“我刚完成影片《蓝色茉莉》，然后就想拍些多点浪漫情调、少点剧烈情感的东西。”

与母亲（马西娅·盖伊·哈登饰演）称能获得逝者的讯息，以此赢得富裕的卡特里奇一家的信任，搬到了卡特里奇家与他们住在了一起，并经常向他们一家传递他们过世亲人的讯息。索菲那挺翘的鼻子、纤细的双手、神秘的气质以及充满灵气的双眼，勾住了斯坦利的魂儿。斯坦利坦诚道：“我越看她，就越喜欢她。”斯坦利深深地爱上了索菲，这好像是命中注定。斯坦利有一次冒着大雨，爬上一个山顶的天文台，他问自己，这天地之间，除了自己那些略显干瘪的理性的东西之外，是否还有其他一些什么东西，这种表达方式源自于影片《曼哈顿》。

这个主题是艾伦很长时间以来一直在思考的问题。远有影片《仲夏夜绮梦》，近有《玉蝎子的魔咒》《独家新闻》以及《遭遇陌生人》，艾伦都把理性的东西作为挖苦的对象。在影片《魔力月光》中，艾伦采用了唯美、精致的镜头，有嫩绿的草坪、宽阔的网球场、惬意的走道、里维埃拉近郊旅行以及淡淡的金黄色氛围，所有这一切都被摄影师达瑞斯·孔德基一一记录了下来。影片中，斯坦利向索菲感慨：“一天中的这个时候，你最漂亮。”索菲回道：“那是什么时候？也许，那是因为我是要去参加面试才穿得漂亮。”影片的节奏略显缓慢，浪漫的桥段也略显死板，而影片浪漫的情调也一点没受到演员费斯略带的骑士风格所影响。但费斯的表演倒是给影片增色不少。费斯所演的斯坦利这个角色像是《窈窕淑女》中亨利·希金斯和《傲慢与偏见》中达西先生的结合，都有着易怒的脾气、刻板的做事方式，却又渴望着从中解放自己。影片《魔力月光》中有一幕很是经典，斯坦利受到惊吓，然后就向上帝祈祷，但又马上停止了祈祷，并对自己的行为感到厌恶。这也正好展现了艾伦的那种矛盾复杂的特性：总会对自己产生怀疑，总难以说服自己，但同时又总会沉迷于自己。

(2015)

无理之人

Irrational Man

艾伦在戛纳电影节谈到自己的第55部作品《无理之人》时说道："我们每个人在生活中，都会有那么一些时刻，会突然之间意识到，我们小小的一个选择，很可能带来巨大的影响。"艾伦这位稍微带点儿非理性主义色彩的导演，这次拍的影片《无理之人》兼具电影大师希区柯克的悬疑惊悚之风格与大作家陀思妥耶夫斯基的心理描述之特点。影片《无理之人》讲述的主题是罪与罚，这是自影片《爱与罪》之后一直萦绕在艾伦心头的一个话题。演员华金・菲尼克斯饰演哲学教授艾伯・卢卡斯，艾伯受邀到罗德岛一所学校工作之后，因与一女学生有染被周围人议论纷纷。艾伯性格阴郁，还经常喝醉，是典型的没有精神自我之人，这样刚好使得他对接近自己的人容易产生好感，这和艾伦在影片《呆头鹅》中饰演菲力克斯与戴安娜・基顿饰演的克里斯蒂互相慰藉的角色属于同种类型。

与艾伯有染的还有帕克・波西饰演的丽塔。丽塔是一位教师，对自己的婚姻不那么满足，并在喝了一瓶法国白兰地后与艾伯上了床。影片中，丽塔附在艾伯耳边暧昧道："你是不是还没解开，让我来帮你解。"波西演艾伦影片中的角色可以说是手到擒来，波西的表演中既不失淡淡的幽默，也不缺人性的贪婪。艾玛在影片《魔力月光》中饰演费斯所钟情的索菲之后，此次在影片《无理之人》中饰演一个没那么明快的角色吉尔。吉尔是一个涉世未深的学生，她对艾伯以及艾伯那种既具有浪漫情调又具有悲观色彩的世界观深感着迷。影片的旁白中，吉尔说道："艾伯是如此迷人，但又如此脆弱；如此有才，但又如此复杂；还有，如此消极，但又如此杰出。"若让主演一直对另一主演大加夸赞，显然是不合适的，因此，课堂上的艾伯则展现出来另一种情形，艾伯把整个西方哲学说成是一种"口头自慰"，工作中的艾伯少了些才华的光环，同时也让人想起影片《安妮・霍尔》中艾维把安妮对艺术的追求说成是一种"精神自慰"，这也都刚好反映出艾伦对伪善君子所抱持的那种态度。

其实，艾伯的阴郁性格与他所从事的哲学领域没有多大关系，与他经常饮酒倒是有不小的关系。正如艾伯自己所说的那样："对于知识来说，我是被动者，对于性事，我也主动不起来。"影片前部分，都是由某个女性把艾伯从那种阴郁状态中解救出来，而到了后来，除了工作能让艾伦摆脱那种阴郁状态之外，还有就是谋杀犯罪。某天，艾伯和吉尔在餐馆无意中听到一位悲愤的妇女

涉世未深的学生吉尔（艾玛饰演）深深地迷恋着阴郁的哲学教授艾伯（菲尼克斯饰演）。

向朋友诉苦，说在和丈夫争夺孩子抚养权的诉讼中，法官的判决让自己的生活变得更为悲惨，艾伯脸上随即展现出一种惊喜之色，心想：如果我杀了她的丈夫，会不会帮到她呢？这种施害者与被害者之间完全无关的谋杀方式，可追溯至电影大师希区柯克的影片《火车怪客》（*Strangers on a Train*）。影片《无理之人》中，也正是这种谋杀方式让艾伯逃脱了自己的阴郁状态。随即，艾伯就开始行动，他与丽塔和吉尔两人同时交往，当然，在此期间，他也不会忘了如何周密安排自己的谋杀计划。影片《无理之人》的旁白中，还带有很浓重的哲学思辨色彩，关于康德、海德格尔以及萨特等：这些，都给影片增添了悬疑情调，艾伦本身也喜欢那种沉思的风格，而不是直接展现出来，抽象的思考很多，具体的情节却很少。

《无理之人》没有变成一部彻底充满哲思的影片，最主要的还是在于艾伯这个角色。尽管这个角色性格阴郁且总沉迷于思索，但该角色也有世俗的爱好，比如吃吃喝喝。该角色非常适合演员菲尼克斯他本人的那种漫不经心的节奏以及喜爱喝点儿小酒的习惯，同时，菲尼克斯也对男人那种总是掉进自己所设圈套的矛盾纠结演绎得淋漓尽致：离开作案现场时，他的眼神之中，充满了身坠炼狱般的痛苦。到了晚年，艾伦与欧洲一些关注伦理问题的著名导演越来越相近，包括瑞典的伯格曼与法国的侯麦。如果说艾伦是以拍摄来逃避一切的喜剧流浪汉开始自己的职业生涯的话，那么，到了晚年，艾伦则完全抛却了那种离群索居、漂泊流浪的人物角色，如从《傻瓜入狱记》中的维吉尔到《傻瓜大闹香蕉城》中的菲尔丁，实现了向犯罪、革新、死亡等话题的华丽转身。

演员生涯

影片《出头人》（1976）中的艾伦与莫斯特尔。

艾伦职业生涯的早期，给人的印象就是镜头里一个总是累得大汗淋漓的小人儿，到现在，这种印象依然也没什么大的改变。我们对荧幕上的艾伦是如此熟悉，狼吞虎咽的吃喝动作，结结巴巴的说话方式，花里胡哨的姿态样式，歇斯底里的情绪发泄，气喘吁吁的模样状貌，以及说谎或偷懒时露马脚、现原形的各种花招，这一切，都成就了艾伦那卡通式的人物形象。艾伦的脸部与喜剧演员卓别林有几分相像，他的那副脸简直就像是一幅画作，尖尖的眉毛，几条抬头纹，卵形脸，还有，摘掉眼镜时那呆呆的神态。自嘲，已成为艾伦性格中的一部分，不管是生活中还是荧幕上。我们所能看到的就是，艾伦是一位优秀的演员，如同演员布兰多和博加特，也和其他很多喜剧演员一样，都倾向于把阴郁的性情融入进自己所演的充满曲折的喜剧里，这也成就了此类演员能把内省性的东西以一种带有炫耀色彩的方式呈献给观众。

艾伦所演过的角色大都和大城市底层人群的生活有关，充满喧嚣和隐喻，而艾伦自己的电影，既有关注底层人群的，也有关注上层人士的。艾伦在影片《出头人》（*The Front*）中饰演一个普通小职员，因同意已上黑名单的布朗（泽罗·莫斯特尔饰演）使用自己的姓名来撰写电视剧本而在演艺界变成知名人物，这与莫斯特尔在影片《制片人》（*The Producers*）中所饰演的角色以及艾伦自己的影片《子弹飞越百老汇》都有点相似。艾伦在导演戈达尔执导的影片《李尔王》（*King Lear*）中饰演朗诵莎士比亚诗句的一位电影编辑，这是个配角，饰演该角色让很多人都感到比较困惑，包括艾伦他自己。艾伦在保罗·马祖斯基执导的影片《爱情外一章》（*Scenes from a Mall*）

"一直以来，我都喜欢表演，有时在写剧本时，我就会看有没有哪个角色是我能演的，如果有，那么我就会演。对其他导演的影片，我也一直持开放态度，不过，很少有人让我参演他们的影片，过去30年的时间，我只参演了别人的两三部影片。当特托罗问我想不想参演他的影片时，我立马回答道，'当然想'。"

上图：影片《爱情外一章》中艾伦与迈德尔饰演一对夫妻。

下图：影片《色衰应召男》中艾伦与特托罗谈生意。

中与贝特·迈德尔饰演一对夫妻后声名大振。艾伦在悲剧影片《雷霆穿梭人》（*Picking Up the Pieces*）中饰演一个杀害自己不忠妻子的角色，则凸显了他那黑色幽默的风格。

另外，艾伦在梦工厂电影发行公司的影片《蚁哥正传》（*Antz*）中给一位胆小怯懦且总是唠唠叨叨的蚂蚁Z配音，后来蚂蚁Z却带领众蚁进行了一场群众革命，这可算是艾伦职业生涯的一个亮点，以至于著名编剧韦茨兄弟俩还专门针对艾伦的喜好和偏爱撰写剧本，有浪漫迷情类的，有职业梦想破碎类的，也有生存智慧类的。无独有偶，影片《色衰应召男》（*Fading Gigolo*）就是导演兼编剧约翰·特托罗专门为艾伦制作的，在该影片中，艾伦饰演书店老板，后来因生意破产与一个在花店里工作的朋友转做皮条客。特托罗曾提到："做艾伦的导演还真需要慢慢适应，样片出来时糟糕得有点吓人，艾伦直接告诉我说，'你想知道我的看法吗？你也知道，我是不会客气的'。当时，我和艾伦隔着几个位子坐着，艾伦当时没有笑出声，如果他笑的话，也往往都是轻轻地笑。谈话中间，我去了趟洗手间，在洗手间我就想，我的天哪，怎么能拍出来这么一部影片？影片结尾时，艾伦和我说，'比我之前想象的要正式严肃得多，而且，是那种具有积极意义的正式严肃。'我回答道，'你觉得自己的表现怎么样？有没有从中获得快乐？'艾伦回答道，'对自己的表现，我一直都很满意'。"

快进至晚年

2015年12月，艾伦正式迎来他的80岁生日。回头想想，好像艾伦一直以来都带有耄耋年纪的特征。早在上学的时候，艾伦就开始忧心生死，他在二三十岁时亲身经历同龄人因参加战争而遭遇死亡。不过，若你看过他之前的照片，你就会知道，艾伦曾经也真的年轻过，那时候，他的头发还很浓厚，脸色也很红润，皮肤上的雀斑也没现在这么多。现在，艾伦实实在在地迎来了他的80岁，不过，艾伦好像也挺适应这个年纪。在近年的影片拍摄过程中，艾伦可以说跑东跑西马不停蹄，好像在努力满足自己对年轻的某种饥渴，这些在影片《赛末点》《午夜巴塞罗那》以及《爱在罗马》中都有所体现，同时，艾伦也充分启用新一代的年轻演员并让他们展现自己的才能。艾伦的悲剧影片，多数也都关注年轻人的问题，并且，悲剧通常也是一条贯穿艾伦很多作品的主线。艾伦的作品中，短片《库玛斯趣事》（*The Kugelmass Episode*）中库玛斯教授在魔幻大师的指导下进行了奇幻穿越之旅来满足自己的欲望，影片《赛末点》中的故事可以说是凄惨，到了《独家新闻》剧情依然具有悲剧色彩，这样的特点在影片《魔力月光》中也有体现。艾伦的作品中，演员们所担当的大多主要角色，都多少会兼具那种矛盾性和复杂性。

艾伦虽然已到耄耋之年，但他的那股勤勉劲儿依然不减当年，依然具有年轻时的活力，像是一只勤勤恳恳的蜜蜂。正如与艾伦长期共事的马歇尔·布里克曼所说的那样："艾伦制作电影，犹如蜜蜂酿蜜。"2015年，艾伦不仅准备制作一部囊括诸如杰西·艾森伯格、克里斯汀·斯图尔特、史蒂夫·卡瑞尔、布蕾克·莱弗利等明星的数字影片（艾伦有次在戛纳接受采访时表示，数字电影已不是将来的事了，数字电影已变成了真切的现实），还准备开创历史接触流媒体而编写了一部于2016年上线的电视剧集，但其实艾伦自己不怎么用电脑、也不太了解什么是流媒体。艾伦在一次采访中曾表示："我对亚马逊真的不太了解。以前我也没看过此类电视剧集，即使在有线电视中也没看过。诸如《黑道家族》以及《广告狂人》等，我都没看过。我每天晚上都在外面，很晚才回家，等我到了家，只能看到球赛类节目，而且还都快要结束了，然后就是美国名嘴查理·罗斯的访谈节目，然后就该睡觉了。亚马逊一直来跟我说，做这个电视剧集吧，你想要什么，全都由你决定。我也一直说，对这些我真的不太了解，我也不怎么看电视，几乎没什么想法。在随后一年多的时间里，亚马逊依然抓着我不放，而且，提的条件越来越好。最后，亚马逊跟我说，你看着办吧，你想让我们做什么都可以，你只需给我们做每集

卡洛·阿莱戈里摄于 2010 年。

“我如果退休的话，就不知道自己能做些什么，我又不喜欢钓鱼。”

半个小时总共六集的电视剧集。我身边的人也都在游说我，做吧做吧，难道做了你会有什么损失？也因此，我也提起了信心，大不了，我就把它当成一部电影得了，只不过这部电影由六部分组成而已。但后来我却发现，它没那么简单，并没有我想象的那么容易。他们给我的每一分钱，我都有相应的付出的，我只希望，到时他们不会有这样的感慨：‘天啊，我们给了艾伦那么多的资金报酬和创作自由，到头来，艾伦给我们的作品就这个样儿？’”

写作，是艾伦的最爱，也是他的真爱。艾伦的电影导演生涯，差不多应该过去了，作为喜剧演员，艾伦也没法和年轻的一代相比。不过，艾伦在影片《午夜巴黎》中对海明威的作品进行诙谐改编，显示了艾伦那几近完美的才智，这些在艾伦几十年前《纽约客》发表的作品中早已有所体现。影片《蓝色茉莉》的剧本精彩程度，一点也不亚于《汉娜姐妹》以及《开罗紫玫瑰》。若你利用某个周末把艾伦的影片一部一部看看，你就不仅能感受到艾伦那种才智的光彩，成为像艾伦自己在影片《呆头鹅》中饰演的影迷角色那样，你还会被艾伦那种精致的想象力所彻底折服。年复一年，艾伦兢兢业业编写着他的剧本，一篇接着一篇，就像蚕蛹一点一点地吐丝，然后编丝成茧，创造出一部部经典之作，也因此成就了属于艾伦他自己的永恒奇迹。

伍迪·艾伦
作品年表

发行、上映日期均为美国时间，除另有注明外。

电影类

《风流绅士》
（*What' s New Pussycat?* 又译《怎么了，小猫咪？》）
制作：Famous Artists Productions
上映：1965年6月22日，108分钟
导演：克里夫·唐纳、理查德·塔尔梅奇
编剧：伍迪·艾伦
摄影：珍·巴达尔
主演：伍迪·艾伦（饰维克多）、彼得·塞勒斯（饰弗里茨·法斯宾德博士）、彼德·奥图（饰迈克尔·詹姆斯）、罗密·施奈德（饰卡罗尔）、卡普西尼（饰蕾妮）、宝拉·普林蒂丝（饰莉兹）、乌苏拉·安德丝（饰丽塔）

《出了什么事，老虎百合？》
（*What' s Up, Tiger Lily?* 又译《怎么了，莉莉百合？》）
制作：Benedict Pictures Corporation / National Recording Studios / Toho Company
上映：1966年11月2日，80分钟
导演：伍迪·艾伦、谷口千吉
编剧：伍迪·艾伦、朱莉·班尼特、弗兰克·巴克斯顿、露易丝·拉塞尔、伦恩·麦斯威尔、米基·罗斯、本·夏皮罗、布赖纳·威尔逊
摄影：山田恒夫
主演：配音伍迪·艾伦、朱莉·班尼特、弗兰克·巴克斯顿、露易丝·拉塞尔、伦恩·麦斯威尔、米基·罗斯、布赖纳·威尔逊

《007：大战皇家赌场》
（*Casino Royale*）
制作：Columbia Pictures / Famous Artists Productions
上映：1967年4月28日，131分钟
导演：肯恩·休斯、约翰·休斯顿、约瑟夫·麦格拉斯、罗伯特·帕里什、理查德·塔尔梅奇
编剧：沃尔夫·曼科维茨、约翰·劳、迈克尔·赛耶斯
摄影：杰克·希尔德亚德
主演：伍迪·艾伦（饰吉米·邦德）、彼得·塞勒斯（饰伊夫林·特朗布、詹姆斯·邦德007）乌苏拉·安德丝（饰维斯珀·林德、詹姆斯·邦德007）、戴维·尼文（饰詹姆斯·邦德先生）、奥森·威尔斯（饰勒·什夫）

《傻瓜入狱记》
（*Take the Money and Run* 又译《傻瓜抢银行》）
制作：ABC / Jack Rollins & Charles H. Joffe Productions / Palomar Pictures International
上映：1969年8月18日，85分钟
导演：伍迪·艾伦
编剧：伍迪·艾伦、米基·罗斯
摄影：莱斯特·肖尔
主演：伍迪·艾伦（饰维吉尔·斯达威尔）、珍妮特·玛戈林（饰露易丝）、马塞尔·希莱尔（饰弗里茨）、杰奎琳·海德（饰布莱尔小姐）、露易丝·拉塞尔（饰凯·刘易斯）

《别喝生水》
（*Don' t Drink the Water*）
制作：AVCO Embassy Pictures
上映：1969年11月11日，100分钟
导演：霍华德·莫里斯
编剧：伍迪·艾伦、R. S. 艾伦、哈维·布洛克
摄影：哈维·詹金斯
主演：杰基·格利森（饰沃尔特·霍兰德）、埃斯特尔·帕森斯（饰马里恩·霍兰德）、特德·贝塞尔（饰阿克塞尔·麦基）、琼·德兰尼（饰苏珊·霍兰德）、迈克尔·康斯坦丁（饰政委克罗杰克）

《猫咪、猫咪，我爱你》
（*Pussycat, Pussycat, I Love You*）
制作：Three Pictures
上映：1970年3月25日，99分钟
导演：罗德·艾玛特尤
编剧：伍迪·艾伦、罗德·艾玛特尤
摄影：托尼诺·德里·科利
主演：伊恩·麦克肖恩（饰佛瑞德·多布斯）、约翰·加文（饰查理·哈里森）、安娜·考尔德·马歇尔（饰米莉·多布斯）、乔伊斯·范·帕滕（饰安娜）、塞弗恩·达登（饰法夸特博士）

《傻瓜大闹香蕉城》
（*Bananas* 又译《香蕉》）
制作：Jack Rollins & Charles H. Joffe Productions
上映：1971年4月28日，82分钟
导演：伍迪·艾伦
编剧：伍迪·艾伦、米基·罗斯
摄影：安德鲁·M·柯斯特恩
主演：伍迪·艾伦（饰菲尔丁·麦利士）、露易丝·拉塞尔（饰南希）、卡洛斯·蒙塔尔班（饰将军埃米利奥·莫利纳·瓦格斯）、纳蒂维达德·阿瓦斯卡尔（饰尤兰达）、雅各布·莫拉莱斯（饰埃斯波西托）

艾伦肖像，由安德鲁·史华兹摄于 1983 年电影《丹尼玫瑰》制作期间。

《呆头鹅》

（*Play It Again, Sam*）

制　作：Paramount Pictures / Rollins-Joffe Productions / APJAC Productions

上映：1972 年 5 月 4 日，85 分钟

导演：哈伯特·罗斯

编剧：伍迪·艾伦

摄影：欧文·罗伊兹曼

主演：伍迪·艾伦（饰艾伦·菲力克斯）、黛安·基顿（饰琳达·克里斯蒂）、托尼·罗伯茨（饰迪克·克里斯蒂）、杰里·莱西（饰汉弗莱·博加特）、苏珊·安斯波（饰南希·菲力克斯）

《性爱宝典》

（*Everything You Always Wanted to Know About Sex* But Were Afraid to Ask* 又译《情欲奇谭》）

制　作：Jack Rollins-Charles H. Joffe Productions / Brodsky-Gould

上映：1972 年 8 月 6 日，88 分钟

导演：伍迪·艾伦

编剧：伍迪·艾伦

摄影：戴维·M·沃尔什

主演：伍迪·艾伦（饰维克托、法布里齐奥、呆子、精子）、约翰·卡拉丹（饰伯纳多博士）、娄·雅可比（饰山姆）、露易丝·拉塞尔（饰吉娜）、安东尼·奎尔（饰国王）、托尼·兰德尔（饰操作员）、林恩·李德格莱夫（饰王后）

《傻瓜大闹科学城》

（*Sleeper*）

制作：Jack Rollins & Charles H. Joffe Productions

上映：1973 年 12 月 17 日，89 分钟

导演：伍迪·艾伦

编剧：伍迪·艾伦、马歇尔·布瑞克曼

摄影：戴维·M·沃尔什

主演：伍迪·艾伦（饰迈尔斯·门罗）、黛安·基顿（饰卢娜·施洛瑟）、约翰·贝克（饰艾尔诺·温特）、玛丽·格雷戈里（饰梅利克博士）、唐·基弗（饰泰伦博士）

《爱与死》

（*Love and Death*）

制作：Jack Rollins & Charles H. Joffe Productions

上映：1975 年 6 月 10 日，85 分钟

导演：伍迪·艾伦

编剧：伍迪·艾伦

摄影：吉兰·克洛凯

主演：伍迪·艾伦（饰鲍里斯）、黛安·基顿（饰索尼娅）、乔治斯·阿代（饰奥尔德·内哈姆金）、弗兰克·阿杜（饰德里尔·萨金特）、埃德蒙·阿迪森（饰普里斯特）

《出头人》

（*The Front* 又译《冒牌作家》）

制作：Columbia Pictures / The Devon Company / Persky-Bright Productions / Rollins-Joffe Productions

上映：1976 年 9 月 17 日，95 分钟

导演：马丁·瑞特

编剧：沃尔特·伯恩斯坦

摄影：迈克尔·查普曼

主演：伍迪·艾伦（饰霍华德·普林斯）、泽罗·莫斯特尔（饰黑基·布朗）、赫歇尔·贝尔纳迪（饰菲尔·萨斯曼）、迈克尔·墨菲（饰阿尔佛雷德·米勒）、安德里亚·马可维澈（饰弗洛伦斯·巴雷特）

《安妮·霍尔》

（*Annie Hall* 又译《安妮·荷尔》）

制作：Rollins-Joffe Productions

上映：1977 年 4 月 20 日，93 分钟

导演：伍迪·艾伦

编剧：伍迪·艾伦、马歇尔·布瑞克曼

摄影：戈登·威利斯

主演：伍迪·艾伦（饰艾尔维·辛格）、黛安·基顿（饰安妮·霍尔）、托尼·罗伯茨（饰罗伯）、卡洛·凯恩（饰艾利森）、保罗·西蒙（饰托尼·莱西）、克里斯托弗·沃肯（饰杜安·霍尔）

《内心深处》

（*Interiors* 又译《内心世界》）

制作：Rollins-Joffe Productions

上映：1978 年 8 月 2 日，93 分钟

导演：伍迪·艾伦

编剧：伍迪·艾伦

摄影：戈登·威利斯

主演：克莉丝汀·格里菲斯（饰芙琳）、玛丽·贝丝·赫特（饰乔伊）、理查德·乔丹（饰弗雷德里克）、黛安·基顿（饰蕾娜达）、E. G. 马歇尔（饰亚瑟）、杰拉丹·佩姬（饰伊芙）、玛伦·斯泰普莱顿（饰珀尔）、山姆·沃特斯顿（饰麦克）

《曼哈顿》

（*Manhattan*）

制作：Jack Rollins & Charles H. Joffe Productions

上映：1979 年 4 月 25 日，96 分钟

导演：伍迪·艾伦

编剧：伍迪·艾伦、马歇尔·布瑞克曼

摄影：戈登·威利斯

主演：伍迪·艾伦（饰艾萨克·戴维斯）、黛安·基顿（饰玛丽·威尔基）、迈克尔·墨菲（饰耶尔）、玛瑞儿·海明威（饰崔西）、梅丽尔·斯特里普（饰吉尔）

《星尘往事》

（*Stardust Memories*）

制作：Rollins-Joffe Productions

上映：1980 年 9 月 26 日，89 分钟

导演：伍迪·艾伦

编剧：伍迪·艾伦

摄影：戈登·威利斯

主演：伍迪·艾伦（饰桑迪·贝茨）、夏洛特·兰普林（饰多丽娅）、杰西卡·哈珀（饰黛西）、玛丽·克莉丝汀·巴洛（饰伊泽贝尔）、托尼·罗伯茨（饰托尼）

《仲夏夜绮梦》

（*A Midsummer Night's Sex Comedy* 又译《仲夏夜性喜剧》）

制作：Orion Pictures

上映：1982 年 7 月 16 日，88 分钟

导演：伍迪·艾伦

编剧：伍迪·艾伦
摄影：戈登·威利斯
主演：伍迪·艾伦（饰安德鲁）、米亚·法罗（饰阿里尔）、何塞·费勒（饰利奥波特）、朱丽·哈基提（饰达尔西）、托尼·罗伯特（饰麦克斯韦）、玛丽·斯汀伯格（饰阿德里安）

《变色龙》
（*Zelig* 又译《西力传》）
制作：Orion Pictures
上映：1983年7月15日，79分钟
导演：伍迪·艾伦
编剧：伍迪·艾伦
摄影：戈登·威利斯
主演：伍迪·艾伦（饰雷纳德·西力）、米亚·法罗（饰尤多拉·弗莱彻博士）、帕特里克·霍根（饰解说员）

《丹尼玫瑰》
（*Broadway Danny Rose* 又译《意马心猿》）
制作：Orion Pictures
上映：1984年1月27日，84分钟
导演：伍迪·艾伦
编剧：伍迪·艾伦
摄影：戈登·威利斯
主演：伍迪·艾伦（饰丹尼·罗斯）、米亚·法罗（饰蒂娜·维塔莱）、尼克·阿波罗·福特（饰卢·卡诺瓦）

《开罗紫玫瑰》
（*The Purple Rose of Cairo*）
制作：Orion Pictures
上映：1985年3月1日，82分钟
导演：伍迪·艾伦
编剧：伍迪·艾伦
摄影：戈登·威利斯
主演：米亚·法罗（饰塞西莉亚）、杰夫·丹尼尔斯（饰汤姆·巴克斯特、吉尔·谢泼德）、丹尼·艾洛（饰蒙克）、爱德华·赫尔曼（饰亨利）、黛安娜·维斯特（饰艾玛）

《汉娜姐妹》
（*Hannah and Her Sisters*）
制 作：Orion Pictures / Jack Rollins & Charles H. Joffe Productions
上映：1986年3月14日，103分钟
导演：伍迪·艾伦
编剧：伍迪·艾伦
摄影：卡洛·迪·帕尔马
主演：伍迪·艾伦（饰米基）、芭芭拉·赫希（饰莉）、凯丽·费雪（饰艾谱莉）、米亚·法罗（饰汉娜）、迈克尔·凯恩（饰艾略特）、黛安娜·维斯特（饰霍莉）、莫琳·奥沙利文（饰诺尔玛）、丹尼尔·斯特恩（饰达斯提）、马克斯·冯·西多（饰弗雷德里克）、劳伊德·诺兰（饰埃文）

《那个时代》
（*Radio Days* 又译《岁月留声》）
制作：Orion Pictures
上映：1987年1月30日，88分钟
导演：伍迪·艾伦
编剧：伍迪·艾伦
摄影：卡洛·迪·帕尔马
主演：伍迪·艾伦（饰解说员）、米亚·法罗（饰莎莉·怀特）、赛斯·格林（饰杨·乔）、朱莉·凯夫纳（饰母亲）、迈克尔·塔克（饰父亲）、黛安娜·维斯特（饰阿姨贝亚）、丹尼·艾洛（饰罗科）、杰夫·丹尼尔斯（饰毕夫·巴克斯特）、黛安·基顿（饰新年晚会歌手）

《情牵九月天》
（*September* 又译《情怀九月天》）
制 作：Globo Video / MGM Home Entertainment / Orion Pictures / RCA–Columbia Pictures International Video
上映：1987年12月18日，82分钟
导演：伍迪·艾伦
编剧：伍迪·艾伦
摄影：卡洛·迪·帕尔马
主演：丹霍姆·艾略特（饰霍华德）、米亚·法罗（饰莲恩）、伊莲妮·斯楚奇（饰黛安）、杰克·瓦尔登（饰劳埃德）、萨姆·沃特森（饰彼得）、黛安娜·维斯特（饰斯蒂芬妮）

《李尔王》
（*King Lear*）
制作：The Cannon Group / Golan–Globus Productions
上映：1987年5月17日，法国戛纳电影节；1988年1月22日，美国；90分钟
导演：让－吕克·戈达尔
编剧：理查·德布森、让－吕克·戈达尔、诺曼·梅勒、彼得·塞拉斯
摄影：索菲·曼蒂纽斯
主演：伍迪·艾伦（阿利安先生）、弗雷迪·布阿什（饰昆廷教授）、路易·卡拉克斯（饰埃德加）、朱丽·德尔比（饰弗吉尼亚）、让－吕克·戈达尔（饰普拉基教授）、布吉斯·梅迪斯（饰唐·李罗）、莫利·林沃德（饰科迪莉亚）

《另一个女人》
（*Another Woman*）
制作：Jack Rollins & Charles H. Joffe Productions
上映：1988年11月18日，81分钟
导演：伍迪·艾伦
编剧：伍迪·艾伦
摄影：斯文·尼克维斯特
主演：吉娜·罗兰兹（饰玛丽恩·波斯特）、米亚·法罗（饰霍普）、伊恩·霍姆（饰肯恩）、布莱思·丹纳（饰莉蒂亚）、吉恩·哈克曼（拉里）

《纽约故事》
（*New York Stories* 又译《大都会传奇》）
制作：Touchstone Pictures（电影选集，由弗朗西斯·福特·科波拉、马丁·斯科塞斯、伍迪·艾伦导演的三个故事短片构成）
上映：1989年3月10日，124分钟
导演：伍迪·艾伦导演的《俄狄浦斯的烦恼》
编剧：伍迪·艾伦
摄影：斯皮德·霍普金斯
主演：伍迪·艾伦（饰谢尔登）、马文·查狄诺佛（饰精神科医生）、梅·奎斯特尔（饰母亲）、米娅·法罗（饰丽莎）、莫利·里根（饰谢尔登秘书）

《爱与罪》

（*Crimes and Misdemeanors* 又译《罪与错》）

制作：Jack Rollins & Charles H. Joffe Productions

上映：1989 年 10 月 13 日，104 分钟

导演：伍迪・艾伦

编剧：伍迪・艾伦

摄影：斯文・尼克维斯特

主演：伍迪・艾伦（饰克里夫・斯特恩）、艾伦・艾尔达（饰莱斯特）、克莱尔・布鲁姆（饰米里亚姆・罗森塔尔）、米亚・法罗（饰哈雷・里德）、安杰丽卡・休斯顿（饰德洛丽丝・佩利）、卡洛琳・亚伦（饰芭芭拉）

《爱丽丝》

（*Alice* 又译《艾丽丝》）

制作：Orion Pictures

上映：1990 年 12 月 25 日，102 分钟

导演：伍迪・艾伦

编剧：伍迪・艾伦

摄影：卡洛・迪・帕尔马

主演：米娅・法罗（艾丽丝）、乔・曼特纳（饰乔）、威廉・赫特（饰道格）、布莱斯・丹纳（饰桃乐茜）、克耶・卢克（饰杨博士）

《爱情外一章》

（*Scenes from a Mall* 又译《婚外物语》）

制作：Touchstone Pictures / Silver Screen Partners

上映：1991 年 2 月 22 日，89 分钟

导演：保罗・马祖斯基

编剧：罗杰・L・西蒙、保罗・马祖斯基

摄影：佛瑞德・墨菲

主演：伍迪・艾伦（饰尼克・费弗）、贝特・米德勒（饰黛博拉・费弗）、比尔・欧文（饰米梅）、达仁・费尔斯通（饰山姆）、丽贝卡・尼科尔斯（饰詹尼弗）、保罗・马祖斯基（饰汉斯・克莱弗博士）

《影与雾》

（*Shadows and Fog*）

制作：Orion Pictures

上映：1992 年 3 月 20 日，85 分钟

导演：伍迪・艾伦

编剧：伍迪・艾伦

摄影：卡洛・迪・帕尔马

主演：伍迪・艾伦（饰克莱曼）、凯西・贝茨（饰妓女）、约翰・库萨克（饰学生杰克）、米亚・法罗（饰厄米）、米迪・福斯特（饰妓女）、佛瑞德・格温（饰哈克下属）、朱莉・凯夫纳（饰阿尔玛）、麦当娜（饰玛丽）、约翰・马尔科维奇（饰小丑保罗）

《丈夫与妻子》

（*Husbands and Wives* 又译《丈夫、太太与情人》）

制作：TriStar Pictures

上映：1992 年 9 月 18 日，108 分钟

导演：伍迪・艾伦

编剧：伍迪・艾伦

摄影：卡洛・迪・帕尔马

主演：伍迪・艾伦（饰加贝・罗斯）、米亚・法罗（饰朱迪・罗斯）、朱迪・戴维斯（饰萨利）、西德尼・波拉克（饰杰克）、朱丽叶特・刘易斯（饰雷恩）、连姆・尼森（饰迈克尔）

《曼哈顿谋杀疑案》

（*Manhattan Murder Mystery* 又译《曼哈顿神秘谋杀》）

制作：TriStar Pictures

上映：1993 年 8 月 18 日，104 分钟

导演：伍迪・艾伦

编剧：伍迪・艾伦

摄影：卡洛・迪・帕尔马

主演：伍迪・艾伦（饰拉里・利普顿）、黛安・基顿（饰卡罗尔・利普顿）、艾伦・艾尔达（饰泰德）、安杰丽卡・休斯顿（饰玛西亚・福克斯）、杰里・阿德勒（饰保罗・罗伯特・豪斯）、林恩・科恩（饰莉莲・比尔・豪斯）

《子弹飞越百老汇》

（*Bullets Over Broadway*）

制作：Miramax / Sweetland Films / Magnolia Productions

上映：1995 年 1 月 18 日，98 分钟

导演：伍迪・艾伦

编剧：伍迪・艾伦、道格拉斯・麦格拉斯

摄影：卡洛・迪・帕尔马

主演：约翰・库萨克（饰戴维・谢恩）、黛安娜・维斯特（饰海伦・辛克莱尔）、珍尼弗・蒂莉（饰奥利芙・尼尔）、查兹・帕尔明特瑞（饰切奇）、玛丽・露易斯・帕克（饰埃伦）、吉姆・布劳德本特（饰沃纳・珀塞尔）

《非强力春药》

（*Mighty Aphrodite* 又译《无敌爱美神》）

制作：Sweetland Films / Magnolia Productions / Miramax

上映：1996 年 1 月 11 日，95 分钟

导演：伍迪・艾伦

编剧：伍迪・艾伦

摄影：卡洛・迪・帕尔马

主演：伍迪・艾伦（饰莱尼）、米拉・索维诺（饰琳达・阿什）、海伦娜・邦汉・卡特（饰阿曼达）、克莱尔・布鲁姆（饰阿曼达母亲）、迈克尔・拉帕波特（饰凯文）、F・莫里・亚伯拉罕（饰利德）、奥林匹娅・杜卡基斯（饰伊俄卡斯特）、大卫・奥根・斯提尔斯（饰拉伊俄斯）、杰克・瓦尔登（饰提瑞西阿斯）

《人人都说我爱你》

（*Everyone Says I Love You* 又译《为你唱情歌》）

制　作：Miramax / Buena Vista Pictures / Magnolia Productions / Sweetland Films

上映：1997 年 1 月 3 日，101 分钟

导演：伍迪・艾伦

编剧：伍迪・艾伦

摄影：卡洛・迪・帕尔马

主演：伍迪・艾伦（饰乔・柏林）、爱德华・诺顿（饰霍顿・斯宾塞）、德鲁・巴里摩尔（饰斯凯拉・丹德里奇）、艾伦・艾尔达（饰鲍勃・丹德里奇）、娜塔丽・波特曼（饰劳拉・丹德里奇）、卢卡斯・哈斯（饰斯科特・丹德里奇）、朱莉娅・罗伯茨（饰冯・西德尔）、盖比・霍夫曼（饰莱恩・丹德里奇）、戈尔迪・霍恩（饰施特菲・丹德里奇）

《解构爱情狂》
（*Deconstructing Harry* 又译《解构哈里》）
制作：Sweetland Films / Jean Doumanian Productions
上映：1997 年 12 月 12 日，96 分钟
导演：伍迪・艾伦
编剧：伍迪・艾伦
摄影：卡洛・迪・帕尔马
主演：伍迪・艾伦（饰哈里・布洛克）、罗宾・威廉姆斯（饰梅尔）、埃里克・劳埃德（饰希利）、茱莉亚・路易斯－德瑞弗斯（饰莱斯利）、伊丽莎白・苏（饰费伊）、史坦利・图齐（饰保罗・爱泼斯坦）、黛米・摩尔（饰海伦）

《双傻出海》
（*The Imposters*）
制作：First Cold Piece / Fox Searchlight Pictures
上映：1998 年 10 月 2 日，101 分钟
导演：斯坦利・图齐
编剧：斯坦利・图齐
摄影：肯恩・克尔施
主演：奥利弗・普莱特（饰莫里斯）、斯坦利・图齐（饰亚瑟）、比利・康诺利（饰斯帕克斯先生）、艾莉森・珍妮（饰玛克辛）、史蒂夫・布西密（饰哈皮・弗兰克斯）、伍迪・艾伦（饰试镜主管）

《蚁哥正传》
（*Antz* 又译《小蚁雄兵》）
制作：Dream Works / Pacific Data Images / Dream Works Animation
上映：1998 年 10 月 2 日，83 分钟
导演：埃里克・达尼尔、蒂姆・约翰逊
编剧：托德・奥尔科特、克里斯・韦茨、保罗・韦茨
摄影：肯德尔・克龙基特
主演：伍迪・艾伦（饰蚂蚁 Z）、西尔维斯特・史泰龙（饰韦弗）、詹妮弗・洛佩兹（饰阿兹特克）、莎朗・斯通（饰芭拉公主）、克里斯托弗・沃肯（饰科洛内尔・卡特）、丹・阿克罗伊德（饰奇普）

《名人百态》
（*Celebrity* 又译《名人堂》）
制作：Sweetland Films / Magnolia Productions
上映：1998 年 11 月 20 日，113 分钟
导演：伍迪・艾伦
编剧：伍迪・艾伦
摄影：斯文・尼克维斯特
主演：汉克・阿扎利亚（饰戴维）、肯尼思・布拉纳夫（饰李・西蒙）、朱迪・戴维斯（饰罗宾・西蒙）、薇诺娜・瑞德（饰诺拉）、莱昂纳多・迪卡普里奥（饰布兰登・达罗）、梅兰尼・格里菲斯（饰妮可・奥利弗）、乔・曼特纳（饰托尼・加德拉）、查理兹・塞隆（饰超模）

《甜蜜与卑微》
（*Sweet and Lowdown* 又译《甜蜜的结局》）
制作：Sweetland Films / Magnolia Productions
上映：1999 年 12 月 3 日，95 分钟
导演：伍迪・艾伦
编剧：伍迪・艾伦
摄影：赵非
主演：肖恩・潘（饰埃米特・雷）、安东尼・拉帕格利亚（饰阿尔・托里奥）、萨曼莎・莫顿（饰哈蒂）、乌玛・瑟曼（饰布兰奇）、伍迪・艾伦（本身出演）

《业余小偷》
（*Small Time Crooks* 又译《时空窃贼》）
制作：Dream Works / Sweetland Films
上映：2000 年 5 月 19 日，94 分钟
导演：伍迪・艾伦
编剧：伍迪・艾伦
摄影：赵非
主演：伍迪・艾伦（饰雷）、托尼・达罗（饰汤米）、崔茜・尤玛（饰法兰奇）、休・格兰特（饰戴维）、乔治・格里扎德（饰乔治・布林特）、伊莲・梅（饰梅・斯隆）

《神迹也疯狂》
（*Picking Up the Pieces*）
制　作：Comala Films Productions / Kushner-Locke Company / Ostensible Productions
上映：2000 年 5 月 26 日，95 分钟
导演：阿方索・阿雷奥
编剧：比尔・威尔逊
摄影：维托利奥・斯托拉罗
主演：伍迪・艾伦（饰特克斯・考利）、莎朗・斯通（饰坎迪・考利）、玛莉亚・格拉琪亚・古奇诺塔（饰德西）、切奇・马林（饰市长马查多）、戴维・修蒙（饰父亲利奥・杰罗姆）、基弗・萨瑟兰（警官博沃）

《反智特工》
（*Company Man* 又译《反智特务》）
制　作：Film Foundry Partners / Greene Street Films / Intermedia Films / SKE Films / Union Generale Cinematographique / Wild Dancer Productions
上映：2000 年 5 月 3 日，法国；2001 年 3 月 9 日，美国；95 分钟
导演：彼得・阿斯金、道格拉斯・麦格拉斯
编剧：彼得・阿斯金、道格拉斯・麦格拉斯
摄影：罗素・博伊德
主演：艾伦・卡明（饰杰纳勒尔・巴蒂斯塔）、安东尼・拉帕格利亚（菲德尔・卡斯特罗）、丹尼斯・利瑞（饰警官弗里）、道格拉斯・麦格拉斯（饰亚伦・奎珀）、约翰・特托罗（饰克罗克・约翰逊）、西格妮・韦弗（饰黛西・奎珀）、伍迪・艾伦（饰劳瑟）

《玉蝎子的诅咒》
（*The Curse of the Jade Scorpion* 又译《爱情魔咒》）
制作：Dream Works / Perdido Productions
上映：2001 年 8 月 24 日，103 分钟
导演：伍迪・艾伦
编剧：伍迪・艾伦
摄影：赵非
主演：伍迪・艾伦（饰 C. W. 布里格斯）、丹・艾克罗伊德（饰克里斯・马格鲁德）、海伦・亨特（饰贝蒂・安・菲茨杰拉德）、查理兹・塞隆（饰劳拉・肯辛顿）、大卫・奥根・斯提尔斯（饰沃尔坦）

《好莱坞式结局》

（*Hollywood Ending* 又译《荷里活大结局》）

制　作：Dream Works / Gravier Productions / Perdido Productions

上映：2002 年 5 月 3 日，112 分钟

导演：伍迪・艾伦

编剧：伍迪・艾伦

摄影：韦迪格・冯・舒尔茨恩道夫

主演：伍迪・艾伦（饰瓦尔）、乔治・汉密尔顿（饰艾德）、蒂娅・里欧妮（饰埃莉）、黛博拉・梅西（饰罗莉）、马克・雷戴尔（饰阿尔）、蒂凡妮・西森（饰莎伦・贝茨）、特里特・威廉斯（饰哈尔）

《奇招尽出》

（*Anything Else* 又译《别样风情》）

制　作：Dream Works / Gravier Productions / Canal+ / Granada Film Productions / Perdido Productions

上映：2003 年 9 月 19 日，108 分钟

导演：伍迪・艾伦

编剧：伍迪・艾伦

摄影：达瑞斯・孔德基

主演：伍迪・艾伦（饰戴维・多贝尔）、贾森・比格斯（饰杰里・福克）、克里斯蒂娜・里奇（饰阿曼达・蔡斯）、斯托卡特・詹宁（饰保拉・蔡斯）、丹尼・德・维托（饰哈维・韦克斯勒）、吉米・法伦（饰鲍勃）

《双生美莲达》

（*Melinda and Melinda* 又译《美莲达对美莲达》）

制作：Fox Searchlight Pictures / Gravier Productions / LF Hungary Film Rights Exploitation / Perdido Productions

上映：2004 年 9 月 17 日，西班牙圣塞巴斯蒂安国际电影节；2005 年 3 月 18 日，美国；99 分钟

导演：伍迪・艾伦

编剧：伍迪・艾伦

摄影：维尔莫斯・齐格蒙德

主演：切瓦特・埃加福特（饰埃利斯・穆桑）、威尔・法瑞尔（饰霍比）、约翰尼・李・米勒（饰李）、拉妲・米契尔（饰美莲达・罗比索）、阿曼达・皮特（饰苏珊）、科洛・塞维尼（饰劳雷尔）、华莱士・肖恩（饰西）

《赛末点》

（*Match Point*）

制作：BBC Films / Thema Production / Jada Productions / Kudu Films

上映：2005 年 12 月 28 日，124 分钟

导演：伍迪・艾伦

编剧：伍迪・艾伦

摄影：雷米・阿德法拉欣

主演：乔纳森・莱斯・迈耶斯（饰克里斯・威尔顿）、斯嘉丽・约翰逊（饰诺拉・赖斯）、马修・古德（饰汤姆・休伊特）、艾米莉・莫迪默（饰克洛伊・休伊特・威尔顿）、布莱恩・考克斯（饰亚历克・休伊特）、佩内洛普・威尔顿（饰埃莉诺・休伊特）

《独家新闻》

（*Scoop* 又译《遇上塔罗牌杀手》）

制　作：BBC Films / Ingenious Film Partners / Phoenix Wiley / Jelly Roll Productions

上映：2006 年 7 月 28 日，96 分钟

导演：伍迪・艾伦

编剧：伍迪・艾伦

摄影：雷米・阿德法拉欣

主演：伍迪・艾伦（饰锡德・沃特曼）、休・杰克曼（饰彼得・莱曼）、斯嘉丽・约翰逊（饰桑德拉・波兰斯基）、伊恩・麦柯肖恩（饰乔・斯特劳博）、查尔斯・丹斯（饰马尔科姆先生）

《卡珊德拉之梦》

（*Cassandra's Dream*）

制作：Iberville Productions / Virtual Studios / Wild Bunch

上映：2007 年 6 月 18 日（西班牙）；2008 年 1 月 18 日（美国）；108 分钟

导演：伍迪・艾伦

编剧：伍迪・艾伦

摄影：维尔莫斯・齐格蒙德

主演：伊万・麦格雷戈（饰伊恩）、科林・法瑞尔（饰特里）、汤姆・威尔金森（饰霍华德）、莎莉・霍金斯（饰凯特）、海莉・阿特维尔（饰安吉拉）

《午夜巴塞罗那》

（*Vicky Cristina Barcelona* 又译《情遇巴塞隆纳》）

制　作：The Weinstein Company / Mediapro / Gravier Productions

上映：2008 年 8 月 15 日，96 分钟

导演：伍迪・艾伦

编剧：伍迪・艾伦

摄影：哈维尔・阿吉雷撒罗贝

主演：丽贝卡・豪尔（饰维姬）、斯嘉丽・约翰逊（饰克里斯蒂娜）、哈维尔・巴登（饰胡安・安东尼奥）、佩内洛普・克鲁兹（饰玛丽亚・埃琳娜）、派翠西娅・克拉克森（饰朱迪）、凯文・杜恩（饰马克）、克里斯・梅西纳（饰道格）

《怎样都行》

（*Whatever Works*）

制　作：Sony Pictures Classics / Wild Bunch / Gravier Productions / Perdido Productions

上映：2009 年 6 月 19 日，92 分钟

导演：伍迪・艾伦

编剧：伍迪・艾伦

摄影：哈里斯・萨维德斯

主演：小艾德・博格里（饰约翰）、派翠西娅・克拉克森（饰玛丽埃塔）、拉里・戴维（饰鲍里斯・耶林科夫）、康勒斯・希尔（饰布罗克曼）、迈克尔・麦基恩（饰鲍里斯朋友）、埃文・蕾切尔・伍德（饰梅洛迪）

《遭遇陌生人》

（*You Will Meet a Tall Dark Stranger* 又译《遇上陌生情人》）

制作：Mediapro / Versatil Cinema / Gravier Productions / Dippermouth Productions / Antena 3 Films

上映：2010 年 9 月 23 日，98 分钟

导演：伍迪・艾伦

编剧：伍迪·艾伦
摄影：维尔莫斯·齐格蒙德
主演：安东尼奥·班德拉斯（饰格雷格）、乔什·布洛林（饰罗伊）、安东尼·霍普金斯（饰阿尔菲）、盖玛·琼斯（饰海伦娜）、芙蕾达·平托（饰迪娅）、露茜·彭奇（饰查梅妮）、娜奥米·沃茨（饰莎莉）

《午夜巴黎》
（*Midnight in Paris* 又译《情迷午夜巴黎》）
制　作：Gravier Productions / Mediapro / Pontchartrain Productions / Televisio de Catalunya / Versatil Cinema
上映：2011 年 6 月 10 日，94 分钟
导演：伍迪·艾伦
编剧：伍迪·艾伦
摄影：达瑞斯·孔德基
主演：凯茜·贝茨（饰格特鲁德·斯泰因）、阿德里安·布劳迪（饰萨尔瓦多·达利）、卡拉·布吕尼（饰博物馆导游）、玛丽昂·歌迪亚（艾德里安娜）、瑞秋·麦克亚当斯（饰伊内兹）、迈克尔·希恩（饰保罗）、欧文·威尔逊（饰吉尔）

《爱在罗马》
（*To Rome With Love* 又译《情迷罗马》）
制　作：Medusa Film / Gravier Productions / Perdido Productions / Mediapro
上映：2012 年 7 月 6 日，112 分钟
导演：伍迪·艾伦
编剧：伍迪·艾伦
摄影：达瑞斯·孔德基
主演：伍迪·艾伦（饰杰瑞）、亚历克·鲍德温（饰约翰）、罗伯托·贝尼尼（饰皮萨内罗）、佩内洛普·克鲁兹（饰安娜）、朱迪·戴维斯（饰菲利斯）、杰西·艾森伯格（饰杰克）、格蕾塔·葛韦格（饰莎莉）、艾伦·佩姬（饰莫妮卡）

《巴黎·曼哈顿》
（*Paris-Manhattan*）
制作：Vendome Production / France 2 Cinema / SND
上映：2012 年 4 月 2 日（澳洲法语联盟法国电影节）；77 分钟
导演：索菲·勒鲁什
编剧：索菲·勒鲁什
摄影：劳伦·梅切尔
主演：阿丽斯·塔格里奥妮（饰阿丽斯）、帕特里克·布鲁尔（饰维克托）、玛琳·德勒泰姆（饰海伦）、扬妮克·苏利耶（饰文森特）、伍迪·艾伦本身出演

《蓝色茉莉》
（*Blue Jasmine* 又译《情迷蓝茉莉》）
制作：Gravier Productions / Perdido Productions
上映：2013 年 8 月 23 日，98 分钟
导演：伍迪·艾伦
编剧：伍迪·艾伦
摄影：哈维尔·阿吉雷撒罗贝
主演：凯特·布兰切特（饰茉莉）、亚历克·鲍德温（饰哈尔）、路易斯·C. K.（饰阿尔）、鲍比·坎纳瓦尔（饰智里）、安德鲁·戴斯·克雷（奥吉）、莎莉·霍金斯（金洁）、彼得·萨斯加德（饰德怀特）、迈克尔·斯图巴（弗利克博士）

《色衰应召男》
（*Fading Gigolo* 又译《色衰舞男》）
制作：Antidote Films
上映：2013 年 9 月 7 日，加拿大多伦多国际电影节；2014 年 4 月 18 日，美国；90 分钟
导演：约翰·特托罗
编剧：约翰·特托罗
摄影：马克·彭特克沃
主演：伍迪·艾伦（饰默瑞）、约翰·特托罗（饰菲奥拉万特）、凡妮莎·帕拉迪丝（饰阿维佳）、列维·施瑞博尔（饰多维）、莎朗·斯通（饰帕克博士）、索菲娅·维加拉（饰塞琳娜）

《魔力月光》
（*Magic in the Moonlight* 又译《情迷月色下》）
制　作：Dippermouth Productions / Gravier Productions / Perdido Productions / Ske-Dat-De-Dat Productions
上映：2014 年 8 月 15 日，97 分钟
导演：伍迪·艾伦
编剧：伍迪·艾伦
摄影：达瑞斯·孔德基
主演：科林·费斯（饰斯坦利）、艾玛·斯通（饰索菲）、哈米什·林克莱特（饰布赖斯·卡特里奇）、马西娅·盖伊·哈登（饰贝克夫人）、杰姬·韦弗（格雷丝·卡特里奇）、艾丽卡·李尔森（饰卡洛琳）、艾琳·阿特金斯（饰阿姨瓦内萨）、西蒙·迈克伯尼（饰霍华德·布尔坎）

《无理之人》
（*Irrational Man* 又译《非理性的人》）
制作：Annapurna Pictures / Gravier Productions / Perdido Productions
上映：2015 年 7 月 24 日，96 分钟
导演：伍迪·艾伦
编剧：伍迪·艾伦
摄影：达瑞斯·孔德基
主演：华金·菲尼克斯（饰艾伯·卢卡斯）、艾玛·斯通（饰吉尔）、帕克·波西（饰丽塔）

电视类

综艺秀：The Ed Sullivan Show
制作：CBS / Sullivan Productions
伍迪·艾伦为编剧团队成员，1954 年

综艺秀：The Colgate Comedy Hour
制作：Colgate-Palmolive Peet / NBC
伍迪·艾伦为编剧团队成员，1955 年

电视剧：Stanley
制作：Max Liebman Productions
1956 年 9 月 24 日首播
伍迪·艾伦为编剧团队成员

访谈秀：The Sid Caesar Show
制作：NBC
1958 年 11 月 2 日首播
伍迪·艾伦为联合编剧

电视剧：At the Movies
制作：NBC
1959 年 5 月 3 日首播
伍迪·艾伦为联合编剧

电视剧：Hooray for Love
制作：CBS
1960 年 10 月 2 日首播
伍迪·艾伦为联合编剧

真人秀：Candid Camera
制作：Allen Funt Productions / Bob Banner Associates
伍迪·艾伦为编剧团队成员并出镜，1960 年 -1967 年

访谈秀：The Garry Moore Show 第 4.3 季
制作：CBS
1961 年 10 月 10 日首播
伍迪·艾伦为编剧团队成员

幽默秀：The Laughmakers
制作：ABC
1962 年电视电影试拍，未播
伍迪·艾伦为编剧

综艺秀：The Sid Caesar Show
制作：ABC
1963 年 10 月 3 日首播
伍迪·艾伦为联合编剧并出镜

综艺秀：The Woody Allen Show
制作：Granada Television
1965 年 2 月 10 日首播，英国
伍迪·艾伦为编剧并出镜

电视电影：Gene Kelly In New York, New York
制作：NBC
1966 年 2 月 14 日首播
伍迪·艾伦为联合编剧并出镜

电视电影：The World: Color It Happy
制作：Hanna-Barbera
1967 年电视电影试拍，未播
伍迪·艾伦为创作团队成员并出镜

电视剧：
The Kraft Music Hall: Woody Allen Looks at 1967
制作：Bob Banner Associates / Yorkshire Productions
1967 年 12 月 17 日首播
伍迪·艾伦为编剧团队成员并出镜

电视剧：
The Kraft Music Hall: The Woody Allen Special
制作：CBS
1969 年 9 月 21 日首播
伍迪·艾伦为编剧并出镜

电视剧：Hot Dog
制 作：Lee Mendelson-Frank Buxton Joint Film Productions
1970 年 9 月 12 日首播
伍迪·艾伦为联合主持

电视电影：Men of Crisis: The Harvey Wallinger Story
制作：WNET
1971 年电视电影试拍，未播
伍迪·艾伦为编剧、导演并出镜

电视电影：Don' t Drink the Water
制 作：Jean Doumanian Productions / Magnolia Productions / Sweetland Films
1994 年 12 月 18 日首播
伍迪·艾伦为编剧、导演并出镜

电视电影：Une aspirine pour deux
制作：France 2
1995 年 8 月 1 日首播（法国）
伍迪·艾伦为编剧

电视电影：The Sunshine Boys
制作：Hallmark Entertainment / Metropolitan Productions / RHI Entertainment
1997 年 12 月 28 日首播
伍迪·艾伦作为演员出镜

纪录片：The Sorrow and the Pity
制 作：Television Rencontre / Norddeutscher Rundfunk / Television Suisse-Romande
1969 年 9 月 18 日首播（西德）；2000 年 7 月 7 日（美国）
伍迪·艾伦为 2000 版节目主持

纪录片：Sounds from a Town I Love
制作：The Concert for New York City 节目的一部分
2001 年 10 月 20 日首播
伍迪·艾伦为编剧、导演

电视电影：Barcelona, la Rosa de Foc
制作：Mediapro
2014 年 9 月 8 日首播，西班牙
伍迪·艾伦为英文版解说

著作类

书名：Getting Even
出版：纽约：兰登书屋，1971 年

书名：Without Feathers
出版：纽约：兰登书屋，1975 年

书名：Side Effects
出版：纽约：兰登书屋，1980 年

书　名：Three One-Act Plays: Riverside Drive, Old Saybrook, Central Park West
出版：纽约：兰登书屋，2004 年

书名：Mere Anarchy
出版：纽约：兰登书屋，2007 年

书名：The Insanity Defense: The Complete Prose
出版：纽约：兰登书屋，2007 年

戏剧类

剧目：From A to Z
音乐讽刺剧中有伍迪·艾伦编写的内容
上演：1960 年 4 月 20 日
地点：纽约 Plymouth Theatre

剧目：Don't Drink the Water
上演：1966 年 11 月 17 日
地点：纽约 Morosco Theatre

剧目：Play It Again, Sam
上演：1969 年 2 月 12 日
地点：纽约 Broadhurst Theatre

剧目：The Floating Light Bulb
上演：1981 年 4 月 27 日
地点：纽约林肯中心 Vivian Beaumont Theatre

剧目：Death Defying Acts
由三部短剧组成，包括大卫·马梅编写的*An Interview*、伊莱恩·梅编写的*Hotline* 以及伍迪·艾伦编写的 *Central Park West*
上演：1995 年 3 月 6 日
地点：纽约 Atlantic Theatre Company

剧目：Writer's Block
由两部独幕剧组成，包括*Riverside Drive* 和 *Old Saybrook*
上演：2003 年 5 月 15 日
地点：纽约 Atlantic Theatre Company

剧目：A Second Hand Memory
上演：2004 年 11 月 22 日
地点：纽约 Atlantic Theatre Company

剧目：Relatively Speaking
由三部短剧组成，包括伊桑·科恩编写的 *Talking Cure*、伊莱恩·梅编写的 *George Is Dead* 以及伍迪·艾伦编写的 Honeymoon Motel
上演：2011 年 10 月 20 日
地点：纽约 Brooks Atkinson Theatre

剧目：Bullets over Broadway: The Musical
上演：2014 年 4 月 10 日
地点：纽约 St. James Theatre

“一直以来，我都在和观众们说，电影镜头中的我和现实生活中的我，完全是两码事儿，但是，不知道什么原因，观众们总听不进去。有时，我会觉得，我这样说，会不会影响他们看电影时的乐趣，我说的时候，他们都会认真听，也会很友好地点头表示同意。”

珍妮弗·S·阿尔塔曼摄于2011年。

致谢

文 / 汤姆・肖恩（Tom Shone）

首先，感谢艾伦慷慨回答我提出的许多问题；其次，感谢雷思丽・达特的倾力协助；感谢《星期日泰晤士报》1997 年为我提供采访艾伦的机会；感谢 Elle 杂志社 2011 年让我有机会接触到艾伦这位电影制片人；感谢瑞秋・麦克亚当斯为电影《午夜巴黎》的拍摄提供的真知灼见；感谢艾瑞克・拉克斯，他为艾伦写的传记和访谈，为本书提供了宝贵的信息资源。

此外，要感谢的还有：《伍迪・艾伦散文全集》（The Complete Prose of Woody Allen），作者伍迪・艾伦；《伍迪・艾伦：迟来的电影艺术》（The Reluctant Film Art of Woody Allen），作者彼得・J・贝利；《伍迪・艾伦论伍迪・艾伦》（Woody Allen on Woody Allen），作者斯蒂格・伯克曼；《伍迪・艾伦访谈录》（Woody Allen: Interviews），编者罗伯特・E・卡普希斯及凯西・科布伦茨；《黛安・基顿回忆录》（Then Again），作者黛安・基顿；《消逝》（What Falls Away），作者米娅・法罗；《来自曼哈顿的电影》（Movies from Manhattan），作者朱利安・福克斯；《片场上的伍迪・艾伦》（Woody Allen on Location），作者蒂埃里・德・那瓦西里；《拍摄停止之时便是剪辑开始之际》（When the Shooting Stops...The Cutting Begins），作者拉夫・罗森布鲁姆；《伍迪・艾伦传》（Woody Allen），作者理查德・席克尔；《伍迪・艾伦电影评论集》（The Films of Woody Allen: Critical Essays），编者查尔斯・锡莱特以及《临界物质》（Critical Mass），作者詹姆斯・沃尔科特等。

感谢以下机构为本书提供了数量不等的图片：
Getty Images
The Kobal Collection
The Ronald Grant Archive
Rex
Photofest
Globe Photos
akg-images
Corbis
WA archive
Rowland Scherman
Image Courtesy of the Advertising Archives
mptvimages.com
Photoshot
Magnum Photos
TopFoto
Dennis Brack
Alamy
AP/PA Images
Camera Press London
Mary Evans Picture Library
Walter McBride Photography
Photo by Philippe Antonello

本书的出版过程中，Chloe Pew Latter 出版社帮助整理了伍迪·艾伦的作品，Matthew Coniam 出版社帮助搜集了伍迪·艾伦的引文，我们在此谨向他们致以诚挚的感谢。

“就个人来讲，我对任何形式的‘留名’都不感兴趣，因为我觉得，人死了，即使把某条街以他的名字命名，也不会给他带来哪怕一丁点儿的生气，历史上伟大的画家、哲学家有很多，他们去世后以他们名字命名的也有很多，但他们依然躺在那里，一动不动。”

亚瑟·萨兹摄于 1967 年。

（鄂）新登字 08 号

图书在版编目（CIP）数据

风流绅士：伍迪·艾伦的电影与人生 /（美）汤姆·肖恩 (Tom Shone) 著；赵朝永译．– 武汉：武汉出版社，2017.2

ISBN 978-7-5582-1007-5

Ⅰ．①风… Ⅱ．①汤… ②赵… Ⅲ．①伍迪·艾伦 – 生平事迹 Ⅳ．① K837.125.78

中国版本图书馆 CIP 数据核字 (2016) 第 313465 号

WOODY ALLEN: A RETROSPECTIVE By TOM SHONE

著　　者 / 汤姆·肖恩 (Tom Shone)

译　　者 / 赵朝永

责任编辑 / 徐娅敏　王　俊

特约编辑 / 耿　婷

美术设计 / 李志恒　米杰罗

出　版 / 武汉出版社

社　址 / 武汉市江汉区新华路 490 号　　邮编：430015

电　话 /（027）85606403　85600625

http://www.whcbs.com　　E-mail:zbs@whcbs.com

印　刷 / 湖北画中画印刷有限公司　　经　销：新华书店

开　本 / 787mm × 1092mm　1/16

印　张 / 20.75

版　次 / 2017 年 2 月第 1 版　　2017 年 2 月第 1 次印刷

书　号 / ISBN 978-7-5582-1007-5

著作权合同登记号 / 图字　17-2016-456 号

定　价 / 58.00 元